ブッダの海にて三千日

老作家僧のタイ仏教《テーラワーダ》&瞑想《ヴィパッサナー》修行

笹倉 明
プラ・アキラ・アマロー

大法輪閣

目　次

第二部　瞑想と仏法

まえがき

見習い僧の数ヵ月を経て出家して以来、早や八年余りが経ちます。月日の速さはまさに飛ぶがごとく、卒業まで最低五年を要する新米僧（ナワカ）はとうに卒《お》え、いつの間にかそれだけの歳月が経ってしまったのです。最初は、せいぜい数年か長くて五年ほどかと考えていたところ、学ぶべきことが山ほど、いや海のごとくにあって、短期間の僧生活ではとても足りなくなったためでした。

ここに記したものは、出家当初からいま現在までの記録であるため、時間の経過による事柄の変遷があります。ちょうど六〇代の後半（六十七歳）から七〇代半ばにかけてのものゆえ、とくに老いの進行と時代にともなう移ろいがみえるのです。しかし、たとえ今は昔の話であっても修行途上にあったことに変わりはなく、年月の経過をふまえながら、三千日を数える日々の中身を記していきたいと思います。

出家する前は、異星人のような生活が始まるのではないかと思っていました。が、それは大いなる誤解であったことを間もなく知ることになります。始めてみると、驚きや感動はあっても天界にあるものでも何でもない、この地上の人間界のものにほかならない、人間そのものの日々があるばかりであることを知ったのでした。従って、あまり過度な面白さを期待されても困るわけですが、さほど波立つこともない、穏やかな関心を呼ぶことは可能でしょうか。

ブッダ（釈尊）[1]の教えの広さ深さは、ときに「海」にも譬えられます。タイは大陸の一部、面積が日本の倍ほどもある国。そこに住んでいる私は、さしずめ大海の一滴にすぎません。且つまた、ブッダの教えの滴《しずく》を少しずつ身に受けながら歩いてきたようにも思います。

そうした心得で学んできた諸々の仏法に加え、後半部では、テーラワーダ仏教[2]の真骨頂である「ヴィパッサナー瞑想」なるものについて、その具体例を図（イラスト）とともに示しながら描いていきます。

また、在家の人たちには想像もつかないはずの僧院暮らしの中身についても、さまざま述べますが、それもこれも仏道修行に通じる話であり、足元を危うくする水漏れがないよう、注意と集中を心がけるつもりです。

そして〝トゥルン〟（北部タイの方言で「老いた僧」の意）と、副住職（アーチャーン・後には住職として他寺へ私を連れて移籍する）をはじめとする仲間からは呼ばれている者の習性として、説教（意見の類）という老婆心がチラチラと顔を見せることがあると思われます。その際に、失敗や過ちを重ねた過去の記憶や体験談、あるいは現世に対する自説を持ち出すことにもなるでしょう。この辺の話はすでに、現在の所属寺院（パーンピン寺）の住職がまだ副住職（パンオン寺）であった頃、ともに日本を旅した体験に基づく『ブッダのお弟子さんにっぽん哀楽遊行』（佼成出版）や『老作家僧のチェンマイ托鉢百景』（論創社）等に記したことなので最小限にとどめますが、それとは違った視点、角度から述べることがあると思います。重複する部分があれば、それもテーラワーダ仏教が常に三度のくり返しを旨とするように、大事なことの再確認という意図を汲んでいただければと願う次第です。それもこれも、七〇代も半ばに来ていよいよ老作家となった者の、しかも僧という職域にある者の性《さが》にちがいありません。

小むずかしい漢語を用いた仏法の出典ほか学問的なものは、できるだけ避けることにしたい。それは必要最小限にとどめ、その他は仏教学者の仕事にまかせます。わが方は、あくまで現場の実践のなかで学んだこと、経験したことを中心に記していく、というのが出家者の取り柄にほかならないと心得ます。

一切皆苦《いっさいかいく》（人の一生は「苦」で覆われている）をとなえる釈尊の仏教は、最終的にはその除去をめざすものです。果たして、人の命につきものの「苦」の消去、すなわち幸福を得るための法をどの程度まで解き明かし、読者諸兄姉のお役に立てるのか、これまた心もとないかぎりです。が、ブッダの声、教えに耳を澄ませば、むずかしい現状を変えたり打破したり、あるいはよりよく生きるためのヒントが得られるような気がします。

もはや利を求めて焦ることも、先を急ぐこともない、在家であった頃が嘘のような落ちついた環境のなかで筆を進めることができるのは、モノ書きとして大いに幸いであるようにも思います。

さて、首尾よく事が運ぶよう、願いつつ――。

＊1　釈尊：釈迦の敬称。釈迦は出自がシャカ族（サーキヤ族の音《おん》から。俗名ゴータマ・シッダッタ）であることから。悟りを得てブッダとなってからは、さまざまな敬称で呼ばれる。わが国では「お釈迦さま」が一般的。

＊2　テーラワーダ（上座部）仏教：テーラワーダの意は、本文に記述。頻出する仏教に関する用語については基本的にパーリ語とします。パーリ語の発音はタイ語では清音になる傾向が強く（たまにその逆もある）〈ブッダ→プッタ、サンガ→サンカ等〉、とくに「経」のなかではタイ語発音を混ぜて表記している場合もあります。また本文中、「仏教」とのみ記す場合（もしくは仏教徒、仏教社会、仏教教育等々「仏」の字を持つものすべて）は、テーラワーダ仏教を指すものとします。

―第一部―

托鉢と戒律

第一章　地をゆく日々の光景

朝は裸足の歩きから

テーラワーダ（上座部）仏教では、出家（＝得度）式というのが最初の大事な儀式としてある。

そこでは、式の最後に戒和尚《かいわじょう》から「四依（ニサヤ〈4〉）」なるものについて説教を受ける。その食・衣・住・薬、四つの拠り所を、実際の生活に則しながら記していくことにしたい。

僧生活の基本とされる四依のなかで、「食」は最も重要なものとして冒頭に置かれている。それを得る手段は、まず托鉢に出ること。本堂における出家式は、暑季の最中（二〇一六年五月下旬）であったが、その翌日から歩き始めている。

最初の一日だけ私の世話をしてくれた僧とともに歩き、二日目からはひとり歩きだった。すでに見習い僧として二ヵ月余り、その僧（当時二十七歳の大学生僧）の後について歩いた経験があったので、要領はわかっていた。

歩いている間は、裸足でなければならない。僧房を一歩出ると、戻ってくるまで、修行の一つの形としてある規則だ。むろん、釈尊《ブッダ》の時代からいまに続く伝統としてある。なぜ原則として裸足でなければならないのかについては、少しばかり説明しておく必要がありそうだ。

まずは、僧生活の心得に照らしていえば——

そもそも靴なるものは、世間には極めて上等なものがあるけれど、それ自体、身を飾るという意志（欲の類）が伴うものといえる。ある意味で贅沢品でもある。裸の足を覆うものが必要なときは、その必要性に応じたもの、それも最低限のものでよい、というのが僧の心得るべき大事とされている。

托鉢に出る僧〈パンオン寺〉

従って、朝の托鉢以外の出歩きには、足を守るに十分なゴム草履（もしくはサンダル）の類がせいぜいで、それ以上のものは履かない。ましてや、民衆の施しを受けようという托鉢で、そうしたモノを身につけることをしないのが出家者の基本的な姿勢とされるわけだ。

この履物《はきもの》についての「戒」は、後に述べる「二二七戒律」とは別にある。違反すれば罪になる数々の戒のうち、最も軽い微罪としての（ゆえに罰則もない）「トゥコット」と呼ばれるものに属する。すなわち、すべての僧は人々（在家）の町や村に入るとき、靴を履いて行くのはふさわしくない、という条文があるのだ。ふさわしくない、ゆえに避けるべき、という意味になるわけだが、比較的ゆるやかな戒の表現としてある。

が、そうした理由とは別に、裸足の歩きを伝統として習慣づけてきたもの、つまり修行の一つの形としての役割も見逃せない。すなわち――

人間の感覚というのは、何であれモノを隔てると鈍くなるものだ。足裏もそうで、もとより全身の神経が寄り集まった敏感な部分であり（ゆえに世間では「足裏マッサージ」というのが流行《はや》るわけだが）、それを地面に直接つけるのとそうでないのとでは、雲泥の差といってよい違いをもたらす。

まずは危険度が裸足では格段に高くなる。それを避けるには、一歩もおろそかにできない注意力が必要になってくる。ガラスの破片が落ちていないか、何歩か先に段差がないか、敷石に危険な裂け目がないか、犬の糞が落ちていないか（放し飼いなのでこれがしばしばで、およそ放置される）、前方の路上をシカと見定めて進まねばならない。余所見《よそみ》などして一瞬なりと足元への注意を怠ると、惨めな結果を招く恐れもあるわけで、私はこれで何度か（一度はガラスの破片を踏みつけ、二度目と三度目は雨の日に滑って転ぶという）痛い目に遭っている。

小石やゴミを踏むなどして、足に棘が刺さったことは何度もあって、その度にみずからの不注意を罵ってきた。むろん不可抗力の場合もあるのだが、およそは集中力が足りないための出来事だった。

全身の重みを足裏に感じながら、その動きに意識を集中させる、つまり一歩一歩に明確に気づいていくこと――、それがいつ訪れるとも知れない危険から身を守るための術であり、托鉢の時間（小一時間余り）を無事に過ごしていくためには欠かせない法といえる。

それともう一つ、前方を見つめて歩くのは、路上の生きものを踏みつけることがないように、という戒（不殺）に関わることが理由に含まれる。動きが鈍いゴキブリのみならず（南国のものは図体が大きい）、ドブ・ネズミが下水管のフタから顔を出していたり、暴走する車にひかれた鳩の臓器が飛び散っていたりするので、やはり油断がならない。

托鉢する著者〈ターペー通り〉

そして、これも一つの決まりとして、出発の刻《とき》は掌の指紋がみえ始める頃（その前後）とされている。暑季の頃は午前五時半にはもう明るく、雨季（六月以降三、四ヵ月間）から寒季（二月上旬頃まで）へとだんだん日の出が遅くなる。が、いずれにしても夜が明けて間もなく、ということになる。これはしかし、タイ国だけの仕来たりらしく、隣のミャンマーやカンボジアではもっと遅い時間に（昼近くなっても）やっているのを見かけたものだけれど、同じテーラワーダ仏教国でも、法や戒の解釈などに違いがあるということだろう。

　寺を出るときは、むろん携えた鉢（バート）は空っぽである。そのため、足取りもかるく僧房の前庭へ降り、本堂と仏塔の間の石畳を歩み、未だ静かな通りへと出て行く。寺院によっては仲間と連れ立って歩くのを習慣としているが、私のところはそれぞれがひとり歩きを原則としている。歩くコースは一応決まっており（二通りほど持つ僧もいるけれど）、主な布施人はいわばお得意さまといったところだ。

　ターペー門（旧市街地の四方を囲む城壁にある五つの門の一つ＝東側）を出て大通りを歩いていくと、ほぼ真正面に真っ赤な太陽が昇り始める。それほど高い建物がないチェンマイでは、この日の出がひとつの立派な景観といえる。雨季には雲にさえぎられて見えない日が多いけれど、帰路には早朝の澄んだ大気へ差し込む陽光が長い人影をつくる。僧姿（ループ＝僧の類別詞）の原語でもあるパーリ語の〝チャーヤー〟は「影」の意で、それを曳《ひ》きながら（帰路は前に見ながら）歩くことになる。

　私の場合、その影は在家であった頃の自分の姿だった。いまではだいぶ薄れているけれど、問題の多い俗物であった頃の名残が身内にあった頃は、その記憶がよみがえってしかたがなかったものだ。夜には、その悔恨に安眠が妨げられもして、いささか困った憶えがある。これは「まえがき」にも記したように、私の他の書にゆずることにしたい。

布施人たちの姿

人々の朝は早く、夜明けとともに動きだす。僧の活動時間に合わせていることもその理由の一つで、だんだんと数を増して行き交うクルマのなかから、歩道に寄せて停車する乗用車やバイク（時には自転車）が前方に現れ始める。それがすなわち、僧へ「布施」をするためなのだ。

前方を向いたまま歩き続けると、「ニモン」（お呼びする、の意）と声がかかる。女性は、チェンマイ方言の丁寧語〝チャウ〟をつけて〝ニモン・チャウ〟と呼びかける人が多い。チャウの響きには、京都弁でいえば、お呼びするえ、という感じか、実にやわらかな響きがある。いかにも古都らしい。

道沿いにある家（商家が多い）からも人が出て、歩道にたたずんでいる。手作りの惣菜（午前三時に起きて作り始めるという）を籠に入れて待つ老女、車椅子でつき添いの手を借りる老人、早々と路傍に出された露店の焼き物や煮物を買い込んで待つ人、自転車を止めて定番の揚げパン《パトンコー》と熱い豆乳《ソイミルク》を入れてくれる人、コンビニの前で買ったばかりの品を手にたたずむ男女など、実にさまざまだ。

歩いているうち、鉢に入りきらない食と品（日用品を含め）がもたらされるため、用意し

各僧への布施品〈托鉢折り返し点〉

たビニール袋に移し替えて携えることになる。この袋を差し出してくれる人たちは、車の荷台に布施の品を積んで僧たちを待ちかまえており、私の場合、そこを折り返し点にしている。寺から一キロ半（後に他寺へ移ってからは二キロ）ほどの地点である。

　ここにいるピックアップ車の年配女性と、常に一緒の（バイクを持つ）男性のコンビは、僧が持ち切れなくなった荷をそれぞれの寺まで運ぶ役を引き受けてくれる。年中無休のボランティアで、どんな祝祭日であれ、雨風の日であれ、休んだためしがない。女性がたまに旅行などで不在の日は必ず代わりの人がいて、バイクの男性も午前六時頃から待機しており、荷運びをやってくれるので大助かりなのだ。

　こうした信心深い、無償の働きを提供する在家の存在がサンガ（僧団）を支えているのだろうと、つくづく感じさせられる。テーラワーダ仏教の姿そのものを見るようでもあるのだが、少年僧（十歳前後）の多さも含めて、首都バンコク（二百余年）よりはるかに長い七百年余りの歴史をもつ古都ならではの光景でもあるだろう。

ところが、荷を預けた後の帰路にも、幾人かの人が待ち受けている。むろん断わって通りすぎるわけにはいかず（これは布施人の気持ちを思いやって）、やがて袋がまた一つ二つ必要となって、その重さに手がしびれはじめる。

重いのは、水をはじめ各種汁物（ビニール袋の惣菜やスープなど）、大きな薬箱や生米の袋、バナナの房などで、とくに水はペットボトル（中・小）で必ずといってよいほど付いてくる。人にとって欠かせない水を献上すると幸運がもたらされるという言い伝えがあるためだという。大きく膨らんだ紙袋を路傍に置いて一休みしていると、そこへまたニコニコ顔で近づいてくる人がいて、こちらがどれほど重い思いをしていようと、まるで容赦がない。

かつて、首都バンコクに住んでいた頃、在家として、行きつけの屋台カフェーから托鉢風景を眺めていたのだったが、その寺の場合は、しっかりとお付きの者（デック・ワット＝寺の子供、の意）がいて、布施された品を横合いからつかみ取り、鉢から大袋へ、手押しの荷車へと移し替えていたものだった。が、そういうデック・ワットを抱えられる寺はチェンマイには少なく、私の托鉢ルートではたまに見かける程度である。それゆえ、先のピックアップ車の人たちの働きは貴重で、ありがたいというほかはない。はじめの頃は、たとえば役所のようなところが僧のために人を雇っているのではないかと思ったりもしたけれど、まったくそうではなかった。すべてが自前で、毎日の布施も含めてどこからも何の援助もない、個人の働きであることがわかってくる。そこに補助金などで公的な機関が関与することは一切なく、布施する側とされる側の純粋な関係でしかないところに、タイ仏教の底力ともいうべき一面をみる気がしたものだ。むろん、一部の王室関係の寺などはそのかぎりではないものの、ほとんどの寺は運営自体が自前の、自助努力あるのみなのである。

ともあれ、とくに仏日（ワンプラ〈後述〉）の布施は多く、休み休み、手と肩の痛み、足裏の疲れ（荷が重いので地面への圧力も増す）を癒しながら、やっとの思いで寺に帰りつくことになる。そんなにいただいてどうするのか、と問われるはずだが、食堂へ持っていけば冷蔵庫もあるし、托鉢に出られなかった僧や、寺の従業員も食べるので、かなり捌《は》けていく。時には腹をすかした物乞いがやってきて、掌を合わせるので差し上げるほか、腐らない物品は寺の玄関にあるテーブルに置いておく（欲しい人が持っていけるように）ことにもなる。それでもなお余って傷みかけたものは、やむなく廃棄処分となるわけだけれど。

祝福の経文

〝すべての凶兆が消えゆきますように。すべての病が癒えますように。災いから逃れ、幸福と長寿をまっとうされますように（サッピーティィヨー　ウィワチャントゥ　サッパローコーウィナッサトゥ　マーテーパワッ　ワンタラーヨー　スッキーティィーカー　ユッコーパワッ）〟

通常は、鉢に品が入れられた後、まずはこれだけを唱える。僧と同じ裸足になるために靴を脱ぎ、掌《て》を合わせて地面にひざまずいた人（老人や足のわるい人は椅子に、もしくは立ったまま）の頭上から、サッピーティヨー……、と始める。そして、続けて――

〝目上の人、年長者を敬う者には、長寿、幸福、美、力という四つの法の恩恵がより多く与えられます（アピワー　タナ　スィーリッサ　ニッチャン　ウッタ　パチャーイノー　チャッタ―ロ　タンマー　ワッタンティ　アーユ　ワンノー　スッカン　パラン）〟

以上、二つのフレーズをセットにして唱えるのがチェンマイでは一般的な習慣だ。後半だけを唱えて終り、とする僧もいるけれど、そのへんは自由で、地域によっても異なる。最後のフレーズ、〝アーユ、ワンノー、スッカン、パラン〟と唱えてお終いとする老僧もいて、これにはさすがに驚いたものだが、発声もまた労力を要することが、後の私には（老いが進むにつれて）わかってくる。

すべてパーリ語の誦文であり、布施に対する「祝福の経（アヌモータナー）」（これは子供僧も同じ唱え文）と呼ばれる。相手が高齢の方であれば長寿（アーユ）を、若い女性であれば月光のような美（ワンナ）と幸福（スッカ）を、男性ならば心身の力（パラ）を願っているかもしれない。これだけの唱え文にそこまでの意味内容が込められているのはたいしたものだと出家前から思っていたけれど、実際に唱える立場になってみると、一層よくできていることに感心させられる。聴き終えた人々の満ち足りた表情からも、そのことが感じとれる。いつもの老女などは実に幸せそうに微笑んでくれるのだが、わかりました（サードゥ）と合掌

少年僧と布施人

したまま口にする人もいれば、誦経を浴びた頭へ合掌を解いた両手をやって撫で上げるようにする人もいる。どの仕草も表情も、身内の安堵とよろこびを表すものだ。

布施は「善行」の最たるものとして、教えの筆頭にくるほど大事なこととされている。その精神は、見返りを求めない、というもので、意味深長だ。施す者はそれ自体に喜びを見出し、施しを受ける者の喜びと同等であるとされる。それによって相手から何かを期待したり、よい結果（成果）を求めたりするものではない、とされるのが本来の形で、ブッダの教えでもある。

つまり、「善行善果」というのは誤解を受けている、と指摘されることがある。釈尊の言葉をみれば、その「果」とは見返りではなく、他へ施す行為そのものが喜び、生きがいをもたらす、それで終り（十分である）、というものだ。

そのような人々と接することで得られる我が方の思いもまた同じで、その充足感には飽きがこない。布施という「善行」に、僧が「祝福」をもって応える、双方向の関係性だが、それはあくまで布施と布教精神、それぞれの発露であるべき、とされる。おのおのが「徳（ブン）」を積む（「タンブン」という）、すなわち僧の得る徳（修行の道を進むため）と在家の徳（現世の心の幸福とよい来世のため）、ふたつが同じ地平で自然に共存できている理由も、いわば双方の「無償」の精神にある、と説かれる。つまり、布施人と僧の関係性は、利の交換ではないことの表明といえる。布施の善行と僧の布教はそれぞれが独立してあるべきで、その精神を崩したとき、自己の利ばかりを求める信仰になってしまう、というのはその通りだろう。

もっとも、この関係性は常に危うさをはらんでいて、僧に布施をするのは現世利益（例えば宝クジに当たること等）につながると考える人もいることは確かであるし、たくさんの布施（献金も含め）をすればより多くの利（見返り）が得られると考える人もいて、これが高じると社会問題にも発展するわけだけれど。

確信の滴水供養

また、「徳の送り」といって、この布施が故人（親兄弟ほか）へも届けられることを告げる「随喜発勤偈（アヌモータナー・ガータ）」（先の経もこの一部）がある。これは「滴水供養（クルワット・ナーム）」と称される慣習であり、すなわち布施人が真水（ペットボトルの水でよい）を別の器に移し替える間に唱えて差し上げるもの。器がなければ、水を地面もしくは鉢植えの根元へ流す人もいて（少しずつやさしく注ぐ）、来世及び過去世とつながるタイ人の伝統精神をよく表している。

この死後に行く世界と輪廻（転生）なるものについては、別稿を必要とする。ここでは一点だけ、つまり、滴水供養における「ブン（徳）〈正しい行いによる恩恵〉」の送り先は、ひょっとすると天界や人間界以外の「界」（アバイヤ・プーム[*1]）、それも「餓鬼（ペータティウィサヤ・プーム）」と称される所にいる（食もなく飢えている）かもしれない人たち（親、兄弟が主）へ、ということになる。むろん、どこに行ったのかはわからないけれど、あまりよいところへは生まれ変わっていない可能性もあるとして、この供養をやる人が少なくない。

それを望む人には（用意した水を流す姿勢をとるのでわかる）、先の唱え文の前にその経——〝河の水が流れ出て大海を満たすがごとく、あなたからの布施はすでにこの世を去った人へも届けられます（ヤター　ワーリュワハー　プーラー　パーリプーレンティ　サーカランエーワメーワ　イトティンナン　ペーターナン　ウパカッパティ）〟を置き（前半）、さらに加えて（後半）〝あなたの願いごとが速やかに叶えられ、十五夜の満月のごとく完全なものとなりますように。それらが光り輝く宝石のごとく実を結びますように（イッチタン　パッティタン　トゥムハーン　キッパーメーワ　サミチャトゥ　サッペー　プーレントゥ　サンカッパーチャントー　パンナラソー　ヤター　マニ　チョーティラソー　ヤター）〟といった文言を置く。ために、いささか長くなるが、これ以上の誦文は考えられないほど、何とも絢爛豪華《けんらんごうか》というほかはない。

この経の前半は、僧への布施食が同時にあの世にも届けられるというもので、それも必ず、という意味であるところが特色といえる。届けられますように、といった願望ではなく、確かに届けられます、としている。これは、その前の経――「〈年長者を敬う者には……四つの法の恩恵が〉より多く与えられます」という断言と同じ意味合いである点がすごいというべきか。こうした確信の説法でなければ、信仰につながらないという、この辺りの徹底ぶりはその他の面も含めて、テーラワーダ仏教らしいところだろう。お付きの人は〈ふたり連れの場合〉、水を注ぐ人の腕や衣に触れ、送るブン〈徳〉を共有することになる。これも伝統の風習である。

滴水供養をする布施人

もっとも、その確信を信じるかどうかは各々の自由であって、強要するものではないことも特色であり、滴水供養をしない人もいることはいうまでもない。

ちなみに「テーラワーダ」とは〈原始仏教を守る長老たちの言葉〉という意味であり、いわゆる「上座部仏教」のパーリ語とされる。その詳細は、今後、折に触れて述べていくことになるので、ここでは措くことにする。

裸足の効用

そうして往復路を歩き終えて戻ってくると、足裏がほとんど真っ黒になっている。水で洗っただけでは落とし切れず、石鹸を使っても汚れが残ってしまう。ために、僧の足裏は常に黒ずんでおり、なかにはドス黒いまでに変色してしまっている僧もいる。まさにドスがきいているというべきか、まるで勲章のように消そうとしない。ただ、ずぼらしてロクに洗わないだけの僧もいる。

はじめの頃は馴れるまで、ジンジンと痺れるような感覚が夜中まで続いたものだ。が、月日を経るごとに足裏がナメシ革のごとく強くなり、今日もしっかり歩いたという、ある種の充足を感じるようになる。これほど一歩の大事を噛みしめたこともかつてなく、いかに危険と背中合わせに歩いていたかを思い知らされもして、確かにこれは修行であるだろう、と思う。両足が均等に上がっていないためにモノにつまずくことや、まれに怪我をするのも（前述の通り）、足元への気配りが散漫になったときに限られることなど、気づかされることが多々あるのだ。

足裏は、先に述べたように全身の神経が集まる所であり、その部位をいわば全開にすることで、あらゆる感覚器官がおのずと制御を要求してくる。そこから注意力、集中力も生まれてくる。それは後半部（第二部）にて詳説するが、テーラワーダ仏教の瞑想とも関わっている。歩き瞑想の要領を心得て、左右の脚をしっかりと意識しながら、足を上げて運んで下ろす……、この三拍子を基本に着地の確認をプラスして歩いていると、頭までが雑念を払って明晰《めいせき》さを増していくのを感じとれるのである。

さらには、身体に溜まった毒素の排出まで期待できるのは、気のせいだけではなさそうだ。しつこかった水虫がきれいに治ってしまったこともそうだが、祝福の経とともに歩いた後は、何かしら全身が浄化されたような気分にもなってくる。これを裸足の効用というのだろうか。

ただ、すでに述べた危険に加えて、小さな傷口からマレに病原菌が入り込むこともあるそうなので、油断はできない。かつてペストが欧州から流行をきわめたとき、裸足の歩きが禁じられたことがあるのは一つの教訓として心得ておくべきか。実際、ペスト菌はネズミなどが媒介するノミが因とされたのだったが、原因不明の風土病がいまもないわけではなく、一応気をつけておくに越したことはない。ために、私は常に携帯用の消毒液と絆創膏を用意して出発する。備えあれば憂いなし、イザというときのために（これまで何度か小さな傷に使ったことあり）、非常時に対処する準備をしておくのも大事なことだと思うからだ。「油断」や「不注意」は広義の煩悩のうち（後述）だが、とくに老化現象の目立つ私のような者には何よりも禁物である。

この「老い」の進行が托鉢に与える影響については、歳月が経つにつれ、だんだんと厄介なものに変わっていくことになる。それについては、いずれ折をみて。

「食」は命をつなぐため

そうして朝の托鉢から僧房（クティ）へ戻ると、バイクの人に預けた荷も届いており、その日最初の食事にありつける。さすがに空腹がピークに達していて、脳が早く空っぽの胃袋へ何かを送り込めと命じてくる。これに抗《あらが》うことはできない。

僧の「食」については、托鉢で得たものにかぎる、というのが原則である。もう少し広くいえば、在家からいただくもの、布施されるものすべて（米や野菜、あるいは調理ずみの料理を寺へ持ち込む人もいる）、ということになる。

例えば自分で調理することは、やむを得ない事情でもないかぎりできない。私の寺（最初の寺院）の場合は、長年つとめてくれた賄いの女性がもう高齢で、雨に濡れた床に転んで足腰を痛めてからは料理ができなくなり、代わりの在家（若い男性）を僧が交代で手伝うことになった。やむなく、である。時には、住職みずから包丁を手にしていたから、この種の戒は柔軟なもの、といえる。

あるいは僧が旅先で、食事を用意してくれる世話人がいないとか、私のような老僧で、在家から布施される味の濃い、甘辛が過ぎる料理や肉料理（油っぽい串焼き、揚げ物の類）は受け付けないために自分の補助食が必要になっているとか、住職に認められた場合のみ、例外として許される。

さて、その食とは――、ただ命をつなぐためのものである、と説かれる。そのことを自覚することが義務づけられており、「日々省察（タンカニカ・パッチャウェーカナ）」と称されて、日ごと省みなければならない。そのための文言も「経」として用意されている。

やはり、パーリ語で――

〝私は、理に適った観察をもって托鉢食をいただきます。遊興のためでもなく、慢心するためでもなく、美しさや飾りのためでもなく、ただこの身を保ち、養い、傷病を癒すため、仏道修行をまっとうするためにのみ食します。さすれば、かつての感受を鎮め、また新たな感受を生じさせることなく、罪のない安らいだ生活を送ることができるでしょう（パティサンカー　ヨーニソー　ピンタパータン　パティセーワーミ　ネーワ　タワーヤ　ナ　マターヤ　ナ　マンターナーヤ　ナ……）〟

かつての感受とは、在家であった頃の、むやみに食べたいものを求めること、空腹にともなう渇望を指し、また新たな感受とは、さらに美味なるものを求めることをいう。つまりは、食に対する不満や欲から離れるべき、とされているのだが……。

これは、午前十一時からの主食（その日最後の食事）で僧が食堂に会した際、食事前に唱えることが多く、時には本堂での経の一つにもなる。確かにそれはよい心掛けであるけれど、その実践は果たしてどうかという難しい問題がつきまとう。このことは、後に改めて話題にしたいと思う。

戒律の多さは別格の「食」

食についての戒律は非常に多い。且つ細かく（後章にて詳説）、まさに命をつなぐものへの力の入れかたが他とは違ってみえる。

例えば「非時の食（ウィカーラ・ポーチャナー）」の禁——。昼（午後零時）を過ぎると、次の日の朝、辺りが白みはじめるまで、あらゆる食べ物（柔らかいもの、硬いもの、すべて。菓子や果物の類も）を摂ることは原則としてできない。

そのため、当初は空腹に馴れるのに、ある程度の日数が必要だった。托鉢で得た食は、その日の午前中（十二時まで）に食べ始めねばならない。その後はいくら時間をかけてもよく、ときに午後にかけて食べ終える。パンやクッキー、ジュースの類で軽くすませる一度目と、その日最後の二度目の主食（ふつう十一時から）を合わせて、私の場合、一食半といってよいかと思う。

正午の時報が鳴れば、それまでに食べ始めていないかぎり口に入れることはできない。ただ、食べ終わるのは正午を過ぎても可であり、従って、思う存分ゆっくりと、一時間かけてもそれ以上をかけてもかまわないことになっている。食べ終わるべき刻限が定められていないことが、ゆっくりと食べる老僧にとっては幸いである。

　はじめの頃は、夕食というものを摂《と》る人々をみると、いささかせつない気持ちにさせられたものだ。私のいる（出家以来五年間所属した）寺院は、なかでも庶民的なところで、路上にテントを張って商いをする人たちに境内を開放しており（その出店料〈額は自由の「布施」として〉も寺の維持費になるのだが）、週末には飲食店や衣類、雑貨などの露店でぎっしりと埋まる。黄金の仏塔の麓にある木製のテーブルも傍《そば》の屋台（寿司まである）で買ったモノを食べる人たちの群れで、そこから風にのって焼き物や煮物のいい匂いが目と鼻の先の僧房へと流れ込んでくる。その度に、無情にも空っぽになった腹をクゥクゥと鳴らしたものだった。食べられない僧の傍で、ブッダの象徴たる仏塔の麓で、ただひたすらに食べまくる在家の姿は、なんとも異様な光景といえなくもなかったが、これも寛容を旨とする仏教のカタチなのだろう。戒としてある「禁酒」は、出家前の訓練（日々一滴ずつ減らしていくといった手法）で克服していたけれど、食については徹底していなかったのだ。

　しかし、人の身体はよくしたもので、習慣の変化というものには、それが度を超す苦行でもないかぎり順応していくものであることがわかってくる。夕食ナシのまま二週間も経てば、お腹が凹《へこ》んで背中と合わさるほどの感覚も薄れてゆき、ひと月もすると、それがいわば常態と化してしまう。もはや何も入ってこないことを胃袋のほうがよくわかり、もう何も待たない、あきらめる、ということになったようなのだ。

この食についての「戒」は、欲の抑制という修行の眼目に沿うものだが、身体にとってどうなのか、よいがゆえに定められたものではないのか、とやがて思えてくる。少なくとも人の健康によくないことを釈尊が定めるわけがないだろう、と。問題は栄養価とカロリーの問題であり、それさえ正常であれば、一日の食量としては、午前中に一、二度、摂るだけで何ら差し障りがない、むしろ、そのほうが身体にはよいといえそうな理由がいくつも見出せるのである。

ある発見と認識

かつての私は、空腹を抱えていては眠れない、と決めつけていた。これがまず間違いで、そんなことは決してない、と早々に思い知らされる。満腹になると眠気をもよおし、たやすく入眠できるのは確かながら、空腹もまたやがて疲労感に溶け込んで、快い眠りを誘うものなのだ。

何かを食べて寝ると、まず寝起きの状態がよくない。胃袋自体は不随意筋で睡眠中も働いてくれるとはいえ、ある程度の負担はかかっているからだろう。それが空っぽの状態で、水

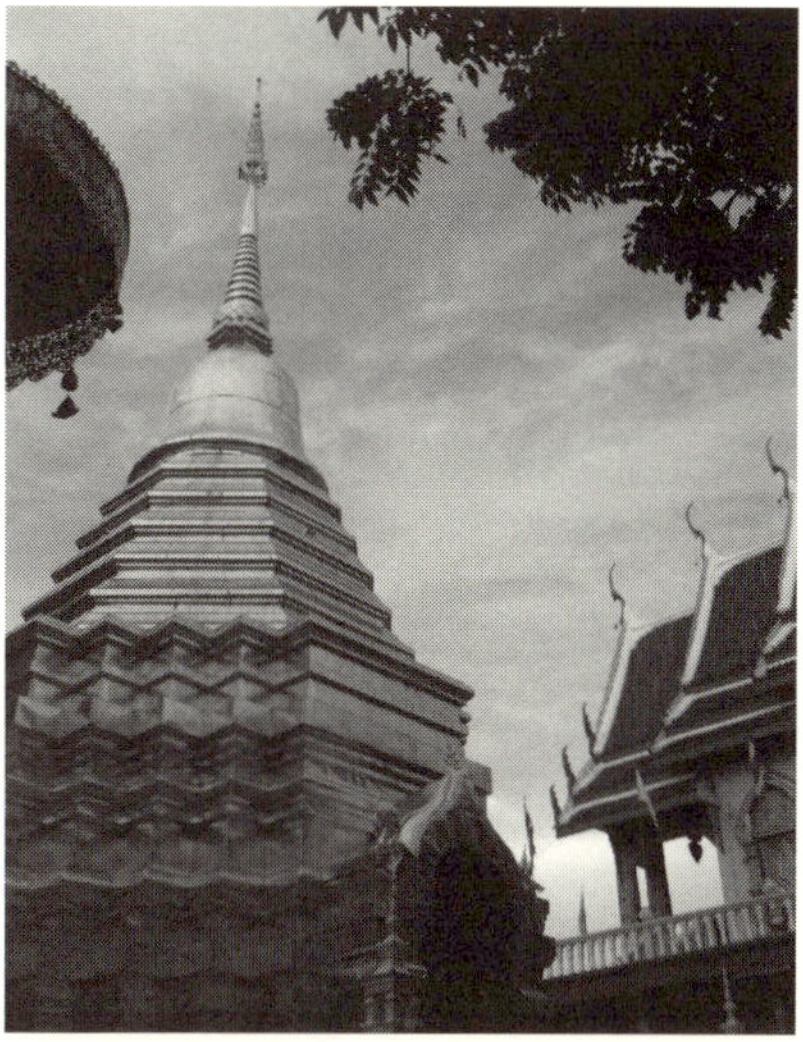

仏塔〈パンオン寺〉

仏塔の麓で夕食をとる人々〈パンオン寺〉

分だけ（少しのお湯がよい）を摂って寝ることになってからは、ぐっすりと深い眠りが得られ、しかも寝起きには就寝前にあった空腹感が消えてしまっているのが不思議であった。

当初はしかし、よく食べている夢をみた。それも箸がないので手づかみで口に運んでいたり、人の歯型がついたものまで食べていたりする。好物の寿司にありついて舌や唇を噛んでしまう夢には苦笑したものだった。が、そんな日でも、よく休めた身体はそれから托鉢に出かけるに必要なエネルギーも十分に残していた。変な夢はみるが、とんでもない悪夢をみることも少なくなっていく。

このことは、いわば「発見」といえた。寝起きは前よりずっと爽快であり、やがて持病（職業病）であった痔疾までも癒えていく。出家時には若い頃の体重に戻っていたのがさらに少し減り、九分九厘の白髪のみ元に戻らないだけで、あとはわずかながら若返ったような感じすらしたものだ。むろん、機能的な身体の衰えがもたらす不具合や托鉢食の問題などが重なって、先々の私を悩ませることになるわけだが、それは措く（後述）。

その筋の権威でもない私には、迂闊《うかつ》なことはいえない。が、いまが栄養価的に足りているかどうかはともかくとして、以前はどうも食べ過ぎていた、少なくとも命をつなぐため以上のものを食べていたことは確かだという気がしてならない。ために、胃や腸に負担がかかり、便も多すぎて肛門を痛め、消化器系の不具合を引き起こしていたように思えてくるのだ。食べたいものを好きなだけ食べ、飲食なるものに十分な見識のない日々を過ごしていたことがみえてきたのだった。

むろん、在家の人々に対して、その夕食を否定しているわけではない。仏教の教えのなかでも非常に控え目であり、「非時の食」を摂らないことを、守れる人は守るように、という程度の話だ。大事とされる五戒[*2]の外にあって、修行者が守るべき「八戒[*3]」の内にはあるけれど、この点では人をあるがままに認めている（むろん積極的にではなく）といってよいだろう。

とはいえ、その緩やかな教えを守っている在家もいることは述べておいてよいかと思う。私がかつてバンコク在住の頃に通った屋台カフェーの女主人がそうで、昼の十二時で店を閉める前に、その日最後の食事（日常的なタイ飯）を摂ってお終いとしていた。それが僧に見習う敬虔な仏教徒の証しでもあり、ヨーガで鍛えた身体の健やかさは、とても晩年に入った女性にはみえなかったものだ。むろん、栄養不足になっては困るが（つまり食べなさすぎもまた大いに問題だが）、そうでないかぎり、一日一食（もしくは二食）というのは、人の身体にはむしろ好ましいことではないかと、これは控え目に述べておきたい。ものの本によれば、空腹は身体の免疫力を増す因となるそうで、時おりの絶食もおすすめとしているけれど。

話を托鉢の件に戻せば——、僧と在家がつくるその光景が、私には「人」の字のように映っている。経を唱える僧を在家が支える、また在家も心の支えを得る、まさに人という表意文字にあるといわれる意味そのものである、と。人間のあるべき姿、ともすれば忘れられがちな関係が日常化しているのだ。まさにテーラワーダ仏教が今日まで、例えば不殺や禁酒の戒を都合の悪いものとして退《しりぞ》ける世界の（とりわけ大国の）思惑におされつつも、少数派ながら存続してきた理由の一つであることは間違いないところだろう。

　そうしたよい関係性も、近年は危機にさらされている話は措くとして（後述）、布施食に関しても問題がないというわけにはいかない。私自身のその感想は、時の経過とともに具体化していくことになる。次に記そう。

＊1　アバイヤ・プーム：いわゆる六道のうち、天上界、人間界以外の「死後の行き先」のこと。地獄（ニラヤ）、餓鬼（ペータティウィサヤ）、修羅（アスラ）、畜生（ディラッチャーン）。それぞれ「プーム（界）」の名で呼ばれる。滴水供養は、このうちの「餓鬼」へ落ちているかもしれない人たちへの供養。
＊2　五戒：不殺生〈ふせっしょう〉＝生きものを殺さない、不偸盗〈ふちゅうとう〉＝盗まない、不邪淫〈ふじゃいん〉＝浮気など性的不義を働かない、不妄語〈ふもうご〉＝嘘をつかない、不飲酒〈ふおんじゅ〉＝酒を飲まない。
＊3　八戒：五戒にプラスされる三戒は、高い大きなベッドに寝ること、舞踊や音楽に興じ、香水や装飾品で身を飾ること、そして、非時（午後）の食の禁。在家のなかでも敬虔な仏教徒が特定の日や期間に実践するもので、とりわけ女性の修行者（剃髪して白衣を着ける）は、大寺院にはある女性用の宿舎に寝起きし、八戒を守って修行に励む。なお、一部

の女性はスリランカ等へ渡り、女性の得度を認める宗派で尼僧となり、帰国して成した集団に所属することになるが、タイ・サンガ（女性の得度を認めていない）ではない。

食と「欲」の問題

薬やサプリメントの場合、確かに、元気になりたい、という思いはあっても、それは欲というほどのものではない。むしろ、飲みたくないけれど飲まねばならない、という欲とは逆の気分もありそうだ。ところが、食に関しては、空腹や渇きを感じると何かを口に入れたくなる、胃袋が（脳が、というべきか）勝手に要求してくる。ために、それに応えるのがふつうであって、応えられなければ不満、不平、場合によっては怒りまで発することにもなりかねない。食べるものがある以上は抵抗する必要もない、というのが一般の認識であるはずだ。

そして、その欲は空腹を癒すためのみならず、美味というご褒美がついてこなければ満たされることがない、ついでに栄養価もなければならない、という二重、三重の欲求を同時にまっとうしなければならないのである。

そういった人間さまの欲をどうするのか、という問題を根底から考えたのが古代インドの釈尊であった。なかでも食の欲は、放っておけば人体に害を及ぼす、歯止めがきかないものであることがわかっていたのだろう。「非時の食」の禁をはじめ、こと細かな「戒」なるものを定めていくことになる。

古代インドにおいては、カレーなるものが年中の主な食で（いまもそうだが）、決して豊かとはいえない、材料も限られたものだった。にもかかわらず、この食の欲は徹底して抑える姿勢が貫かれる。むろん、例外も設けてあって、例えば一種の薬と見なして非時にも摂ってよいもの（後述）とか、病気のときは求めてもよいとか、薬を飲むためなら少し食べることが許される等と、ある程度の寛容性はみられる。が、基本的には午前中の食事だけでお終《しま》い、としているのである。


仏教は、その者に生き方を選ばせる宗教だというのが近年の私の感想だ。その意味では、宗教というより「哲学」といったほうが適切かもしれない。禁酒の戒があるからといって、街に酒が売られていないわけではない（販売の時間制限は設けているけれど）。その他の戒にしても、万人に押しつけることはなく、教えを受ける者が確かに正しいと納得がいくまで時間をかけるべきものとされる。頭ごなしに信じることを強い、あるいは酒類や殺虫剤を売らせないといった宗教ではない、あくまで個々の選択の自由、自主性を重んじるところに、私は常々よさを感じている。それでよいはず、絶対君主的なのは困る、と。

いまの話題についていえば、自分の選んだ生き方に責任が持てるかどうか、という問題であるように思える。つまり、どういう結果になろうと引き受けられる、あとで後悔しない選択なのかどうか、なのだ。

私の場合、この先、自然な老いによるのではなく、不摂生の結果としての病（いわゆる生活習慣病）に陥ったなら、必ずや後悔し、狼狽《うろた》える柔《やわ》な人間であることがわかっている。ためにその可能性が少ないほうを選ぶ、ということになる。仏教の立場からすると、長寿がひとつの価値であり、この先、老いと病の「苦」をできるだけ和らげて過ごしたいという、臆病者かつ憎としての自覚も加えた選択といえるだろうか。

とはいうものの、決して安心はできない。実際、そうは問屋が卸《おろ》さない、食の「欲」なるものをどの程度抑えられているのか、食を正しいものにできているのかどうか……と省みれば、偉そうなことはいえない、というのが正直なところだ。

これは絶対に食べないと誓った、美味しいけれども身体に悪いもの（まるで糖質や脂質の塊のようなもの）を托鉢でもらってしまえば、こっそりと（出家四年目にして手に入れた冷蔵庫に）しまっておき、そのうち食べてやろうと機をうかがっている。そして、必ずやその時がきて、食べた後で後悔する、といったことが未だにあるからやっかいなのだ。

問題は、午前中だけの食とはいえ、正午までなら何でも何度でも食べられる（しかも、缶や紙パックの飲み物〈ほとんどが甘味のすぎるもの〉なら午後でも可）ことだろう。そうと知ってからは、当初の抑制が甘くなり、ともすれば過食となってしまう、いわば「戒」の落とし穴というのだろうか、せっかくの身体の改善が、また托鉢から得られる善い部分が、そのようなことで帳消しになってしまう恐れも一方にあったのだと、やがて思い知らされることになる（後述）。

些細な心の緩《ゆる》みから

僧になって改めて思うのは、人はちょっとの油断、心の緩みでいとも簡単に堕落していくものだということだ。それは、僧の肥満問題や不祥事が世間を賑わしていることからもいえることで、それもこれもささいな心の綻《ほころ》びから始まっているような気がする。

堕落なるものには、それ自体に甘美性、愉悦性が備わっている。人を惹《ひ》きつける要素が多分にあるようで、欲にまかせ、あるいは無知を省みず、恥知らずに生きることは、さしたる問題が起こらないうちは心地よいものですらあるだろう。が、テーラワーダ仏教は徹底してそれを非としている。それゆえ、戒律なるものを在家と僧それぞれの立場を考慮して（五戒、八戒、十戒[*4]、二二七戒律等の段階を設けて）持っているわけだ。僧は特別なので措くとして、在家に対しては、ある程度の忍耐を引き受けることで、見返りとして安泰で幸福な人生を送ることができると説き、その実践に価値を置く教えであり、まさに一つの哲学というべきだろう。

実際、在家の頃の私は、好き放題に生きていた。しかし、その結果はやはり惨憺《さんたん》たるもの

食事前に「日々省察」を唱える僧ら〈パーンピン寺〉

であり、堕落に歯止めがかかったのは成れの果てに来てからだった。我欲のままに生きることにはいずれ限界がくる、場合によっては天罰ならぬ鉄槌《てっつい》が下る、ということだと思う。つまり、自分で気がつくにしろ他から罰を受けるにせよ、そんなことがいつまでも許されるわけがない、というのが、体験からいえる遅まきながらの実感なのだ。

肥満体は、タイ語で〝ローク・ウワン〟つまり「ヒマン病」という。論理的、説明的なタイ語らしく、それはヤマイである、としている。その病とは、身体のみならず、もとをただせば心の様相を指しているのだろう。

七〇年代の初頭（今から半世紀ほど前）からタイを知る私は、その当時、街で肥った人など目にした憶えがない。スリムでしなやかな人がほとんどだったが、経済発展をして食べられるようになるにつれ、その形は崩れていった。太りすぎて自室のドアから出られなくなり、窓から救出された女性の話などは、仰天を超えてSFの世界をみている心地がしたものだ。

食の欲に克つには、僧でさえも大変にやっかいである。日常生活における、衣、住に関する欲の抑制、不便には耐えることができても（後に詳述）、日々、人々から献上される食については、相当な覚悟がなければ安逸に流されてしまいがちだ。いただいたものだから食べる、美味しいものが目の前にあるから手が出てしまう、という習慣に染まってしまえばどういうことになるか。例えばついに糖尿病（これも説明的なタイ語らしく、ローク・バオ・ワーン〈甘く緩んだ病〉という）に陥ってしまう僧も少なくない現実は、そのままタイの社会問題ともなっている。

かつて日本からチェンマイへ戻る途上、バンコクで托鉢をした日には、やはり美味すぎる（味の濃い）布施食を献上する肥った布施人の多さに改めて感じ入ったことがある。民衆の善意はむろんありがたいけれど、いつの間にか私もまた甘く緩んだ病の予備軍になっていたことは数年後まで気づかなかった。が、闘いをむずかしくする要素もあれこれとあることも確かで、その問題は、複雑かつ深刻化していく社会の象徴としてあるような気がしてならない。食こそは必要最小限、離欲を旨とし、ただ命をつなぐための食であることの認識と実践が、古代インドの釈尊の時代から二千五百余年が経つ現代において、より一層求められていることは間違いない。まさに、ブッダの教えの一つが「食」にこそいえる欲の抑制（僧はその消去をめざす）であることを改めて思うのである。

＊4　十戒：僧が守るべき戒律の基本をなすもので、サーマネーン（未熟な僧の意で、ふつう未成年〈七歳から二十歳まで〉のことを指す。「ネーン」と略称される）がこれを守る。

殺さない（不殺）、盗まない（不偸盗）、性交の禁、嘘をつかない（妄語の禁）、酒を飲まない（不飲酒）、非時〈午後〉の食の禁、広い高いベッドに寝ることの禁、享楽的なもの〈舞踊やスポーツ、音楽の演奏など〉に耽ることの禁（観戦は可）、花輪、香水等によって身を飾ることの禁、さらに金銭の授受の禁（これは時代の変遷によって変わらざるを得なくなっている〈後述〉）。

離欲の法を求めて

しかし、ただ欲を抑制せよ、といってもそうは簡単にはいかないことも確かだ。とすれば、一体どうやって克服するのか、という問題が壁として立ちはだかってくる。そこで必要となるのは、「知恵」を働かせること。この場合の知恵とは、一つの真理の理解によって得られるもの、正しい考え方、有益な生き方をもたらすアイデアだ。それを得る法は、一つには蓄積してきた知識や経験から、さらには新しい学びを重ねるほかはない、とされる。

それは、前に私が述べたこと、すなわち自分はどの道を選択するのか、という問いに対する答えを常に持ち歩くことだと思う。美味なるものを食べたいだけ胃袋へ送り込み、たとえ短命に終わってもそれでよし、と覚悟を決めるのか、それを避けたい者は、しからばどの道を選ぶのか、その問いに答えを出して、常日頃から自覚を促していく。携帯電話《スマホ》のようにそれを持ち歩くことを怠らない、ということになるだろうか。

言い換えれば——、美食（美味すぎる料理）は大幅に制限し、とくに甘・辛（さらには油、塩分＝ナムプラー〈魚醤〉がタイ人は大好き）の過ぎたる料理に警戒を怠らず、その抑制の程度を「命をつなぐ（維持する）に必要な最小限」の心得でもって日々省みながら適正にしていこうという、超難度の、よほどの覚悟をしなければ成し得ない道である。が、長く健康に生きることを望むならば、引き換えにそれ相当の精進と忍耐が必要であるのは当然の理《ことわり》である。そのことをどの程度まで認識できるのか、すべてはその点にかかっている。過度の苦行は無用にしろ、満足のいく益を得るには、それなりの辛抱づよい継続の姿勢が不可欠だということだろうか。

そして、そうしたことの実践が日常的な習慣と化したとき、やっと食の欲から離れることができたといえるのではないか。みずからが決めた主義、方針と相談しながら、これで終わり、これで十分、の決断ができるかどうか。欲の抑制とはそういうことであって、しかし、これがなかなか実行できないところに、過飲食につながってしまうやっかいな問題があるのだと思う。先にも述べたように、空腹のまま寝るということについても、それを習慣化するまではそれなりの忍耐を必要とするように、まさに「修行」の一つとしてあるものにちがいない。

ともあれ、精神面のみならず多岐にわたってある食の問題は、くり返せば、複雑かつ深刻化していく社会の、同時に個々人の抱える難題の象徴としてあるように思えてくる。「食」はただ命をつなぐためのもの（それも「正しく」つなぐ）というブッダの教えは、食の危機が叫ばれる現代においてこそ私たちに問われている、という気がするのだ。

ゆえに、この種の話はいずれまた再考したい。というのも、以前も述べたように、進行する老いが一因でもある変化が、数年後には自身の健康問題にも現われて、思いがけない苦労を強いられることになるからだ。それは、まだ安心はできない、油断がならないと述べた通りの、異国の食（托鉢食）そのものに関わる問題でもあったのである。

第二章　最小限の心を説く教え

戒律の多さの背景

ここで章を改める必要はないくらい、話は前章とつながっている。が、あえて改めることで、最小限の心の意味するところを別の観点から述べておこうと思う。

托鉢にまつわる様々な規則や「食」に関する戒だけでも、こと細かに定められていることは述べてきた通りだ。まさに一挙手一投足の、日常的行為、行動まで、戒と律でもって、かくあるべし、と定められているのはなぜ、どういう事情からなのか。まず、それを考えてみたい。

戒律とは、カイが戒め、禁止事項を定めたもので、リツが僧集団（サンガ〈「僧伽」は漢語〉）を健全に運営していくために作られた規律であり、個別に扱うほうが意味合いの面ではっきりする。例えば、嘘や盗みの禁などは「戒」、七歳から得度が可能（九歳くらいからが一般的）、正式な僧は二十歳から（二二七戒律〈パーティモッカ〉を授けられる）、といったものは「律」ということになる。

なぜこんなに沢山の戒律があるのか、私の関心事の一つはそれだった。ところが、多いと思っていた戒律群、二二七戒律（後章に詳説）などは、実はほんの一部にすぎない。いわゆる「三蔵（律・経・論）」のうちの「律（＝戒律群）」は、全項目が二万一千（「三蔵」は全部で八万四千項目）もあって仰天したものだ。それとは別に、二二七の項目に入らない日常的な戒も（タイ・サンガ、チェンマイ・サンガ独自のものも含めて）いくつもあるため、その数はもっと増える。

つい先だっても、托鉢から帰った後、大事なミニ・タオル（僧に好ましいとされる茶系）が見当らないことから、途中で休憩したベンチに置き忘れたのだと気づき、急いで取りに戻ったのだった。その際、すでに脱ぎ捨ててある上衣（チーウォン）を着なおすのが面倒で、ショールのみを羽織って寺を出ていった。ほんの一分ほどの距離なので、それでいいだろう、と。

ところが、その姿を僧房から見ていた住職は、ふだん私が親しくしている副住職（アーチャーン〈「教授」の意〉）を呼びつけて、今さっき目撃した事実を告げた。私がタオルを手に戻ってくると、アーチャーンはふだんとは違う、いささか青ざめた顔つきで、どこへ何をしに出かけていたのか、と問う。私が答えると、住職が怒っている、寺を出るときはチーウォンを着けねばならない、それはわかっていると思うが……云々と、さほど厳しくもない口調ながら、しっかりと注意されてしまったのだ。

そうしたことは、ほんの一例にすぎない。あんまり厳しくすると、僧のなり手がますます少なくなる、と危惧する声がある一方、だからといって手綱をゆるめすぎるとテーラワーダ（上座部）の精神に反する、という意見もあって、しばしば議論にもなるわけだけれど。

ちなみに、三衣（パー・トライ）とは、上衣（チーウォン）、腰巻（サボン）、肌着（アンサ）の三点セットのこと。あとは、正式な装いの際に左の肩にかける重衣（サンカーティ）がある。このセットをふた組持つことが許されており、交互に洗濯しながら使うことになる。寺にいる間は右の肩を出す着方、外出時は両肩を覆う着方をするのがタイ・サンガの法だ。

また、そのチーウォンの着け方は――、幅のある四角形の衣（五条袈裟）を肩に羽織って目の前で左右の両端を揃え、胸の上でくるくると丸めて筒状にしていく。次に、それを左サイドへ持ってきて、丸めた布の先を持った左手と右手で布全体を左前方へピンと張り、両肩を覆うときは内側から、右肩を出す着方では（右サイドへの移動時から右サイドの布が右脇の下を通るようにする）右手で下の方までしっかりと丸めていき、細長い布筒を作ってから、左の肩へ覆いかぶせるように引っ掛ける。すると、丸めておいた布の先端を左手でつかむことができ、それを適当に引っ張って形を整えると出来上がり。衣を羽織るときにこのやり方を真似る在家もいる、実にシンプルな法で、馴れると一分とかからない。それをわずかな外出なので面倒臭いとして怠ってしまったのだ。

そうした多くの戒律も、釈尊がはじめての弟子（五名）を得てからしばらくは、必要がなかったといわれる。なぜかというと、まだ人数が多くないこともあって僧団の統率がしやすかったのと、すべての弟子がそれぞれによく出来た、もとより教養のある身分の高い者たち（聖職者、王族、修行者等）であり、戒律など定めなくてもうまくやっていけたからだった。従って、最初期には〝プロマチャン〟と称される、僧の行儀、行動規範があるだけだった。経においては〝アーチャーラ・コーチャラ〟と、表現される。

ところが、弟子がだんだんと増えるにつれ、戒と律でもって集団を率いていかねばならなくなり、釈尊の存命中（布教期間は四十五年間）にそれほどの数になってしまったという。

現代社会においては、六法全書のようなものだろうか。が、その精神というのは、集団をまとめ導く目的は同じでも、現代の法律と異なる点は、違反者を罰するのは二の次であり、僧の欲を否定するなど、心身のあるべき姿を示してみせたことにある、といえる。つまり「煩悩」なるものの消去〈後章〈第二部〉に詳述〉が、目標である「悟り」へと向かうためには不可欠であることを、その戒律群によって宣言しているといってよいだろう。

そしてまた、何ゆえにそれほどまで煩悩を否定するのか。欲、怒り、無知（＝無明）の三大煩悩をはじめ、大概の人間にある性《さが》を「非」とするのはなぜなのか。修行道には必要なことであるにしても、それほど細部まで徹底しなければならないのは、しかるべき理由があるはずである。

その辺の理解については、例えば先にも述べた「食の欲」を未だ克服しきれていないことを思うだけで納得できそうな気がする。人がわが身を御していくのは実にむずかしいものであることが釈尊にはわかっていて、それがためにこと細かく戒律を定めていったのだろう、と。小うるさいくらいがちょうどいい、やっかいな人間さまはそれくらいでやっとどうにかなる、そういう存在《もの》なのだ、と？　それは、経においてもそうで、日々、同じ文言、章句をくり返し、飽かず唱え続けることでやっと身についていく、そういうものなのだとわかっていたのだろう。

最小限の「衣」とは

ところで、僧生活における基本的な心得は、「食」に続いて、身につける「衣」についても数々の戒をもって定められている。

それは「糞掃衣《ふんぞうえ》（パンスクーラ・チーワラ）」と称される。というと、いかにも汚れた衣を連想するけれど、まさしく「死者の衣」の意の通り、墓場とかゴミ捨て場に棄てられて所有者がいなくなった布のことだ。それを拾ってきて、洗い、縫い合わせるなどして作るべし、としているのである。

これまた欲や贅沢を戒めるためであることに変わりはない。死者の衣（パンスクン・ターイ）なら確かに元手はいらない、質素倹約の極みにあるといえる。ずいぶんな話のようだが、当時のインドで同時期に興ったジャイナ教などは、それさえなくして全裸に近い姿であったこと（いまもその一派はそうだが）を思うと、衣を着けることを許しているのはまだしもといえそうだ。

その精神は、履物（主にゴム草履）や「食」と同様、その身を守るに必要かつ十分なものであればよい、として現在に生きている。托鉢は原則として裸足であることは先に述べたが、出家式では「教戒」として戒和尚《ウパチャヤー》から、その最小限の心得が告げられる。実生活においては念押し的に、先に記した食の「省察」と同じ趣旨の唱え文がある。すなわち――

〝私は理に適った観察をもって衣を使用します。それは暑さ寒さを防ぐため、蚊や虻《あぶ》、風や太陽から身を守るため、また蛇などに触れることを免れ、かつ陰部を覆い隠すためにのみ着用するものです（パティサンカー　ヨニソー　チーワラン　パティセーワーミ　ヤーワエーワ　スィータッサ　パティカーターヤ　ウンハッサ……）〟

つまり、そこに美しさを求めて飾りつけたりすること（戒としてある、花輪〈いまでいうネックレスの類〉、香水をつけること等）も一切してはならない。衣はただ、我が身を害する、もしくは危うくするものに触れるのを防ぐためにのみ着用すべきであり、そのことを常に心がけるように、と諭されるのである。

例えば、腕時計をしている僧をみたことがない。出家して間もない頃、その是非を副住職《アーチャーン》に尋ねたことがある。すると、即座に首を振られてしまったものだ。ただ、懐中時計なら持ってもいい、腕時計もポケットに入れておけば許される、という。その意は、外面《そとづら》を飾ることはいけないけれど、時間を知る目的ならばよい、ということなのだ。香水の類も、肌の健康を守るためのものならば許されるわけで、その辺はわりあい柔軟であるのだが。

飾りつけるどころか、わざと汚すこともよし、とされている。これを「点浄（ピントゥカッパ）」といい、各衣について新調する際は一度だけ、点でもって汚れを付けねばならない（サイン的なものでも可）。その「点」は、南京虫より大きく孔雀の目玉より小さく、衣の隅っこに点々々……といくつか（ボールペンで可）打つわけだ。その際に唱える文言もあり、すなわち――〝私はこの衣を点浄します（イマン　ピントゥカッパ　カローミ）〟と、声に出して唱えるべしとされる。

そのような印をつけるのは、洗濯場などで他の僧の衣と間違えないように、という目的と、それ以上に、わざと汚すこと（「壊色《えじき》」という）によって、新しいもの、美しいものへの欲求や執着を絶つため、というものだ。これは他に、衣全体を暗い色に染めてしまう法（「染浄」という）があり、これをやる僧もたまにいる。托鉢で、それをやっている僧が同じ道筋にいたことがあり、ドス黒い装いに不気味な心地がしたものだった。

時代の変遷による様変わり

しかしながら、この「衣」ほどに、現代における僧姿に関して、古《いにしえ》からの変貌を見せるものはない、といってよいようだ。古代インドでは、布なるもの自体が高価で貴重なものであったことも、多数の戒が定められた背景にあったといわれる。

先に述べた糞掃衣の精神も、欲を戒めるものであると同時に、一方で布不足という事情もあったようだ。そのような外的な状況ゆえの、それを定めることが必要であるから、という理由もあって、例えば乾季には水不足になることから、水浴びの制限までしなければならなくなった、といったことがある。

僧の衣にしても、いまは有り余っているといってよいくらいだ。私の房にはいま現在、チーウォン（上衣）その他の三点セットが四組ほど、新品のままに放置されている。部屋の隅に積み上げてあるけれど、それでも邪魔っけで、どうすればよいのか、困ってしまう。はじめに寸法直しをした二着（セット）でさえも、未だ古びる気配もなく、いかにいまの機織りや染色がしっかりしているかという証《あか》しでもあるのだろう。

なぜ有り余るのかというと――、年に一度、修行期間のパンサー明け（オーク・パンサー）後、間もなく執り行われる〝カティナ・ターン（略して「カティナ」）〟と称される儀式では、在家から必ず献上されるセットがある。それが前年のものに加えて積み上げられ、行き場をなくしている、といった次第なのだ。

それでもなお、伝統だけはどうしても守らねばならない、という至上命令がある以上、儀式が廃止されることはない。その主な目的は「団結」精神の継承だ。布が高価な貴重品であった古代インドでは、まっとうな上衣の一着も持てない僧がいたことから、仲間の僧がそれぞれに布の切れ端を持ち寄って、それらをつなぎ縫い合わせて作った衣を、それを必要とする僧に献上した(「カティナ」とはそれを作るための工具のこと)、というのが儀式の発端だとされる。テーラワーダ仏教では、二言目には「団結(サーマッキー)」を口にするが、集団をまとめていく上に不可欠なものであることは確かだろう。

カティナという儀式

ここで、その衣にまつわる大事な儀式に触れておきたい。

式のハイライトは、やはり読経の場面だ。副住職ともう一人のほぼ同格の僧が次のように唱える(私たちはその後に連なって経を聴く)。

〝サンガの尊師らよ、私のいうことを聞きなさい。私たちは今日いま、仕上げられた衣を××(献上される僧の法名)へ、与えるにふさわしいと判断して献上いたします。これに反対の人はそのように述べ、賛成の人は沈黙してください(スナートゥ　メー　パンテー　サンコー　イタン　サンカッサ　カティナトゥサン　ウッパンナン　ヤーティ　サンカッサ　パッタカンラン　サンコー　イマン　カティナトゥサン　アーヤンサマトー〈献上される僧の法名〉タテェ

イヤ　カティナン　アッタリトゥン　エッサー　ヤッティ……）」云々。

後半のくり返しは音階を上げて、歌うように唱える下りが実に美しく、見せ場となる。二人の僧の声がよくハーモニーをなして、さすがの熟練を思わせる。「沈黙」が承諾を意味するのはほかの場面にもあって、テーラワーダ仏教の一つの特徴的な採決法である。

その先は古《いにしえ》の仕来りとは違い、形だけ整えるために、住職がそれを受けることになる。その衣へ、まずはボールペンで自分のものを表す印を入れ（点浄〈既述〉）、それを手にいったん外へ出て着替えてから戻ってくると、しばらく独演の説教が行われる。この時に、儀式の目的（先ほど述べた集団の和と団結、等）についての説明と、人々の成功と幸福を願う言葉が述べられて、最後に「滴水供養」（第一章に既述）が始まる。この際も、僧が全員で合唱し、それも〝あなたに凶兆や危害が及びませんように（サッピーティィヨー……）〟云々という下りは三度くり返されて、ひとりの托鉢時にはない、人を酔わせるような迫力がある。

儀式にはふだんに倍する大勢の在家が参列する。その目的は、やはり僧に見習って団結を誓うという、タイ国民としての精神（国

カティナにおける金樹献上〈パンオン寺〉

歌にもその必要をうたう部分がある）を確認することが一つある。献上の品は三衣（既述）のみならず、さまざまな日用品のほかに「布施金樹」ともいうべきもの（樹木を模した幹と枝に紙幣〈額はさまざま〉を挿す）も、サンガが大樹のように成長、繁茂するようにと願う在家の心を表している。寺に来ない人も含めて集めたお金であり、各々のグループの代表が嬉々として持参する姿をみていると、そうした団結の精神によってサンガも成り立っているのだという感想を新たにさせられる。

それを維持、継続していくためには、たとえ献上の衣が着られることなく積み上げられても仕方がない、ということにせざるを得ないのだろう。ふさわしいとされて衣をもらうのは、およその寺の場合、式の中では住職と決まっているけれど、いまは全員が在家からいただくことになるのも、モノがあり余る社会になったことの証しにちがいない。

ただ、最小限の心もこうした過剰な布施によって損なわれていく危険が一方にあることは否めない。とても使い切れない量は、布施食その他も同じで、それこそ甘く緩んだ病（糖尿病のタイ語の意〈既述〉）に陥ってしまいかねない危険と隣り合わせの僧生活であり、よほど身を律していかなければ安逸に流されてしまう。そうした現代社会の豊かさと僧のあるべき姿との相克が、やっかいな矛盾と皮肉を引き起こす恐れがある（ある面では実際に起こっている）ことを、折にふれて思うのである。

聖《ひじり》の象徴として

衣についての戒律の多さは、それが僧にとって「食」や「住」とはまた別の意味で神聖なものであることの証明でもある。

その衣に触れることは、女性の場合、ご法度であることをよく知っているのはタイ人だけで、他国の女性はほとんど知らない。ために、観光客などは平気で僧の衣をかすめて通りすぎるけれど、タイ人女性は、まだ数メートルもあるのに警戒して、まるで逃げるように身をかがめ、除けて通る。気づかずにいて、僧が不意にそばに来ていたりすると、飛び跳ねるように後ずさりする。一度は、隣の人にぶつかって危うく転倒しそうになったこともあるくらいで、その戒の周知度は非常に高い。

私などは、これもいささか行き過ぎのような気がしないでもないのだが、タイ仏教の伝統としてあるものなのでしかたがない。隣のミャンマーなどでは、この辺がやや緩《ゆる》やかで、女性が僧にモノを手渡す際も肌と肌が触れないかぎり問題はないとされる。が、タイではご法度で、いったん置いて手から離れたものを僧が手にする、という手順である。また、托鉢時は別にして（鉢《バート》に入れられるので）、女性から布施されるものを受けとるときも同じで、ために僧は常に一枚の金色の布（パー・クラープ）を携えていて、まずはその上に置いてもらうことになる。金布がなければ、ハンカチや頭陀袋（ヤーム）の上に置いてもらい、それを僧が手にする、という形をとるわけだ。これなども、衣に触れることができないことと意味合いが共通する。

これに関連して、ある時、知らずに恥をかいたことがある。前にも述べた通り、私がはじめに居た寺は庶民的なところで、週末には露店商に境内を開放しているのだが、かつて帰国に際して土産物を買うため、衣服を売る店に立ち寄り、吊るしてある衣を一枚ずつ見つくろっていた。すると、そこの店員（男性）が、それは女性モノですよ、と傍からいうのだ。そんなことはわかっているよ、わが娘への土産にと思っているのだから、と呟いて平然と見続けていた。ところが、店員はまたも、それは女性モノですからね、と同じセリフを念押し的にくり返すので、変な店員だナと思ったものだ。かなり高齢の人で顔見知りではあったけれど、その店の品を買うのはその時が最初だった。

ちょうどそこへ、副住職《アーチャーン》が通りかかる。呼びとめて、どうしてこの店員は、同じことをくり返し口にするのか、と尋ねてみた。すると、アーチャーンはほんのりと笑みを浮かべてみせ、次に「トゥルン（老僧）！」と私を呼んで、「テーラワーダ僧は女性モノに手を触れてはいけないんだよ」といってのけたのだ。

私は絶句して、次に、これは（ハンガーの）吊るしですよ、と言葉を返した。それでも駄目なのかと問うと、しっかりとうなずいてみせ、彼は（と店員を指して）、そのことをいいたいために、間接的にそのように告げたのだという。

これには、さすがに「参った」と頭を撫でて、そこまで徹底しているのか、と感じ入ったものだ。それからは、その店員（かつては一時出家したこともある）にいろんな色柄のものを手にとって見せてもらったのだったが、決めたモノ（綿のズボン）を包んでもらい、受け取ったそれを娘に土産品として手渡す際も、包みを開けないで（衣に手を触れないで）といわれてしまう。在家（店員）は僧に、戒の禁止事項を直接口にするのを控えて、そういった当たり障りのない（相手に気づかせるような）言い方でもって注意を促したのだと、副住職は後に話してくれたものだ。そのようなことも釈尊が採《と》った、頭ごなしにダメをいって相手を傷つけることがない、一つの説法としてあるのだ、と。

以来、アーチャーンは、

「在家は知っているが、僧は知らない」

と、折に触れて私をからかうことになる。

ともあれ、そういう次第で、戒が細かくなるのも当然の理だろう。他にもさまざまあることについては、後の（二二七戒律についての）章にて記すことにしたい。

「住」もまた同じ心で

もとより、僧は「樹下」を住み処《か》とすることが基本精神としてある。人里はなれた森の中を寝起きの場所にすることだ。

しかし、これも糞掃衣《ふんぞうえ》と同様、実際は様変わりしている。従って、その教戒は、ただ山の洞窟や岩陰に寝起きして遊行した昔の仕来《しきた》りを伝えるもので、見習うべきはその精神ということになる。寺院によっては掘っ立て小屋にすぎないところもあるけれど、樹の下の寝起きは旅の僧の野宿を除いて今はない。

この「住」の様変わりは、僧の定住化というのが大きな背景としてある。

それは、仏暦二五〇五〈西暦一九六二〉年のサンガ法改正以来（僧籍証明書の発行による施行は一九六四年）のことで、すべての僧は所属の寺を持たねばならない、と定められた。ニセ僧を排除する目的があったとされるが、タイでも進行いちじるしい管理社会化の一現象、といってよいだろう。

それ以前は、僧は方々へ旅をして、どこの寺にいようと、野宿しようと、自由気ままだった。ために、旅の装備だけはしっかりとしており、托鉢の鉢や頭陀袋《ヤーム》はむろん、野宿用の「クロット」なる寝具（後述）を持ち歩いていた。そして、相当な遠方でも車には乗らず、歩いて旅をしたという。

以前に述べた「トゥコット」（最も軽い微罪）にも、僧は乗り物に乗るべきでない、という条文がある。在家の町、村へは裸足で行くべし、という条文と同様、これも贅沢の戒めといえる。この精神は、例えばバスの窓から、車が疾走する自動車道を黙々と歩いている僧（およそ高齢）の姿を見かける、という事実にも表れている。長大な距離を歩いて旅した昔日の釈尊《ブッダ》を想い、見習っていることはいうまでもない。

クロットが吊してある軒下〈ランパーン寺〉

クロットという野宿用寝具については、長く僧籍にある者は持っている。私も先ごろ、やっと手に入れた。托鉢折り返し点にいるバイクの人、C氏が献上してくれたのだが、それを樹木の枝などに引っ掛け、円枠の周りに畳んである網状の布を垂れていくと、その中で寝られるようになっている、よく出来たものだ。ふだん野外で瞑想するとき、蚊よけの役目もしてくれる。かつてチェンマイのランパーン寺へ瞑想修行に出かけた際、樹木や建物の軒先など方々にそれが用意されてあって、自由に使えたものだった。

出家して間もない頃、旅の僧が、何やら長い傘のようなものを携えているのをみて、何だろうと思っていた。それがクロットであったことは、その後に知るのだが、それを売っている仏具屋はいまでは少ないという。十歳くらいの少年僧がそれを携えて歩くのをみたときは、いささか感動的だった。聞けば、本当にそれで野宿するそうだ。もっとも幾人かが一緒で指導者（成人僧）がいるときにかぎられるようだけれど。

省察を習慣化する

僧が一つ所に留まるのは、パンサー期（雨安居・約三ヵ月間）くらいのものだった。その期間だけは、六月に入ると始まる南西モンスーンが豪雨をもたらす（インドの雨季は少し遅れて始まる四ヵ月間）ために、道がぬかるんで歩けないという主な理由に加え、とくに仏道修行の期間として移動はしなかった。が、僧の定住化が始まって以来、雨の季節にかぎらず、その住居は所属寺院の僧房（クティ）となったのだった。

従って、とりわけパンサー期は自分の寺に留まる習慣ができている。その期間だけは、やむを得ない事情で住職に許された場合を除いて、外泊することはできない。例外（親兄弟の葬儀など）は認められるけれど、それでも一週間（六泊七日）が限度とされる。もっとも、その時期を除けば、わりあい自由に旅ができ、長く寺を留守にする僧もいるのは昔の名残といえそうだ。私が前に所属して五年間を過ごした寺には、副住職とほぼ同年配の旅好きの僧がいて、知り合いの僧がいる方々の寺を転々と渡り歩き（むろんクロットも持っていて）、寺にいないことが多かった。ドイツにあるタイ寺に半年ほど出かけていたこともあるが、その辺の自由が大幅に認められているのはせめてもの風通しといえるだろうか。

僧房の形式については、寺によって実にさまざまだ。粗末な小屋から立派な石造建築まで、寺の規模、タイプや格式によっても異なる。が、その住居についても心得の中身というのは昔から変わらず、そのための文言（省察）は「衣」の場合とほぼ同じ――

〝私は理に適った観察をもって僧房を用います。それは美装のためではなく、また快適さを求めるためでもなく、ただ寒さを凌《しの》ぎ、暑さを防ぐため、虻《あぶ》や蚊、風や炎熱、蛇などに触れることを逃れるため、季節の障《さわ》りから身を守り、独り居ることを楽しむためにのみ使用するものです（パティサンカー　ヨーニソー　セーナーサナン　パティセーワーミ　ヤーワデーワスィータッサ　パティカーターヤ　ウンハッサ　パティカーターヤ……）〟

そして、それを怠った日には、一日の終りに「過去省察（アディータ・パッチャウェーカナ）」なるものをしなければならない。どこまでも念入りな日々の反省が義務づけられているのだ。

〝今日、省察することなく使った住居は、ただ寒さを凌ぎ、暑さを防ぐため～〈以下、上述と同文〉（アッチャマヤー　アパッチャウェーキタワー　ヤン　セーナーサナン　パリプッタンタン……〈以下同文〉）〟

食や衣についても、省察を怠って過ごした日には、みずから唱えて省みるべき（僧だけの勤行〈夕刻〉に皆で唱えることもしばしば）とされている。つまりは、僧の住まいもまた、身の護り、安全を得るに足る最低限の必要性を満たせばよい、としているのだ。

私の寺（はじめに居たパンオン寺）の場合も、その精神を外していなかった。石造りの頑丈な三階建てとはいえ、老朽化していくにまかせ（築三十余年）、二階三階のベランダ風の外廊下に沿って並ぶ房は、木の床だけのそっけないものだ。スペースは九畳ほどで、これは「律」で定められた規定より広く、しかし二、三名の僧が共有していた時代（昔はこれがふつう）なら、規定に適《かな》っているといえる。近年は、僧の数が大幅に減り、ひとり使用が可能となっているわけだが、このへんの事情は他寺もほとんど変わらない。

不便さも修行のうち

トイレと水浴び場は廊下の端にあり、水は井戸からの汲み上げ式（屋上にタンクがある）で、温水器などは望むべくもない。家具といえば、前にいた僧が置いていった本や雑誌が積んである、扉が壊れた戸棚と狭い木製のベッドが一つあるほかは、大小四機の扇風機（すべて葬儀での献上品で一機のみ使用）があるだけ。狭いベッドはテーブル代わりにして、床にゴザと毛布を敷いて寝る。後には、座り心地のいい椅子と中古の机を手に入れるが、床に寝る習慣は変わらない。脊椎の並びに問題のある私には、この固い床が最善であるようだ。

建物が老朽化してくれれば、修理をするのがふつうのところ、それがない。洗面台は二つあるうち一つは壊れて使えず、あとの一つも使う度に滴《しずく》が足元を濡らす。水浴び部屋（手洗いの洗濯もする）は二室あるものの、大きく破れた天井は修理もせずに放置してある。そのうちの一つにシャワーがついたのは出家して四年目のことで、気温が十度台にまで下がる寒い季節（とくに十二月と一月）には、せいぜい一週間に一、二度、冷たい井戸水シャワーを震えながら浴びることになる。トイレは腰掛けられる洋式ではないので、老いた身には（出家五年目まで）いささか辛いものがあった。

しかしながら、そういった不便さ、非快適性に、不平をいう僧は一人もいない、というところに、さすがを思わせる。一切の小言をいうことなく、使えるものがあってどうにかなっている以上は我慢するのが当たり前、として平然と過ごしていた。

タイ語で「ポー・ピアン」という言葉がある。マスコミを含めてしばしば発せられるが、十分にやっていける、足りている、の意。この精神は、一般の人々の間にも相当に行き渡っている。わが国では「知足（足ルヲ知ル）」というもの。むろん仏教から来ている。

不便であること、ラクができないことは、そのぶん、身体のみならず知恵を働かせねばならなくなる。熱帯であることから冷蔵庫だけは小ぶりのものなら許されるので、私は四年目にして手に入れた。洗濯機も欲しいものの一つ。初めの頃はどうにかなっていたのだが、それも加齢とともにきつくなってくる。ついに腰を痛めてからは、副住職のところにあるものを使わせてもらうことにしたのだった。

掃除機もないので部屋の清掃が手薄になりがちで、ときに乱雑をきわめることになる。それでも簡素な生活のなかに意外な安らぎもあり、機械音のない静かな環境で日々を過ごしていけるのは、ある種の取り柄であったといえそうだ。

また、便利さというのは、よい面ばかりをもたらすとはかぎらない。考え方次第でマイナス面もあることは車などにもいえることで、おのずと歩くことが少なくなって運動不足にもつながる。タイ人は概して歩くのが嫌いであり、そのぶんクルマが大好きであることから、経済成長につれて肥満がますます増えていく、という現象が好い例だろうか。冷蔵庫にしても、熱帯の気候ではなおさら油断がならない。保存したつもりが長く放置して腐らせてしまうことも度々で、托鉢してきたものはその日のうちに食べる、という原則を損《そこ》なっていることの報いを受けるわけだ。

つまるところ、目にうつる現象、いまある姿カタチをどうとるかは、自らの内なる世界の問題なのだろう。気持ちの持ちよう、という言い方があるように、必要最小限でよいとする法の理念、正しい修行のあり方をそういう面でも考えさせられるのである。

「薬」が拠り所の今昔

クスリなるものが他の食・衣・住とともに大事とされるのは、健康に過ごすことが修行のための必須の条件であるからにほかならない。老い過ぎて身体の弱った者が出家できないのは、そのためといってよい。

これは古代インドでは、陳棄薬《ちんきやく》（プーティムッタペサッチャ）、つまり牛の尿に木の実や塩を入れ、長く漬けておいて作るものであったようだ。これもいまは化学薬品がそれに代わるものとしてあるわけだが、省察すべき内容は同じである。

〝私は、理に適った観察をもって医薬品を使用します。生じた病の苦しみを取り除き、健康な身体を保つためにのみ服用します（パティサンカー　ヨーニソー　キラーナ　パッチャヤペサッチャ　パリッカーラン　パティセーワーミ　ヤーワテーワ……）〟

この薬については、在家も僧生活の拠り所とされているのを知っているため、献上がひきもきらない品の一つだ。が、これまた、そんなにもらっても使いきれない供給過剰であり、ために部屋にはあらゆる種類の薬品が溜まる一方である。この省察は従って、薬の濫用を戒めるためのもの、と考えてよさそうだ。

実際、こちらの薬品は、市販のものが病院の出すものと変わらず、かなり強いことがわが国とは異なる点である。これは薬事法の違いによるもので、なかには処方通りに飲むと副作用を起こすものもあるので注意を要する。私の場合、処方に一回一錠とあれば、その半分で十分に効く、というのが体験上からいえることで、過食の禁とともに肝に銘じている。

ある時、風邪薬を処方通りに飲み、よく効いたのはいいけれど、ひどい便秘が副作用として生じ、あまりの苦しさに街の薬局へ、生まれてはじめて浣腸剤なるものを買いに出かけたものだった。しかし逆に、その強い薬でもって助かることもある。かつて、生の牡蠣《かき》による食あたりで猛烈な腹痛を起こした際、タイ人の友人が持ってきてくれたカプセルがたちまちのうちに効いて驚かされたものだ。薬も時と場合によりけり、適薬の選びと適量をどうするかは個人差もあってむずかしい。理に適った観察、の意味合いは深慮を要するところだ。

僧の多くはふだん、薬ではなく栄養補助食品を摂っている。といっても高価なものではなく、チャイナタウンで安価に手に入る薬草の類である。私の場合も補助的なものとして、ウコンやシナモンなどを漢方の店で仕入れてきて、糖尿などの習慣病予備軍を安全地帯へ導く努力をしているが、効果のほどは定かではない。が、臆病というヤマイには効き目がありそうだ。

いずれにしろ、薬によっては体質に合わないものがあることも確かで、なかなか判断のむずかしい話ではある。タイ社会では、体調を崩した日にはまず薬局で相談をし、それでも治らないときに病院へ、というのがふつうの順序だが、どのみち頼りにするのは医・薬であるわけだ。が、これを全面的に信頼することができないのはいずこも同じ、処方を間違えると死期を早めることもあるし、与えられた大量の薬を減らすと体調がよくなったという話を聞いたこともある。そうした人体の不思議な部分についてはどのように考えるべきか、いくら「省察」をしても限界というものがあることも確かだが、基本的な考え方は持っておいていいように思う。

人は「無我」（後章にて詳説）ゆえに、老いたくなくても老い、病に陥りたくなくても陥ってしまう。思うがママにならないことは承知の上で、なおかつ健康を志向してやまない、そのための精進（努力）も大事とするところに、私は哲学ともいえる教えの本質をみる。場合によってはあきらめることも必要だが、あきらめないで頑張ってみる、という精神も一方に置いておく、という二枚腰の教えの意味深さを思うのである。

こうしてみてくると、テーラワーダ仏教は、現代世界の人々が希《ねが》い求めるものとは相当に異なる理念でもって存在していることがわかってくる。徹底して欲を戒め、在家の布施でもって生きる僧は、すべてに節約、倹約をもって最小限の極致を実践すべし、と説かれることに、どんな意義を見出せばよいのか、と折々に考える。

世の在家がこれに見習えば、経済が失速して困った事態になりかねないわけで、ゆえに模範とすべしといっているわけではない。述べてきた「四依」は「パッチャイ四」とも呼ばれて在家にも説かれるが、その場合は、僧に対する教戒よりもずっと緩やかである。僧の世界は一般の通念とは異なるものであり、それゆえにこそ、その非経済性、精神性が在家の認可を得ているところがあるのだろうと思う。よく空腹を克服し、身を飾ることもせず、利器にも頼らずに不便を凌《しの》ぎ、戒律と仏法に従って生きる集団に対して、人々は（自らはできないがゆえに）畏敬の念を抱き、布施をしてもよいという気持ちにもなれるのだろう。

ただ、そのような尊崇を受けるべき僧の側が、その精神性を危うくしているところに、問題があることも確かだ。少僧化という現象を招いているのも、その問題の範疇にあることは間違いがない。人は物質的に豊かになると、避けがたく陥っていくのが心の変質であることを示唆して余りある、この国の現実は他人事であるはずもない。この辺のことは、また後に述べてみよう。

幸福な生き方の指針

とはいえ、俗界の人たちへの「法（教え）」と「僧」の影響は大きなものがある。ある意味、あらゆる面で深く関わっている、といってよい。とりわけ、人々が求めてやまない「幸福」のあり方について、それを得るための指針を示してみせているのもその一つだ。例えば、目上を敬う人には四つの法の恩恵が与えられる、云々の托鉢における「祝福の経（アヌモータナー)」があり、子連れの布施人が多いのはよく納得がいく。同時に、子供たちも幼児からの体験として、少年僧《サーマネーン》を経験する者も含め、貴重なものを得ていることも確かだろう。

人の幸福とは何か、人はどのように生きるのが幸せなのか、というテーマに方向性を与えているところに、その存在意義があるといってよい。出家して間もなく、私自身が実感として思ったことの一つだ。在家の時代、まだ若い頃から、その幸福観が定かではなかったことが、生き方の迷いや不安定さをもたらしていたことに気づいたのだった。異国へと落ち延びて、バンコクの裏町、路傍にあった屋台カフェーから朝の托鉢風景を眺めていた頃、いいしれない寂寥《さびしさ》感をおぼえたのもそのせいであったことが、出家して数年が経つうちに、とりわけ寺の副住職《アーチャーン》と日本を旅した頃を境にわかってきたのだった。

著者の経を聴く子連れの布施人

そのための教えは多岐に及び、重層的な説法によって理解を深められるようになっているのは(このことは後章にも記)、大事な点だと思う。例えば「四無量心*5」なる教説もその一つだろう。無量心とは、量れないほど多くあってよいという意味で、人が幸せに生きるための条件（四点）を挙げている。知ってみると、なるほど、と思わせる。とりわけ、慈・悲の心はむろん最後の「捨（ウペッカー）」なる精神は、その他の教えにもくり返し出てくる（悟りの条件の一つとしても置かれる）だけあって、日常的に心得ておかねばならないこと、と自覚を促す。

それはともかく、数々の教えは、経済的に豊かであること、便利で快適なものに囲まれていることが幸福の条件なのか、また利他を考えず利己的に生きることの非はその通りなのかどうか、といった問題を考えさせるに十分なものを備えている。社会が昨今のようなむずかしい状況になってくると、よけいにそうした教理に意義をみていく必要を感じさせられる。

＊5　四無量心《しむりょうしん》：パーリ語は、チャトゥ・アッパマンニャ・チッタ。一、二に、「慈・悲」のこころ。「慈（メッターー）」は友愛とも訳される、人にやさしく、同情的であること。「悲（カルナー）」は、そういう精神をもって困っている人に手を差しのべること。三つ目は「喜（ムディター）」、人が喜ぶ姿を嫉妬せず、同じ喜びの心で接すること。最後の四つ目が「捨（ウペッカー）」、すなわち偏った過激な考え方、行為・行動を排し、中間的な程のよさ、平静さを心がけること。以上、人が幸福に生きるための条件とされる。

「老い」そのものが病

ところで、苦もなく托鉢に歩いていた頃——、一年目はむろん、三年目くらいまでは感じなかったことがしだいに骨身に沁みるようになってきたことを、この辺で記しておきたい。ほとんど治っていたはずの左足指の関節痛がぶり返したほか、洋式でないトイレがきつくなり（一度は後方へひっくり返るなど）、何かと立ち居（立ったり座ったり）に苦労すること等々、最小限の暮らしが少なからず辛《つら》くもなってきたのだ。

その他、視力も衰えてきたらしく、いくら気をつけていても見落としてしまう小石やゴミを踏んで痛い目をすることも以前より頻繁になってくる。小さなトゲが刺さった個所などは、治りそうで治りきらずに魚《うお》の目となり、包帯を巻いて歩いても痛みを感じるため、とうとう軽いサンダルを手に歩かねばならなくなった。足裏に危険な区域ではそれを履かせてもらう、という手間をかけ、どうにか切り抜けている、といった次第《こと》なのだ。

老いはそれ自体が病である、というのがいまの私の感想である。ゆえに、「四苦」を生・老・死として、老いに病を含めることがあるのだろうと思う。老いれば病んでくるのは当然の理としているわけで、その兆候がはっきりと托鉢に関係して現れてきたのだった。

托鉢僧のなかで、私ほどの高齢者はほとんど見当たらない。私より年上だと思っていた僧が、まだ五十代の後半だというので驚いたこともある。が、タイ人の場合、男女ともに老いが早いのが一般的にいえる事実だ。六十代ともなれば、近場を軽く流す程度で（ぶらぶらと一定の距離を行ったり来たりしている僧もいる）、多くは隠居的に寺にとどまっている。同じチェンマイでも、六十歳以上はサンダルを履くことが許されている地域があって（かつて私が瞑想修行に出かけた寺はそうだったが）うらやましく思ったものだ。私の居る区域はそうではなく、折り返し点で時折り見かける（そこで休憩している）私より五歳ほど若い僧は、腰にコルセットを巻いて杖をつき、よたよたと裸足の脚を引きずるように歩いている姿がいささか哀れにうつる。

折り返し点で、その老僧としばしば口をきくのだが、胸にネーム・プレートをつけているのは、ニセ僧ではないことを示すためだそうだ。老齢になり、まともに食えなくなった人が手に入れた黄衣をつけて、街を流している姿（他の僧には非常に愛想がよい）はたまに見かける。が、ふつうは見分けがつかないし、ニセであることがわかると警察に逮捕されるけれど、密告する者もいない。その辺はおおらかな、昔ながらのタイであることを感じさせるが、私にはこれも他人事《ひとごと》ではない。

深刻化する「食」の問題

布施食の問題もさらに深刻になっていく。原因が定かでない体調不良に見舞われるようにもなり、わずかな食材の具合で身体が影響を受けるのは、内臓も弱ってきたからだろう。ある時から生じ始めた「発疹」などは、まさに処理できない老廃物の表出であったにちがいない。

従って、食を厳しく選んでいくことにしなければ、身が持たなくなってくる。それを作った人の顔がみえる料理、それも化学調味料の有無や砂糖や唐辛子の多少等を告げてくれる人の料理（親しく口を利くようになった人にかぎられるが）、というのがどうにか安心して選択できる条件と定めたのだった。

その点、高齢者向けに作られたものとか、台所がみえるところの料理などはありがたいわけだけれど、托鉢途上には一、二軒のみ、息子夫婦に大事にされている老女（九十四歳・二〇二四年現在）が食堂で献上してくれるものがそれに当たる。それでも、せっかくの野菜料理が油にまみれていたりするのは残念なことだ。どうして自然の味を尊重できないのか、首を傾げてしまうのだが、人間に美味への欲求があるかぎり無理なことのようだ。そこを何とかできるのは、知識に加えて徹底した教えのみだろうと思う。いつもよい手料理をくれていたもう一人の老女は、八〇代も半ばになってからは、めったに路上に姿を見せなくなっている。この方の料理も、すこぶる美味であるのは味付けを調味料の効果に頼っているためで、自然の味からは遠いことに変わりはなかった。

そうした托鉢食の問題がここ数年のうちに浮上したのは、以前に述べた「非時の食」の禁などがもたらす益となる部分がしだいに後退し、身体に負《マイナス》となる要素が蓄積して表面に出てきた証拠だろうと結論した。

実際、在家の多くは、布施する食が僧の身体にとってよいものなのかどうか、食べてもらえるのかどうかなど、真剣に考えて鉢に入れるわけではない。ましてや、私のような老体には甘さの過ぎる豆腐汁とか脂ぎったブタの串焼きなどは不向きである、などと考慮してくれるはずもない。みずからが日常的に食べている味の濃いタイ料理とか、出来合いのものを店で買い込むなどして、とにかく献上することによって徳を積めば（善行をなせば）それでよいわけだ。本末転倒などといっても始まらない。在家は相手の僧のことなど何もわからずに布施するわけなので、それはやむを得ないこと、ともいえる。私がこれまで観察したうえでの感想をいえば、布施食の六割がたに問題がある。甘辛の過ぎるものを湯通しでもって和らげてやっと三〜四割ほどが何とかなる、といったところだ。若いうちはまだ余裕があっても、蓄積がもたらす限界はいずれ来るはずで、僧の肥満や糖尿病が社会問題化しているのも当然というべきだろう。実に驚くべき観察結果というほかないのだが、それが正直なところなのだ。布施そのものはありがたいものであるけれど、残念なことに、施す側の（またそれを受ける側も）その点での意識、見識が足りていない、というべきか。完璧なはずの教えにも、その辺に不備があるといわざるを得ないが、教理はそこまでの細部に言及することはしていない。あくまで個々の独自の判断にまかせるほかはない話なのである。

熱心な在家信者の人たちでも、近年、五名ほどの方がガンに侵され、命が危ないという報を耳にしたものだ。その最大の因はやはり「食」にある、というのが事実を嘆く副住職《アーチャーン》（現住職）も同じ見解であり、アーチャーン曰く――、タイ人は油とナムプラー（魚露）と砂糖と唐辛子（＝四大好物とされる）の使い過ぎに舌と胃がマヒしてしまっている、という。何とも腹立たしい成り行きは、これまた他人事ではない。健全な食のあり方を美味が何よりとする民衆は十分に考慮していない、研究もしていない、いや、僧でさえもそれが不足しており、すべての個々に共通する課題として真剣に考えるべき時代が来ていることを改めて思う。

それやこれやで、まさに歳月を感じさせられる。述べてきた必要最小限の心も、ゆえに、その程合いが問題となる歳であることを切実に感じるのだ。前にも述べた〝ウペッカー（中間）〟の精神は確かによい心がけであり、常に持ち歩くべき教えではあるけれど、その考え方を間違えると困ったことにもなりかねない。利器に頼らない不便さも修行のうちとはいえ、足腰を痛めるだけでなく、致命傷すら負いかねなくなってきたこともそうだ。僧はおおむね慢性的な運動不足であることも摂取カロリーと関わってくるし、かといって、運動のやり過ぎは故障の因となるわけで、ちょうど程よいところがどこなのか、という問題もある。

つまりは、避ける術《すべ》のない老いとどのように向き合っていくか、いかに正しく命をつないでいくか、その知恵を得ることが修行の目標として重要な位置を占める年代にきているのだろう。新しい寺へ移ってからも、問題がなくなるはずもない。一長一短であるともいえる。老僧にとって、いくぶん身体の面ではラクをさせてもらっているけれど、あまり甘えてばかりもいられない。その限界《しおどき》がどこなのかを見定めることも大事であり、過ぎてしまってはならない、と思う。決断できずに機を逸してしまったことが、来し方を振り返れば、いくつもある。

けだし、人生のラスト・ラン（いやウォーク〈歩き〉か）をいかに、どこで過ごすかを考える時がきているという気がしてならない。

第三章　二二七戒律とその理念

テーラワーダ仏教の屋台骨

上座部（テーラワーダ）仏教は、戒律が多いことで知られている。なかでも、僧生活において決して犯してはならないものとして「四堕」なるものがあり、これも先に述べた「四依」（衣・食・住・薬）と同様、出家式からしっかりと説かれる。

その四堕がいわゆる「二二七戒律（パーティモッカ）」における冒頭の四条に相当する。つまり、違反すれば重罪の最たるもの、サンガ追放の罰を受ける「パーラージカ法」である。二二七戒律こそは、それをもってテーラワーダ仏教が成り立っているといってよい基盤、屋台骨のようなもので、得度することを「受具足戒（ウパサンパダ＝二二七戒〈律〉条を授けられる、の意）」と呼ぶゆえんでもある。まずは、違反すると許されない重罪となるものをみていこう。

（1）パーラージカ法

これに違反すると、僧の資格を失い、サンガを追放される。ゆえに「不可治罪」とも呼ばれ、四条から成り立っている。

○第一条——淫行

これは但し書きとして、すでに還俗することが決まっている、もしくは周りにそうと告げて認められている場合を除く、とある。つまり、俗人に還る日が決定している僧は、このかぎりではない、とされる。また、相手が畜であっても同様である（解説書によれば死体、骸骨も含める）とあり、その念の入れようには畏れ入るばかりだ。

この戒をどうとるかは、とても安直に述べるわけにはいかない。おそらく、伝播していく仏教なるものの性格を定めていった、その根源にあるものといってよい重要な事柄であるからだ。そして、たまにある僧の不祥事（婦女子への性暴力等）は、必ずやマスコミで取り上げられ、糾弾《きゅうだん》されるのもその重大性を証している。国民の僧への、サンガへの信頼を失うことは、仏教そのものの衰退に通じることをよくわかった上での対応にほかならない。

かつて古代インドで、釈尊入滅後の「結集（サンガの仏典編纂会議）」における成り行きをみても、事の重要性がうかがい知れる。第一回の結集（入滅後三カ月余の時点）で、マハーカッサパ（大迦葉・釈尊の後継）を頭に参集した五百人のアラハン（阿羅漢）[*6]が釈尊の定めた法、戒律を一切変えない決定をしたとき、それに参加しなかった集団（後の大衆部）は、すでに金銭所持の禁ほか幾つかの戒に従っていなかったといわれている。二度目の結集において（入滅後百年余の時点・ヴァイシャーリーにて）、サンガの分裂（「根本分裂」と称される）が決定的になったのは、すでにそうなるべき下地ができていたのであり、つまり、その頃には酒を飲み妻帯もしている僧が少なからずであったようだ。

俗世に戻ることに決めた僧の還俗《げんぞく》理由に、その種の性の問題が関わっていることはよく指摘される。俗世に還《かえ》りたい心理のことを僧の世界では〝チーウォン〈上衣〉が火のごとくに熱くなった（チーウォン・ローン・ムアン・ファイ）〟と表現する。黄衣を脱ぎ捨てたい、という意味だが、言い得て妙な気がする。

○第二条──偸盗《ぬすみ》

古代インド（紀元前六〜五世紀）には、ガンジス河流域において、およそ十六の主な国[*7]が分布していたといわれる。それぞれの国の王様が、捕えれば（お前は盗人だと）刑罰を与える程度の盗みに関して、それが僧ならばサンガから追放処分を受ける、という掟である。

僧の場合、日常的にも与えられていないものを手にすることは、草の葉一枚といえどもご法度とされる。道に落ちているお金を我がモノにすることも戒に触れる行為とされ、まして や盗みなどはサンガ追放の罰を受けて当然というわけだ。その目安としては一応、一パーダ＝五マーサカ（古代インドの貨幣でその価値は二十粒ほどの米の重さに相当する金）以上の盗み、とされている。いまの貨幣価値でいえばいくらになるのか、知ってもあまり意味がなさそうだ。

アーチャーン〈副住職〉による園児への仏教教育

それよりも、この戒はいまの一般社会において、相当に厳しい掟として生きていることのほうが知っておくに値する。私たちが催事に招かれる幼稚園では、園児たちに〝盗みから離れます（アティンナーターナー・ウェーラマニー……）〟等々と、やはり「五戒」を唱えさせるのだが[*8]、幼少期から教えを受けてきた人たちは、万引きなどは決して許さないのが鉄則である。どんな店舗においても、見てみぬフリをすることなどはあり得ない。手クセのある外国人が例えば空港でそれをやると、飛行機に乗る直前であっても容赦がない。駆けつけた空港警察に現行犯逮捕され、罰金刑等を決める裁判が終わるまで長く留め置かれたという話は、在家の頃に（日本人のケースも含めて）耳にしたものだ。日本人男性の場合、やっと帰国できたものの、会社には席がなかったというオマケつきの話であったが。

○第三条――殺人

出家式の「教戒」では、蟻の一匹といえども故意にその命を奪ってはならない、と諭されたものだ。殺しの禁（不殺）は、どんなに小さな生きものに対しても適用されるもので、在家の頃はあり得なかったこれには、ずいぶんと神経を使わされる。

この心の訓練は相当に困難であることを、未だ在家であった頃は、夜中の蚊に悩まされる度に感じていた。そして、実際に出家して僧院暮らしが始まると、今度は戒の壁が立ちはだかる。どうしたものかと考え込んでいたところ、他の僧の部屋に蚊帳《かや》が吊ってあるのを目にとめて、ハタと思い出した。私が子供の頃はまだ十分な薬剤がなく、家庭ではおよそ蚊帳なるものを吊っていて、その中で寝ると安らかだった記憶がある。

さっそくそれを求めて街へ出、一軒ごとに尋ね歩いた。何軒目かで、実によくできた、テント状のものが見つかったときは、さすが仏教の国だなと思ったものだ。こういう前近代的なものを置いているというのは、なかなかの配慮というべきか。

ところが、小さな生きものは蚊だけではない。とくに、蟻なるものは、まさに膨大な数で幅をきかせている。部屋にいれば、箒などで掃いて外へ出すことになる。が、その作業の間に、逃げのびた蟻どもがフロアに敷いた寝床へと、蚊帳の網目を難なく通って入りこみ、夜中に主人が来るのを待ち受けている、という仕儀であったのだ。

そういう私の悩みを聞いた副住職《アーチャーン》は、ひとりの在家信者に頼んで、あるモノを買いに走らせる。それは、四角い白墨状の固形製品で、それでもって床に線を引くと、蟻はそこから先へは行かない、というもの。さっそく蚊帳の周りを白い墨で囲ってみた。何と、ピタリと蟻足がとまり、驚くべき効果を発揮したのだった。

これまた蚊と同様、蟻も殺したくない人がいなければ、このような製品が開発されることはないはずだろう。このときも、やはり仏教国だなと感じ入ったものである。

しかし、この法の三条で扱っているのは、人を殺すことだ。誰かに武器を渡すなどして殺人を依頼した場合も含まれる。その他、妊婦の胎児を死なせたり（薬物を渡すなどして）、人を窮地に追いつめたり、死を讃美するなどの言葉でもって、あるいは銃などを渡して「自死」させた場合もこの罪に問われる。

ついでながら、みずから命を絶つ（タイ語では〝カー・トゥア・エーン〈自分を殺す〉〟という）こともこの禁のうちに含まれる。が、この場合は罰するわけにはいかないから、ただの教えの類か。

ただ、アーチャーンによれば、悟りをひらいて涅槃（ニッパーナ〈後述〉）の境地に達している高僧がそれをやるのは、生への執着（最後まで残る生存欲）を絶っているわけだから、許される、という。釈尊の弟子で長寿だった僧のなかに、その例をみることができる。

◯第四条――妄語

僧世界で「上人法」とは、常人を超えた知見のことだ。すなわち、悟りを得ている（とりわけアラハン〈修行完成者〉の）状態にある、といってよい。

そこに達している、と偽りをいうことを重大な罪としたのがこの第四条である。これを口にした僧は、他から追及されて嘘であることを白状した場合、あるいはみずから偽りであったことを認めた場合（悪意のない勘違いを除いて）、サンガ追放となる。

この種の嘘が別格に扱われるのは、修行僧としてあるまじき虚言であり、いわば仏道を冒《ぼう》涜《とく》していると見なされるからだろう。最終目標としてある悟り、至上の境地を、自分は身につけたと虚言をもって飾ることほど、僧として失格の条件はないというわけだ。このことは、後の章にて改めて述べたいと思う。

＊6　アラハン（阿羅漢）：パーリ語の原型は、アラハンタ。タイ語は、アラハン。しかし、パーリ語はタイ語と違って細かく語形変化し、主格（アラハン）、所有格（アラハトー）、目的格（アラハター）等となる（複数や性別による変化もある）。ために、本書ではパーリ語の主格、かつタイ語でもある「アラハン」で統一する。

＊7　一六の主な国：釈尊の生きた時代は、小都市から小国家（部族国家）へ、それらが次には強国（王国）に併合されていく過渡期にあった。各部族は、町村の集会所で会議を開き、政策を決定していく、その合議制のことを「サンガ」と呼んだことが、僧集団の呼称のゆえんともなる。主な王国（十六）とは――アンガ、マガダ、カーシー、コーサラ、ヴァッジ、マッラ、チェーティ、ヴァンサ、クル、パンチャーラ、マッチャ、スーラセーナ、アッサカ、アヴァンティ、ガンダーラ、カンボージャ。このうちマガダ、コーサラ、ヴァンサ、アヴァンティが大きな勢力を持ち、釈尊の出身とされるサーキヤ（シャカの語源）族もコーサラ国に滅ぼされる。後にはマガダ国が最強の王国として（三代目アショーカ王

の時代）インドのほぼ全土を支配下に置く。

＊8　園児の五戒：一般在家（大人）が唱える五戒と同じ文言ながら、ただ一つ、〞カーメースミーチャーチャラー　ウェラマニー（不邪淫・性への耽溺や浮気から離れる）〟の文意は、もともと幅広いもので、園児から小学生くらいの間は、他人のものを欲しがる、自分の方へ引っ張ろうとすることの禁、と意味づけされる。

（2）サンカーディセーサ法

次に、「罪（アパティ）」ではあるけれど、より厳しく自己を律することを誓って実践すれば（一定期間の別住が必要だが〈後述〉）許される戒をみていこう。

なかでも上記（四条）に次ぐ重い罪としてあるのが「サンカーディセーサ法」である。この法は、十三条までであって、一条から九条までは無条件に罪となるもの、十条から十三条までは、三度の忠告をもってしても相手が聞き入れない場合、という条件がついている。この再三の注意をもってしても、というところに、いかにも仏教的な寛容さをみることができそうだ。一度いったくらいでは聞かない、そんな賢い生きものではないことを見越してもいるのかもしれない。

一条―精液をもらす（夢中を除く）。

二条―欲情にかられて女性の身体に触れる。

三条—性的な興奮をともなって女性に話しかける。
四条—梵行者（僧）へ性の奉仕をするよう導くための話をする。
五条—男女関係の仲立ち（どのような関係であれ）を行なう。

　これらは最悪の非梵行への前段階としてありそうなもので、それを箇条書き的に戒めているのだろう。この女性に関する条項は、実に慎重で細部にわたることは、先に「衣」についての話にも出したが、ここではより具体的に非とするものを挙げている。

　あとは、僧房をつくるとき、その広さの基準や環境の選定法（六条、七条）、他の比丘（ビク＝僧）に対する悪意にかられた誹謗（八条）、さらに他の比丘の非梵行[*9]（パーラージカ法違反）をデッチ上げること（九条）、サンガの和合を乱し、破壊を企てる行為（十条）、比丘同士の和を損なうような言動（十一条）、等を戒める条項が置かれている。

　このうち、僧房の広さ（六条）については、仏磔手《ぶったくしゅ》なる単位（開いた掌の親指と中指の先端を結ぶ距離〈一仏磔手＝約二十五センチ〉）が使われており、その長さには個人差がある（私は二十一センチ）ために、かなり曖昧なものだ。

　これらの条項にみられる特徴は、何はさておき、サンガの「和」を乱すこと、同様に個々の比丘同士の諍《いさか》いを戒めている点にある。釈尊の時代から相当にきびしい掟であったようで、なかでもサンガの破壊を企てた者には出家資格がないとされたことからも、その神経の使いようが窺《うかが》い知れる。

古代インドでは、六師外道[*10]と呼ばれた宗教、思想家を始め、バラモン教、ジャイナ教（開祖は六師外道の一人）、後には仏教をしのいでいくヒンズー教など、複数の集団が混在していた。まさに百花繚乱の時世であったわけだが、釈尊の率いる教団に敵対する者も少なくなかったことからも、サンガ（僧伽＝教団）の和合は必須の条件であったのだ。

また、比丘同士の和については、私の目からみてもよく守られており、喧嘩などとは無縁の日常といってよいかと思う。個々がそれぞれの目的と時間を持ち、干渉しあわない自主、独立の修行精神と、集団生活の「律」が無理なく共存できている。これについては、なかなかの聖域といえそうだ。

戒違反者の収容先

これらの各条に違反し、罪に問われることになった場合、一定の期間、修行に励みながらサンガによる解除を待たねばならない。そのための道場（寺）が所属の寺院のほかに用意されており、チェンマイにおいても常に幾人かの僧が収容されている。時には、みずから進んで（違反を内に秘めずに）入所を願い出る者もおり、私が最初に所属した寺では、五年間で二人ばかり、自主的に出かけていった。

外出の禁止（食事も部屋に運ばれてくる）、瞑想に励む等の修行条件を守りながら、許されるまでの時を過ごすことになる。いわば僧の刑務所のようなものだろうか。

罪が発覚するきっかけというのは、さまざまであるようだ。例えば他人の目がとらえた場合、その者がどういう身分のものか、信頼性があるかどうかも問われるのだが、これについては後に述べようと思う。

特別な修行期間としては、その罪を犯しながら隠していた期間をまず過ごし（この別住を「パリワーサ」という）、その後、六日間程度（「マーナッタ」という）とされている。しかし、規定通りに隠していた年月を含めるとなると、また別の取り調べが必要になってくる。ために、実際には計二週間ほどですませられるのが通常のケースだ。その僧の所属寺院との関係もあって、現実にはあまり長い期間を課すわけにもいかないからだろう。

ただ、罪が許されるとき（「出罪」という）は、二十名の比丘が参加して決定しなければならない、とされている。一人でも欠けると出罪の決議ができないというのが規定で、これはかなり厳格に守られているようだ。

テーラワーダ仏教では何かにつけて、全員参加、全員一致を原則としているが、これなどもサンガの団結、統一を第一義に考えている証しといえる。

（3）アニヤタ法〈不定法〉

次のアニヤタ法（計二条）は、再び異性に関するものだ。すなわち――、淫行に適した隠れた場所で、女人と二人きりで会っているところを他人から目撃された場合、罪となる条件が定められている。

ここで、証言者の信用性の問題に触れておこう。目撃して告発するのは、嘘をつくはずのないい人物でなければならない。女性であれば「ウバスィカー〈優婆夷〉」、男性ならば「ウバソク〈優婆塞〉」と呼ばれる信心深い在家信者で、勤行日〈ワンプラ〈仏日〉〉には欠かさず姿を見せる、いわばサンガを支える存在である。

そういう人に見咎められ、告発されてそれを認めた場合、その内容に相当する罪に問われる、というものだ。不定法とされるのはそのためで、違反の中身によって〈パーラージカ〈不可治罪〉、サンカーディセーサ〈可治罪〉等の〉罪の種類が定まるわけだ。先に述べた、僧の刑務所行きも、それによって決まることがある。

これは第二条で、たとえ淫行には適さない場所であっても、粗悪な言葉で話しかけることができそうな場所に女人と居るのを見られたときも同様であることが定められている。

この法は、日常的にさまざまな場面で生きている。例えば、公の場所で女性が僧の隣に座ることは決してない。どこであれ（電車や待合室などで）僧が隣席に近づくことがあれば、わかっているタイ女性は逃げるように席を立つ。また、このことをよく心得ているのは、乗り物のチケット売り場で、飛行機はむろん長距離バスなども、僧の隣に女性が来ないよう、細心の注意を払う。万が一、手違いがあったときは、わかっているタイ人のアテンダントによって席の交替がなされることになる。

つまり、男女が隣り合わせに座ること自体、特別な関係を匂わせるため、それを避ける目的もある。僧の衣が女性のそれに触れることを非とするのも、この戒に付随するものだ。ましてや、人気のない公園などでそれをやった日には、アニヤタ法一、二条が適用される条件は十分に備わっているわけである。

しかし、これほどの戒があっても、これにまつわる問題がなくなるわけではない。インドの昔、釈尊の時代にもずいぶんと女性にもてる僧がいたという話が残されている。が、いまのタイ仏教界でもその問題は小さからず、サンガの苦慮するところだ。尊敬の的である僧は注視される特別な存在であるためで、なかには、その熱心な求愛に落とされて還俗していく僧が、住職クラス*11も含めてであるというのが現実である。

ともあれ、このような法に私が興をおぼえるのは、僧は常にその行動を在家に見られているという意味合いが一つと、告発者の信用性を問題にしていることだ。つまり、いわゆる誣《ぶ》告《こく》という、悪意にかられて相手を陥れようとする者が（私の体験、見聞に照らしても少なからず）いることを警戒しているのである。

つまり、相当に信頼のおける人間でなければ、その言をにわかに信用するわけにはいかない、としている。うわさ話などはいうまでもなく、一方の勝手な言い分だけを軽率に信じてしまう人がいるもので、苦い経験をした人も少なくないはずだ。厳しい戒のなかにも、このような細心の配慮がなされていることは、人間の実際を知る釈尊《ブッダ》らしい、人の世の教訓にも通じる見逃せない点だと思う。

＊9　比丘：テーラワーダ僧のことを国際的に共通語として使う場合は、「比丘（ビク）」という。タイ語になると「ピクス」（ビはピと発音）となり、同じ意味のタイ語、プラ（僧）とともに使われる。

＊10　六師外道：仏典には、バラモン至上主義を排する出家修行者（沙門）として次の六人が登場する。プーラナ・カッサパ（道徳否定論者）、アジタ・ケーサカンバリン（唯物論者）、パクダ・カッチャーヤナ（霊魂も物質とした唯物論者）、サンジャヤ・ベーラッティプッタ（不可知論者）、ニガンタ・ナータプッタ（ジャイナ教の開祖）、マッカリ・ゴーサーラ（アージーヴィカ教の開祖）。なお、釈尊の最高位の弟子、サーリプッタ（舎利弗）とモッガラーナ（目連）は、当初、サンジャヤに師事していた。

＊11　住職クラス：住職、副住職は、新米僧の期間五年（正式な僧として）を卒《お》えた者にその資格が与えられる。ために、若くして住職となるケースもあり、最短は二十五、六歳。なお、住職は終身職。但し、不祥事があれば罷免されることもある。

（4）ニッサギヤパーチッティヤ法

次に、比丘同士の「告罪」でもって許されるものがある。「ニッサギヤパーチッティヤ法」「パーチッティヤ法」、そして「パーティデーサニーヤ法」。これらは、二人の僧が向かい合い、一方がその戒違反を告白すれば罪が解かれるというもので、いわば軽罪といえる（後述）。

最初のニッサギヤパーチッティヤ法（計三十条）は、まず僧の着用する「衣」についてのものだ。衣は「四依」の一項として、先にもさまざま述べたが、ここでもさらに細かい条文が記されている。糞掃衣《ふんぞうえ》（墓場やゴミ捨て場などから拾ってきた衣）でよしとする精神、つまり欲を戒める最小限主義のさらなる徹底をみることになる。

それは例えば——、余分の衣（余衣〈アティレカ・チーワラ〉）が手に入っても、十日間しか自分の専用として使用できない（一条）とか、それを布施しようとする在家に対して、前もってよいものを要求したり仕立てを指示したりしてはならない（八、九条）、といった文言がある。但し、余衣を続けて使用するには、他の僧と共有する（「浄施〈じょうせ〉」という）方法があることも記されている。十日以降は占有物にしなければよい、という抜け道も用意されているわけだ。

また、一夜たりとも（とくに事情がないかぎり）僧衣から離れて過ごしてはならない、という掟（二条）がある。そのため、どこへ出かけるにもチーウォン（上衣）、どこにいてもアンサ（肌着）とサボン（腰巻）姿でなければならないことになる。

僧房の自室でさえ、私的な部屋着でいることはできない。上衣（チーウォン）は脱いでも、肌着や腰巻は着けたままでいるのが原則である。水浴び場へ立つときは裸身にタオルを巻いていてもいいけれど、寝るときは、その肌着と腰巻がパジャマ代わりだ。ましてや、Tシャツ姿で外の廊下を歩こうものなら、めったに注意などしない僧も声を上げてダメ出しをする。寒い日は長袖シャツ（色は茶系が好ましい）もいいけれど、必ずその上にアンサ（肌着）を着けていなければならない。つまり、前にも述べた腕時計などもそうだが、在家者的なものは宿さない、身につけないという精神であり、ふつうの下着なども要らない、腰巻で十分、というのは機能的にもおよそ正しい、むしろシンプルで快適ともいえるものだ。

但し、チェンマイでは「寒季」が相当に厳しく、とくに十二月、一月は冷えるため、老僧《トゥルン》は日本から持参の下着をつけて戒違反を犯すことになる。まして、寒い時期に帰国などしようものなら、下着はおろか、その他の衣までも着けたり外したりせざるを得ない。ラッシュ時にチーウォンなど着けていれば、女性に圧《お》されてもっと大きな戒違反を犯すことになるからだ。

その点、日本をともに旅してわかっている副住職《アーチャーン》（現在は住職）は、かねてより、「老いは苦であるから許すけれど、在家には見られないように」といってくれるので助かっている。在家の目が怖い（過敏すぎる?）のは、これも一種の習慣病としてあるものかもしれず、この国の仏教を危うくしている一因ではないかと私には思えるのだが、このことはいずれ再述する。

　はじめの頃、出家時の世話人であった大学生僧から、この衣の件でガツンと注意されたことがある。廊下に出た私の白いTシャツ姿を指さして、それはダメだ、と。仏弟子たるもの、そこまで一途な修行者でなければならない、ということなのだ。

　あとは、敷具（座布団）をつくるときの、絹糸を交えることの禁や純黒の羊毛のみの使用の禁（十一、十二条）。さらには、敷具を作れば最低六年間は使用しなければならず（十四条）、また、その大きさや仕様の法（わざと古い布を取り入れること等）など（十五条）、ただの座布団にもこまごまと、あるいは托鉢用の鉢や薬類の扱いについてもこと細かに規定されている。

　それらのなかには、現在のタイ・サンガには存在しない比丘尼（古代インドでは女性の僧もいたため）が登場するなど、いわゆる有名無実化したものもいくつか混じっている。親戚関係にもない比丘尼に、衣をもらったり、洗濯させたりしてはならないとか、主として男女関係を警戒するがゆえの条文である。

衣と足跡は神聖なもの

　ここで一つ、托鉢にまつわる余談だが――、以前にも触れた商家の老女は、私が経を唱える間、三度に一度はチーウォンの布地を両手の指先でつまんだまま耳を傾ける。女性が僧衣

ブッダの足跡と参拝人〈ランパーン寺〉

に触るのは本来ならご法度のところ、この場合は例外としてあり、聞くところ、老女は、死して後、天界へ行きたいがためにそうする、ということだ。九十歳（実際はそれ以上だが）になっていることはしっかりと自分の口でいえても、私の経はかすかに聞こえる程度、ビニール袋の布施食――、飯と惣菜を載せた皿を持ち上げることはできず、いつも息子夫婦の手を借りて、一袋ずつ、ゆっくりと鉢に入れてくれる。タイ人としては大変な長生きだが、余生はもうさほど長くないことを察知しているのだろうか。瞑目し、衣をつまみ上げるように持つ細い手を見つめながら、無病と長寿を願う経をあげて差し上げる。

また、托鉢の際、布施をして経を聴いた後、僧の両足の甲に手を触れて撫でるようにする男性もたまにいる。女性は触れられないが、これも最大級の敬意の表明であるという。例えば、釈尊その人と同じ尊崇の対象となるのがその足跡《あしあと》であり、地面を刻んだ裸足のそれは格別な意味を持つもののようだ。まさに歩いて托鉢をし、歩いて説法の旅をした釈尊を敬慕するテーラワーダ仏教の特性ともいえる。寺院のなかには（後に私が瞑想修行に出かけたランパーン寺など)、ブッダの足型を模《かたど》った彫塑の置かれた一画があり、仏像と同じ意味があるとされている。

仏弟子である僧は釈尊の代弁者であり、先の「衣」とともに「足」が別格の存在としてあるのをよくわからせてくれる場面でもある。タイ全土をひたすら歩いて遊行する老僧が大変な人気で有名であるのは、そういうことと関係があるようだ。

社会の現実が優先する戒

また、その第十八条には、「金銀の授受」について述べられている。それをみずから受け取り、あるいは人に受け取らせるのは法に触れるとされる。これに関連して、僧のビジネスは現在も禁じられている。が、書を著したり法の講演をしたりして収益を得、それを生活の足しや旅の費用にする分には何の問題もないとされるのは、それが公共の利となる面があるからだろう。現代の僧は何かと入り用であることが、許容範囲を設けている理由でもある。

この戒の解釈をめぐっては、二つの派(タンマユット・ニカイとマハー・ニカイ=ニカイは「派」の意)の間で違いがある。金銭に手を触れることができないタンマユット派では、僧が出歩く際はお付き《デック・ワット》の者を連れていかねばならないので、マハー・ニカイに属する私の目からはいささか不自由にうつる。

以前に述べた釈尊入滅後の「結集」（第二回）において、この戒は、上座部と大衆部が離反（根本分裂）するに至る、最大の論点であったようだ。古来の伝統を厳格に守ってきたタイ仏教でさえ、移りゆく時代のなかで二派に分かれ（テーラワーダという括りは同じで反目することはないものの）、未だ問題を引きずっている。が、近年はタンマユット・ニカイ（派）でも、僧みずから金銭を所持することを認めているところ（チェンマイでは名刹〈ワット・チェディルアン〉等）がふえているのは、世の現実には一歩を譲らざるを得なくなったということだろう。

その金銭の授受については、托鉢の際にもいえることだ。ふつうは、差し上げる食べ物が手元にない場合、あるいは布施の品に加えて、これで何か好みのものを買ってほしいという意味で、紙幣を鉢に入れる人が少なくない。ある女性の仏教学者は、バンコクでは僧の鉢を覗くと紙幣ばかりが入っていると誇張して皮肉り、僧は本来、無一文でなければならない、と（マスコミでも）強硬に主張してきた。が、出家したことのない人にはわからない、と僧の側からは冷やかである。

いまの僧は、布施されたお金をコツコツと貯めておき、大学への授業料にしたり（若いサーマネーン〈未成年僧〉の多くは寺から学校へ通う）、帰省するときの交通費にしたり、趣味の絵を描くための絵具代に使ったり、さまざまに重宝している。僧の場合、交通機関は公営バスなどを除いて有料（列車や長距離バスなどには割引がある）であり、タクシーはむろん飛行機なども割引は一切ない。

従って、最小限の実入りは布施や先に述べた仕事で確保しなければならないのが現実である。ただ、原則として僧は無一物、無一文であるべきという戒の意図するところは変わっておらず、蓄財などはむろん不善行為だ。私の周りをみても、貯めては消費し、また貯めては何かに使い、一応は持っている財布がふくらんだことのない僧ばかりである。

もっとも、住職以上の位になると、布施金もかなりの額にのぼる。タンマユット派であってもお金に手を触れられないだけで、預金（口座）は所持してかまわないことになっているため、高僧の場合、その没後に相続権が争われたこともあるほど相当な財産家でもあるわけだが。

お金は、それ自体がクセものである。これまた容易に「欲」と結びつくものであり、大いに警戒すべきという自覚が必要になってくる。一つ間違えば不善の落とし穴に陥ってしまう恐れが多分にあるからだ。現に、高額の紙幣を鉢に受けると嬉しいし、いつぞやは何と千バーツ紙幣（約四千円相当＝二〇二四年五月末のレート）をある旅の女性からいただいた際は、目が眩《くら》むほどであったが、幸いにしてめったにない。

近年のスキャンダルのほとんどは、女性と金銭（自家用ジェットの提供まである高額の布施）に関するものだ。先に述べた戒の精神を損なっているわけで、テーラワーダ仏教の危機を云々する人たちの論拠にもなっている。金銭についていえば、その必要性と排すべき欲望との相克であり、そのような葛藤があるうちは、私自身の修行も半ばなり、とするほかないようだ。少なくとも「強欲」に進行しないよう、自覚を持ち歩くことにしているけれど、俗世と絶交しないかぎり、きびしい現実は一筋縄ではいかない。

意味をなくした条文

ところで、この二二七戒律のなかには、実際には守られていない、というより守ることが不可能なものも少なからずある。例えば、絹の本場タイでは絹糸の使用などは日常茶飯であるし、僧が敷具を作る際は、純黒羊毛（二分＝四分割法なので五十パーセント）、白色羊毛と黄褐色羊毛（各一分）を取り入れなければならない、といった規定（十三条）などは、古代インドの事情によるものに違いなく、いまでは意味をなさない。

また、一個だけ持つことが許される托鉢用の鉢（バート）は、修理の痕《あと》が五カ所以上にならないかぎり、新調すれば法に触れるとされる（二十二条）。釈尊の時代における鉢は現在のような恒久的に使える鋼鉄製ではなく、多くが土製のもの（従って欠けたりヒビが入ったりする）であったようだ。この鉢も、今では寺に持ち込まれる布施品に含まれることがしばしばで、各僧は少なくとも二つは持っており、時と場合によって使い分けている。

私の房にも、新米僧の時代に副住職《アーチャーン》からいただいた立派な鉢が、新品のまま放置してあった。出家式に必要なので市場の仏具屋で買い込んだ安物を長く使ってきたのは、愛着があったから（子供僧が持つようなものながら捨てがたく）だが、蓋の金メッキがすっかり黒ずんでキズも多くなってきたことから、寺を移籍してからは取り換えている。

他には、余衣と同じように、余鉢といって、托鉢用の鉢がもう一つ手に入った場合、十日間だけ自分のものにできる（それ以上は手放すか他の者との共有物にしなければならない）という決まり（二十一条）もある。が、これも実情は共有物にしておらず、また余衣にしても他の僧と共有することはあり得ず、布施されても使わない衣（丸ごと一式、あるいは腰巻〈サボン〉だけの献上もある）が部屋の隅に積み上げられることになるわけだ。

また、病気の僧が摂るべき薬については、以前も述べた陳棄薬（牛の尿と木の実からつくる）の他に、非時（昼の十二時以降）にも許される栄養食として、蜜（ハチミツ等）、油（ココナツ・オイル等）、キビ（砂糖黍を液体や固形にしたもの）、酪製品（ヨーグルト、チーズの類）がある。これらは、得てから七日間を限度として貯えることができる（二十三条）、とされている。

この食品の貯蔵については、托鉢食の場合、翌日まで持ち越すことができないのが原則とされる（次の「パーチッティヤ法」のうち）。これもインドの昔と違って、いまは冷蔵庫があるうえ、缶詰やインスタント麺など、貯蔵のきくものがいくらでもあることから、できればその日のうちの消費が望ましい、程度のものになっている。在家からして、保存のきくものをたくさん仕入れておき（紙パックのジュース類やお菓子など）、それを日ごと小出しに布施している人も少なくない。

（5）パーチッティヤ法

次のパーチッティヤ法（計九十二条）は、二二七戒律のなかで最も多い部分である。罰則のない「軽罪」であるとはいえ、軽視はできず、厳しく守るべきものであることに変わりはない。

僧生活の基本である「四依」についても、より細かく、改めて条文化されている。すでに記した戒のくり返しも含めて、要所のみを述べていこう。

まず妄語（嘘偽り）の禁（一条）、侮辱、誹謗、差別等、粗悪語の禁（二条）に始まり、他の比丘に腹を立てて言い逃れたり罵ったりすること（十三条）など、慎むべき言動についての条文が置かれている。これらは、「八正道」（後章にて詳説）の「正語（正しい言葉使い）」に通じるもので、それに反するものを禁としている。

病気でない比丘は、一日一回の食事が許される（三十一条）〈病気のときは、その必要に応じて可能〉、非時（午後）に硬い食べ物をかじり、あるいは柔らかい食べ物を食することの禁（三十七条）。従って、これには果物の類も含まれる。それをジュースにしたものなら禁ではないが、とくに市販の缶や紙パックのものはコーヒーを含めて甘すぎるものがほとんれどなので警戒が必要だ。また、栄養食として（前述）の酪製品なども可とされている。これらの乳製品については、いまでは問題なきにしもあらずで、健康食とはいいがたいとみる向きもあるけれど、昔日のインドでは健康に寄与するものと見なされたようだ。布施されたお金でそうしたものをコンビニなどで買うこともできるので、空腹を凌ぐために飲み過ぎる僧も出てくる。この激甘のコーヒー、ジュース類の摂り過ぎも僧の肥満を招く一因になっているといわれるが、戒にある要注意の落とし穴といえる。

また、一日一回の食事というのは一度きりの着席ではなく「午前中」という単位が一回と解釈されている。すでに述べたように、正午までであれば何度でも食べることが許されるため、僧によっては、適量をわきまえず、食べ過ぎてしまう僧も出てくるわけだ。それも味付けに問題のある布施食であればなおさらであり、テーラワーダ仏教では、食のタブーはなく何でも食べられることと相俟《あいま》って、逆によからぬ成り行きを招いているといえそうだ。

私は、これを托鉢食の「甘・辛殺し」と呼んでいるほどで、どうして飲み物を（むろん料理も）これほどに甘く（また辛く油っぽく）してしまうのか、時に腹立たしくもなる。タイ人のタイ敵は、美味しさへの欲であるとつくづく思うのだが、むろん他人事ではない。

しかし、古代インドでは、例えば釈尊の後を継いだ大長老、マハー・カッサパ（大迦葉）などは、一日一度きり（の着席）を守り通したことでも知られている。アラハン（修行完成者）ともなると、離欲がしっかりと身についていることから、朝から昼までの間に一度きりであったようなのだ。ために、マハー・カッサパやアーナンダ（阿難）の百二十歳（推定）とか、最高百六十歳という長生きの僧もいた（記録にみえる）のは、何よりも「食」の法に理由があったように思うのだが。

有色家（酒色にふける男女のいる家）に入って座をかまえること（四十三条）。これは、いうまでもなく朱に交わることを警戒するもの。人目につかない場所で女人とこっそり座すことの禁（四十四条）〈これは先ほどの戒の再度の念押し〉、然るべき理由がないのに出征する軍隊を見にいくこと（四十八条）、理由があって軍隊内に止宿するときは二、三夜を限度とすること（四十九条）。これの意味するところは、僧が基本的に武器を持つことや戦いに反対する立場にあるためだろうか。

スラー酒（主に穀類から作られる度数の高いもの）やメーラヤ酒（果実酒など比較的度数の低いもの）等を飲むことの禁（五十条）。この「スラー」はタイ語にもなっていて、酒類全般を意味する。

〝スラーメーラヤ　マチャパマー　タッターナー　ウェラマニー（スラー酒やメーラヤ酒、それに麻薬の類から離れます）〟

在家に向けられる「五戒」の唱えで、最後の五項目目に置かれている。それを守らない在家との付き合いからも離れるのが好ましい、と説かれる。

ただ、この戒が「五戒」では最後に置かれていることには、若干の意味があるようだ。麻薬などが非とされるのはうなずけるけれど、すべての酒類を無条件に禁とする大雑把な法には疑問ナシとはしない、微妙な、というより深慮が必要な問題だろう。酒を飲まない知人のなかには、それが及ぼす害、例えば酒乱的に暴言を吐くとか暴れたことがあるとか、決定的なマイナスを経験して懲りた人をみかける。が、反対に、いわば百薬の長のようにその効用を享受している人もいるわけで、シャクシ定規に禁とするのはどうか、という意見もある。

しかし、タイでは、酒に呑まれる人が少なくないため、粗暴な出来事や交通事故の多さの因《もと》にもなっていることは確かだ。選挙の前日と当日の販売禁止とか日常的にも酒類販売の時間制限を設けるなどしているが、ほとんど意味のないザル法である。が、前にも述べたように、街で酒を売らせないといった宗教ではなく、基本的には本人の自主性にまかせているところに、弱点もありながら、その寛容性はよしとすべきだろうと私は思う。

昨今、大麻なるものがついに解禁されて話題を呼んでいるが、これも同じ類の考え方をもって対するべきか。カラダには煙草よりいいという意見は前々からあったが、労働意欲の低下などが目立つようになれば、この国の法はすぐに変えられてしまう、という意味でも気楽で柔軟な国民性が背景にあるようだ。

指でくすぐること（五十二条）、たとえ冗談でも他の僧の鉢や衣を隠したり、隠させたりすること（六十条）。水中での遊び事（五十三条）〈泳ぐことも含まれる〉、病気でもないのに暖をとろうとして火をつける、あるいはつけさせること（五十六条）、然るべき時期を除いて半月以上の間を置かずに沐浴すること（然るべき時期とは、二カ月半の非常に暑い季節、風雨のとき、病気のとき、労働や旅の途上等）の禁（五十七条）。これらは、古代インドでは雨季を除いておおむね水不足であったこととも関係があるようだ。それに、これまた暖をとるための火と同様、快適さをほしいままに求めることへの戒めとみてよさそうである。

私がかつて居た寺では、井戸水を汲み上げてある屋上のタンクが、身体を洗っている最中に空《から》になってしまうことがあって困ったものだが、水資源の節約もまた必須の大事として義務づけられている。いまの寺には龍《ナーガ》に護られた立派な井戸があり、タンクもいくつかあって、しかし私の房につながるものは仏塔や植込みへの水撒きに使われるため、時おり空っぽになって水ナシの時間が長く続く。市の水道は電気と同様、料金がかかるため、一部にしか引かれていない。従って、各寺院にとって井戸はなくてはならないものであり、いまも多くの寺で飲料水以外のいろんな用途（水撒き、清掃等）に利用されている。

ナーガ（龍）に護られた井戸〈パーンピン寺〉

故意に生きものの命を奪うこと（六十一条）、これに関連して、地を掘ったり掘らせたり（十条）、草木を伐《き》ることの禁（十一条）、さらには、生きものが混入した水を草や土に注ぎ、あるいは注がせることの禁（二十条）等。これらは、やはり同様に生きものの命に関わることゆえ、とされている。地中にも生きものが、虫やミミズ以外にも植物の根や芽、種子などがあるためである。

わが国の著名な識者に、テーラワーダ仏教で命として認めるのは動物まで、としている（その著作にも書いている）人がいる。が、このような戒の存在をご存知でないのだろう。大乗仏教の草木国土悉皆成仏（草木も国土もことごとく成仏する）といった自然界の法は、上座部も違った形で幅広く認めている。ただ、戒で不殺とする対象は、アメーバのような生きものまで及ぶジャイナ教などとはちがって、およその肉食を禁としないのは、いささか矛盾する心持ちがしないでもない。もっとも、菜食祭（テーサカーン・キン・ジェー）[*12]という、年に一度の行事は中国系の敬虔な仏教徒がふだんの肉食を戒めるためでもあるそうで、まったくの無頓着というわけではないけれど。

他の比丘の重罪を知りながら隠すこと（六十四条）。これは誣告《ぶこく》と対極にあるものだ。女人とあらかじめ約束して同じ道をたとえ村と村の間であっても行くことの禁（六十七条）。この戒もかなり広範囲に解釈されており、女性の隣に座っている僧はむろん、女性と肩を並べて歩いている僧もみたことがない。

また、王宮において、王様の寝室から王も妃も退出していないのに、予告なしに境界標（寝室へ向かう通路にある境と解釈できる）を越えること、というものまである（八十三条）。これは釈尊の時代には、帰依した王族と交流があったことを窺わせるものだが、現代ではほとんど意味をなさない条文にちがいない。

次の「パーティデーサニーヤ法」（四条）は、布施食に関するもの。前二条では、再び比丘尼が登場し（食に関わらせること等、現在は空文化）、あとは布施しすぎて家が傾いた信者の家へ招待もされていないのに托鉢にいくこと、等を禁じている。昔日のインドでも、わが身を犠牲にしてまで布施（献金）するようなことがあったということだろう。これが問題とされたのは釈尊の時代からであることに、いまに通じる意味をみるような気がする。

この比丘尼について付言すれば――、タイでは、女性の得度は認めていない（既述）が、女性の修行者（メーチー＝剃髪しているので在家の修行者と見分けがつく）は受け入れており、大きな都市にはある特定の寺院で、僧とは隔離された女性用の宿舎に寝起きし、八戒（＊3参照）を守って修行に励んでいる。

＊12　菜食祭：テーサカーン・キンジェー（菜を食べる祭、の意）。年に一度、例えば二〇二三年は、タイ暦十一月新月の翌日（上弦一夜〈太陽暦では十月十五日〉）から上弦九夜（同十月二十三日）までの九日間、各都市の主に中国人街で、肉を排して工夫をこら

した野菜料理が「斎」の字を印した黄色い三角旗を店先に立て、至るところで販売される。バンコクのヤワラート通りやプーケットのキンジェー・パレードなどが有名だが、チェンマイでもその期間はチャイナタウンのみならず、一般家庭でも作られて、托鉢の際もしばしばそれを受けることになる。

告罪という風通し

ところで、戒違反という「罪」を犯した場合、その軽重によって罰というものに程度の違いがあるのは先ほどから述べてきた。つまり、重罪として決して許されないものは「不可治罪」、重罪ではあるけれども一定の期間、所属の寺院を離れて修行に励めば許されるもの等は「可治罪」とされている。

そして、可治罪のうちでも軽いもの、つまり先ほど述べた最多の条文を持つ「パーチッティヤ法」その他はどうかというと、「軽罪」ではあるけれども、許されるためには一定の手続きを経る必要がある。

それは、僧同士の「告罪」なるものでなされる。一定の文言（これもパーリ語）による儀式で、罪を犯した僧が聞き手の僧と対面し、深く頭を垂れたまま以下のように告げる。

〝尊師よ、私は〈パーチッティヤ法に違反する〉罪を犯しました。それを告白します（ア

ハン　パンテー　サンパフラー　ナーナーワットゥカーヨ　アーパッティヨー　アーパンノータ　パティテーセーミ）〟

〝君はその罪を認めていますか（パッサスィ　アーウソー）〟

〝はい、認めています（アーマ　パンテー　パッサーミ）〟

〝では、これ以降よく心得てください（アーヤティン　アーウソー　サンワレッヤースィ）〟

〝はい尊師よ、よく心得ます（サードゥ　スットゥ　パンテー　サンワリッサーミ）〟

＊この最後の一文は三度くり返す。

これは、位が上の僧が聞き手である場合で、下の者を「君は（アーウソー）」と呼びかけている。これが逆の場合は、上の僧が頭を垂れて（下の僧はさらに頭を低くして）、「君よ」と切り出し、下の僧が「尊師《パンテー》はその罪を認めていますか」云々と同じ問答がなされる。

これを目にする機会というのは、日常的にはほとんどない。が、いまの寺では、本堂における僧だけの勤行で最後に欠かさずに行なう。日々の行為、行動には多少なりと戒に違反することがあるもので（午後に何かを食べてしまうとか、細かくみていけば）、それを反省するためのものだ。

現場での告罪は、以前に一度だけ、寺の樹木を伐ったときに目にしたことがある。副住職《アーチャーン》が僧の位としては格下の僧と対面し、頭を低くして、上記のように、〝君よ（アーウソー）……〟と始めるや、てきぱきと問答を終えたものだ。蚊が大量に発生するので、日陰をつくる大樹の枝を落とすことになったのだが、この時は作業責任者の副住職が告罪したのだった。

ただ、告罪した上の位の僧は、格下の相手に五体投地の礼をすることはなく、逆にアーウソー（格下の僧）のほうが、告罪していただいて恐縮です、といわんばかりに三度の礼をするところなど、いかにも上下関係が明確にあるテーラワーダ仏教らしいところだろう。

その場合、対象となる法はすべて同じ「軽罪」であるため、通常は、「法に違反する罪」というだけでよい。細かな内容は必要がない（パーチッティヤ法など戒の種類のみを告げることはある）とされている。どんな罪をおかしたのか、その中身を追及しないところに、あくまで自主性を重んじる寛容な精神がみえている。告白して反省すれば必ずや許されるわけで、気がラクな告罪といえそうだ。

僧同士の告罪〈パーンピン寺本堂〉

きびしい戒律群のなかにも、こうした風通しのよい法があるというのは、わが身を省みるにつけ、ありがたいことのような気がする。もっとも、これがマンネリ化すると、また問題が出てくる恐れもあるわけだけれど。

（6）セーキヤ法

次は、実質的に最後となる「セーキヤ法」（計七十五条）

が置かれている。

　これには罰則の規定はなく、「微罪」というものに属する。従って、違反しても上記のような刑務所へ入ったり、告罪したりする義務はない。しかし、これまた軽視すべきものではなく、僧の内面、外面（姿カタチ）に関して、その在りかたを規定したもので、よく学ぶように（修学すべし）という命令形でもって説かれる。主なものは以下――

　そつなく下布（腰巻〈サボン〉）を着用すべきである（一条）、と衣の着け方から始まる。在家のところへ行くときは（そこで座す際も同様）正しく身を覆《おお》っているべきである、云々と続く。正しく身を覆う、とはチーウォン（上衣）の着け方のことで、以前にも触れたように、外出するときは両肩を覆う着方をすることを指している。ただ、寺の敷地内にいるとき（本堂での勤行時など）は右肩を出すのが一般的な装いで、境内の庭掃除などの作業をする際はアンサ（肌着）のみの軽装でよいとされている。

　この上衣の着用については、隣のミャンマーなどでは外出時も右肩を出す着方が許されており（托鉢時はおよそ両肩を覆っているが）、その辺は国や地域によっても異なるようだ。ただ、身だしなみ等については、一定の決まりがある。例えば――

　上衣を巻き上げて歩くこと、哄笑しながら身体や腕を振りながら歩くことの禁。また、頭を振りながら、腰に手を当てながら、頭を覆ったままで行くべきでない、等々の行儀作法的なものが置かれている（二十六条まで）。

この頭を覆うものというのは、主に帽子のこと。しかし、チェンマイにおいては、寒季の一時期だけ、寒いので（布施される）毛糸の帽子をかぶることが許されている。それも子供僧と老僧がほとんどで、私の場合は頭を保護するためにも（モノにぶつかったり滑って転んだりするため）暑くてもできるだけ着けるようにしている。

次に、食事作法的なものとして（五十六条まで）――

恭《うやうや》しく施食を受け、かつ食べるべきこと、鉢を注視しつつ施食を受け、かつ食べるべきこと、スープ（カレー汁等）に見合う量の施食を受け、かつ食べるべきこと。食をより多く得ようとして、スープや副菜を飯で覆うべきでない（これらは、布施されるものが飯も汁も副菜もみな一つの鉢に入れられることから、このような法ができたようだ）。不満な思いで他の僧の鉢のなかを眺めるべきでない（これは他と比較したり、嫉妬したりすることを戒めている）。まるい飯球をつくるべきである。それがまだ手元にあるのに口を開くべきでない。大きな飯球をつくるべきでない。飯球に齧《かじ》りつくべきでない。同様に口に投げ入れるべきでない。飯を口に含んだまま話すべきでない。手をぜんぶ口に入れるべきでない、等々。

これらは、インドやネパールでは手で食べる習慣があるためで、私もかつて旅をしたときは、手指で飯球をつくっては口に運んだものだ。レストランなどではスプーンやフォークが用意されているけれど、庶民の多くはいまも手づかみで食べるのが習慣である。かつてネパールからの出稼ぎ人（カレー職人）に聞いたところによると、理由は単純明快で、そのほうが金属のニオイがなく、美味しいからだそうだ。

飯粒を散乱させながら、チャプチャプと音を立てながら、ズルズルと音を立てながら食べるべきでない。手指を舐めながら、唇を舐めながら、食べるべきでない、等々。全部で三十条ある「食事作法」は、実に細かくて興をおぼえるところだ。むろん、インドの昔から子供の僧（七歳以上の未成年僧〈サーマネーン〉）もいたことから、行儀作法を教える年長者の心得でもあるのだろう。このコドモがいる寺では、大人僧の指導者がいて実に細かく面倒をみることは、私がかつて瞑想修行をした寺（ランパーン寺）で見知ったことだ。

また、タイではわが方との違いが一つあって、それはスープなどを飲むとき、すする音を立てるのは行儀がわるいとされることだ。これには気を使うところで、鷹揚なタイ人にしては意外な側面か。爪楊枝などもこちらでは庶民の食堂のテーブルにはおよそ置かれていない。人前でそれを使うことをよしとしない（手で口を覆ってやれば許されるが、それもできれば避けたほうがよい）ためらしい。マイ・チン・ファアン（歯をほじくる木、の意）がほしいといえば出してくれるけれど、こうした細かな戒に準じたものが、僧の場合はとくに多く置かれている。

あとは、「説法作法」（七十二条までの十六項目）として――

病気でもないのに傘を手にする者に法を説くべきでない。これは主に日傘のことで、頭の上にそれをかざしていると、礼を失していると見られる。雨傘もできればないほうがよいことから、朝の托鉢時にも在家は少々の雨なら傘をさしていない。本降りの日は、建物の軒先にいて布施をする。

棍棒《こんぼう》を手にする者に法を説くべきでない。これは、説法を聞いて腹を立て殴りかかる者がいることを警戒して作られたものだそうだ。インドの昔には、いくつもの「外道」(既述)があり、釈尊の教えに敵対する宗教や思想もあったことが窺《うかが》える条文である。

雨の日の托鉢〈チェンマイ路上〉

刃物や武器を手にする者(これも危険ゆえ)、靴を履いたままの者、等に法を説くべきでない、と続く。托鉢で、人々が布施する際、履物を脱いで膝を折る(足のわるい人は頭を垂れて合掌する)のは、この条文があるためだ。前に、托鉢時は裸足が原則であることを述べたが、在家のほうが靴を履いているのは礼を失するからだろう。

また、僧が地面に座して、相手が椅子などに腰掛けている場合(老人や足のわるい人などは別)も、法を説くべからず、としている。これは、あくまで僧の側が上位に座した上での説法でなければならないことを意味する。寺院でも、本堂や礼拝所の造りは僧の席を在家の席（椅子または床）より少し高い壇にしてある。

セーキヤ法の締めは「雑事」（三条）である。病気でもないのに立って大・小便をすること、生草の上や水のなかにそれをする（あるいは唾を吐く）こと、を戒めている。そういえば、どんな公衆トイレでも僧が立ったまま用を足している姿は見たことがない。

二二七戒律の最終部にある七条は「アディカラナサマタ法」といい、サンガに争い事などが生じたとき、その解決法として置かれたものだ。ために、僧の日常生活における戒律とは趣を異にする。その七条を別項としてみれば、二二〇戒律となり、実際にそう呼ぶこともある。

また、ここで付言しておくべきは、細かく厳しい戒律群ではあるけれど、適度な例外規定が同時に、随所に設けられていることだろう。病気でもないのに……、という言葉の多さは、体調を崩しているときは別であるという配慮であるし、時間や数の制限にしろ、条件しだい（やむを得ない場合等）ではその限りではないとされるところなどは、仏教らしい寛大さが込められているといえそうだ。水漏れのないようしっかりと栓と蓋をしておく一方で、風通しをよくする必要最小限の例外も置かれているわけで、これがなければ本当に厳しい、息のつまるような暮らしになってしまうにちがいない。

そして、戒律なるものの役割についても、テーラワーダ仏教では、はっきりと、僧にとっては修行の第一歩であるとし、在家にとっては、安全かつ幸福な生活を送るための条件である（最終的な目標としては悟りであるが）、という意味づけがなされている。

五戒（一般在家）にしろ、八戒（修行者）、十戒（サーマネーン〈未成年僧〉）にしろ、あるいは僧（比丘）にとっての二二七戒律にしろ、それらを守っていくことがさほどの我慢ではなくなり、ごく当たり前の習慣になっていくまでには、相当な年月を要するにちがいない。その過程が悟りへと向かう修行というもので、それにも初段から修すべき段階というものがあって（このことは後述）、いかにも「自力」を重視するテーラワーダ仏教らしいところだろう。

伝統行事の典型例

先にも述べた「省察」とは、僧がその日をどう過ごしたか、比丘らしく、恥じることのない時間を過ごしたかどうか、みずからを観察すること、とされる。僧の諸行儀、つまり頭髪を剃り（ふつう月に一度、満月の前日〈ワン・コーン＝剃る日、の意〉）、髭をたくわえない等の身体的なものから、衣・食・住・薬（四依）を必要最小限かつ美装を排する心でよく整えているかどうかまで、日々省みなければならない。

それらの戒律を守れなかったときは、その罪の軽重によって、「サンガ追放（強制還俗）」

「別住（所属の寺を出て他所へ）」もしくは「告罪（僧同士）」の義務が課されている、つまり罰の課し方にも罪の程度によって種別を設けているわけだ。

とりわけ僧の修行期間、パンサー期には、月に二度（満月と新月の日）に、「ウポーサタ（漢語は「布薩」）という行事が執り行われる。近在の寺院の僧が一堂に会し、先の「省察」を戒律面のみに絞って、別の手法でもって行なうものだ。

そこでは、僧の席順も決まっている。出家が一日でも一時間でも早いほうが上の座にくるのが原則であり、ウポーサタにおいても古老（長老）は上座に、新米僧は最後列に陣取る。むろん、下位の者は上位の者に敬意を払い、言葉づかいから態度まで、それなりのルール（挨拶するときは相手より高い位置で合掌する等）がある。これはタイ社会における在家同士の挨拶にも適用されており、目上の人に挨拶するときは額より上で合掌し、目上はふつうに胸の前で合掌を返す、といったふうに、きちんと実践されているのは、僧世界に倣《なら》っているためだ。

さて、その会場は、広い本堂（ウィハーン）を持つ寺院が引き受けることになる。例えば、私の所属寺院（移籍する前）がそうで、さまざまな民族籍を持つ、老若の僧（タイは多民族国家なので身分証には国籍の他に民族名も記される）六十名ほどを冷たい飲料水を氷桶に用意して待ち受ける。午後十二時半から一時間半ないし二時間余りをかけて、そこで何が行われるのかというと、二二七戒律（パーティモッカ）の読誦である。

ひとりの僧が中央正面（大ブッダ像前）に置かれた高座にのぼり、マイクを前に合掌して居住まいを正す。そして〝サンガの諸尊師よ、私の言葉を聞きなさい（スナートゥ　メーパンテー　サンコー……）〟云々と始める。

　この前置きでもって、これから読みあげる戒律に違反する行為をした比丘《びく》は、そのように申し出るように、との説示がなされる。また、欠席した比丘がいる場合（全員出席が原則であるため）、その者からの依頼（一切の罪がない清浄の誓い）を報告するように、等と述べた後、次のように念を押す。――もし罪があるのに告白しないでいるならば、それは故意の「妄語」に相当します。かつ障道法（修行道に反すること）であるゆえ、告白をして安楽を得るように、云々。

ウポーサタ〈布薩〉の行事

　さらには、それぞれの法に皆さん方が清浄であるかどうか、三度まで尋ね、確認することが述べられる。これは、パーラージカ法（サンガ追放の重罪）から順に詠み上げていく各法の最後に――　〝皆さんに問います、これらについて清浄ですか、二度問います、これらについて清浄ですか、三度問います、これらについて清浄ですか〟と、くり返し問うことを指している。この辺の問い方、念の押し方についても、こちらの仏教の説法にある特有のものといえる。

　ところが、その後に続けられる読誦は、流暢というにはあまりの速さ、超特急のスピードである。耳にもとまらぬ、といいたくなるほどのもので、人の口舌が挑戦しうる極限の早口といってよいにちがいない。川瀬でいえばまさに急流のごとく、たまに流れが滞るのは、唱え文が一語でも間違っている（あるいは失念して口ごもる）と、そばで聴いている高僧が割って入るときだけだ。訂正してからは、また同じ猛スピードで突っ走る。

　それぞれの僧が、たとえ三度の（清浄かどうかの）確認をされたところで、手を挙げて罪の告白をする隙間などは一切ない。そんなことは期待もしていない。昼の食後のひと時であるから、なかには居眠りを決め込む僧もいるが、それを注意する者もなく、ただ奔流のように時が流れていく。

　それでも二二七戒律のすべてを唱え終えるのに四十分ほどかかる長丁場であり、それだけのパーリ語を空で憶えるだけでも至芸《しげい》というほかはない。これができる僧は少ないといわれる通り、近在の寺院から参集する僧のなかでは二名のみ、一人はかなりの高齢、もう一人は留学中の若いミャンマー人だ。その二人が回ごとに交替で受け持っており、二人とも不在のときは中止（そして他の読経で代替）となってしまう。

　ご苦労さまという感想のほかに、常々考えるのは――、こういうことを厭いもせず、手順を省略することもなく、すべての条文を一字一句違えることなく、現代では意味をなさなくなっている部分（前述の空文化したもの）があろうと、昔からの仕来りを守り通しているのは、何とも驚くべきことだという一事につきる。それは、私自身が出家の当初から感じさせられたことであり、その関連でいえば、テーラワーダ仏教がいかに伝統のカタチを維持することに腐心《ふしん》しているかという、非常に顕著な証しといえる。

もしもその一角、ひと隅を崩すことがあれば、それを契機に始まる決壊がやがてはすべてを押し流してしまう恐れがあるためでもあるだろう。あるいはまた、それが在家の信頼と信仰をつなぎとめておくための有効な術であり、かつサンガが強固な一枚岩であるための条件でもあるからだろう。たとえ年に何度か僧の不祥事が起ころうと、どのような政変（クーデター）や王朝の変遷があろうと、タイの上座部《テーラワーダ》仏教が他民族の支配による変質を経験することもなかった幸いを生かしつつ（隣のミャンマーやカンボジアは英・仏の支配によって相当な痛手を被っている）、存続してきた理由の大きな部分は、その伝統を堅持する精神にほかならない。そのことを誇示して余りある儀式だと、私には思える。

釈尊は、その生前に定めたこうした多数の戒律について、みずからの亡き後、必要がないものはなくしてもかまわない、と遺言している。実際、時代が下るにつれて、まずは部派に分かれ（多数の部派仏教が生まれ）、変わっていかざるを得ない部分というのはあったわけだが、それでもなお可能なかぎり変えずにおく姿勢を保った側と、変わることを是とする側にはっきりと分かれたのだった。それが、釈尊の入滅後百年余にして開かれた第二回結集における根本分裂（既述）と呼ばれる現象であったのだが、どちらが正しいか、間違っているかを断定することはむろんできない。ただ、その後の仏教が辿る変遷をみていく上で、まさに根源的な相違がそこで生まれたことは間違いのないところだろう。

いったん変わることを是認されたが最後、とめどなく変貌していった仏教（大衆部が大乗仏教の源とする説あり）と、二千五百余年後のいまも原始仏教の名の下に釈尊（及び三宝）至上主義（次章に詳述）をつらぬいてきた仏教とが、大いに異なる道を歩むことになったということに、私はこの世界にありがちな現実と、人間というものの真相をみる思いがしてならない。

第四章　語り伝えの伝統と三宝主義

タイ社会の特質

わが国もまた、ある時期から仏教国となったことは異論のないところだろう。奈良時代に仏教が伝来（西暦五三八年／五五二年説もあり）して以来、朝廷が国を治めるための精神基盤としたのだった。タイ国がスコータイ王朝時代（西暦一二三八～一四三八年）に仏教の保護、普及を図り、タイ人として最初の国家を造り上げた理念も同種のものであったといえる。わが国のほうが七百年ほど早くに仏教を国体の柱にしたわけで、相当に先輩格である。

この奈良から平安にかけての時代は、インドから中国を経由（伝来は朝鮮半島から）した大乗仏教が主流であり、スリランカを経てインドシナ地域にもたらされたテーラワーダ（上座部）仏教とは様相を異にするものだった。奈良時代の仏教が南都六宗と呼ばれる諸派を成していく（この時代はまだ共通点が多々あり）一方で、平安時代に始まる遣唐使であった空海や最澄らが唐から持ち帰った仏教が、日本仏教の変貌の端緒となる。すなわち、空海の真言宗（高野山・密教）や最澄が興した天台宗（比叡山）は、釈尊の説いた原始仏教とは相当な違いが主として戒律面にあることが知られている。

それが鎌倉時代に入ると、新たに始祖なる人が次々と現れる。つまり、信仰の対象が日蓮や法然、親鸞といった人たちへと移り、仏法の中身も説き方やプロセスにおいて変わっていく。また、その始祖も数が増えていく（あるいは代が変わる）につれ、その人独自のものが生み出され、日本各地の人々はそれぞれに信じるところを異にしていったのだ。そして、その傾向はとどまるところを知らず、現代に至るまで百花繚乱《ひゃっかりょうらん》の様相を呈することになる。そこでは、古代インドの釈尊によって説かれた事柄は、多くの場合、遠景もしくは原風景としてであるけれども、宗派によっては大いに異なる○○宗もしくは△△教、××会であり、その枝葉は宗教法人の数だけあるといえるほどに多様化している。

そのような成り行きの背景には、大乗仏教が衆生救済を旗印にする過程で、例えば「菩薩」という悟りに達した複数の救い主を立て、それへの信仰が主流となっていったことが一つある。そこでは、ブッダも菩薩（悟った人）の一人であり、その他と肩を並べるにすぎない存在となったのだった。

もっとも、奈良仏教の場合は、伝来して間もないこともあってか、ブッダの十大弟子なども礼拝するところがあって、当時の都へはインドやカンボジア（はじめは大乗仏教が入った〈のちに上座部が主流に変わる〉）などからも仏僧が多数やって来たといわれている。自分の先祖はその血（カンボジア僧）を継いでいるという私の知友（京都生まれ）もいるくらいだ。

ともあれ、テーラワーダ仏教と日本仏教の違いは何かと問われれば、私は真っ先にその点を挙げる。あくまで釈尊（ブッダ）が絶対的な頂点であるとして、徹底的に讃美、崇拝し、僧も仏弟子（サーワカ）という名の釈尊の代弁者としてある、タイほかテーラワーダ仏教諸国（スリランカ、カンボジア、ラオス、ミャンマー等）と、上述したそれぞれの始祖を拝むわが国とでは、その点で小さからずの差異があることに気づかされる。

救済についての方途も、戒の遵守、善行（布施等）による徳積み、瞑想による修行をもってする「自力」と、例えば念仏や菩薩信仰による願いの成就という「他力」と大まかな分け方がなされている。が、この救済に関する問題は一概にはいえないはずだが、現代に至るまで誤解されてきた面があることは残念ながら事実である。それは、大乗仏教の側が上座部（テーラワーダ）を「小乗仏教（ヒーナー・ヤーン）」[*13]と呼んだことにみられるように、私には仏教の小さからぬ悲劇であったように思える。互いに反目して足を引っ張り合うようなことが、古代から起こっていたのだろう。

それぞれ歴史も国情も違うことから、比較して正否、優劣をいうのは不当であり、禁とする。それを言い始めると、ブッダの教えにも反する他への誹謗《ひぼう》、中傷の類に通じるからだ。ゆえに、あるがままの事実をみていくことになるが、両者の違いといえば上述のごとくであり、何ごとかを論じるにも欠かすことができない視点だろうと思う。

ただ、わが国の旧来の仏教や新興宗教のなかには、その根本教理[*14]において、上座部のものと似通った部分があること、宗派によっては大いに重なる部分があることは述べておいてよいだろう。これは、わが国においても、仏教の変節と多数の宗派の林立のなかで、原始仏教（釈尊の教え）に帰れ、と訴えてきた幾人かの仏教学者や宗教家が影響を与えた結果でもあると思われる。両者の際立った違いとしては、すでに述べた戒律の面とか、それに基づく僧とその集団（サンガ）のあり方、修行の法（上座部は過度の苦行を排する、瞑想を重視する等）といったもの、あるいは死生観と葬送のあり方、在家信者との関係性といったものだ。それらは、すでに述べてきた諸々の事柄から、あるいはこれから述べる各章において察せられることだと思うので、ここではこれくらいにしておこう。

＊13　小乗仏教（ヒーナーヤーン）：釈尊の入滅以来、紀元後（二、三世紀）ともなると、みずからの悟りと救済をめざして閉鎖的になっていた上座部に対して、広く衆生を救済することを旗印に大乗仏教（マハー・ヤーン）がナーガールジュナ（龍樹）の功績によって勃興する。それにともない、「大乗」の側が上座部（テーラワーダ）を個人の狭量な修行に明け暮れる集団として批判、小さな乗りものに譬えたことから「小乗」の呼び名が生まれた。その後、アショーカ王の時代に本拠インドを去ってスリランカに渡った上座部は、そこで息を吹き返し、さらに東南アジア各地へ伝播する。一方、サンスクリット語でもって仏典を成した大乗仏教もインドで衰退していく過程でチベットやネパール、中国へと北伝し、

日本へも中国を経由したものが折からの遣唐使（空海、最澄ら）によって、「天台」や「密教」（ヒンズー教などインドの精神風土と合体したもの）がもたらされることになる。ヒーナー・ヤーン（小乗）の呼称がその後、仏教史のなかで問題化したのは、上座部自体がもともと釈尊の教えを直接的に継ぎ、現代では多岐にわたる救済と利他をめざしていることから、蔑視的呼称の非が指摘されたことによる。

＊14　根本教理：大乗仏教を興したナーガールジュナ（龍樹）も元来は上座部に属していたように、大本にあるのは釈尊の教説。すなわち、サンスクリット語の漢語転写である「阿含経（あごんぎょう）」やそれと大同小異のスリランカにおいて編纂されたパーリ聖典としての「ニカーヤ」（タイ他のテーラワーダ仏教諸国もこれの母国語転写を使用）である。わが国でも、釈尊中心主義を標榜する会派などは、かなり原始仏教の精神と重なる部分を有する。

日本社会の様相とその因

わが国の場合、そうした乱立的状況に加え、神道はもとより、キリスト教がこれもカトリック、プロテスタント系とさまざまあって、さらに混み入った様相を呈している。従って、少なくとも宗教や○○主義××論の数に相当する（むろん無宗教の人も含めて）多様な考え方、モノの見方、価値観といったものがあるとみてよいだろう。帰国してメディアに接すると、いろんな人がいろんなことをいう社会だという前々から感じていたことが、いっそう歴然としてくる。

例えば、反日のからんだ国際問題ともなると、収拾がつかないほどの混乱を呈し、言い争いになったりもするし、相手もそれに乗じて攻撃的な行動を起こすなど、やっかいな話になってくる。日本社会に「ストレス」の冠《かんむり》がつく大本の因には、そういうことがあるように思えてならない。何をいっても反対する人、受け入れない人がいるのはむろん、極端に右へ左へと振れる人もいる。わが国には、すべての国民を納得させる原理・原則がない、という前々からの私の実感も、そのようなことが背景としてある。

*但し、これは戦後の日本社会においていえることで、明治以降、富国強兵と国家神道を旗印に極端に右へと旋回して戦争の時代へ向かった頃の日本については別稿を要するが。

そういう観点からみれば、タイの場合、国民の約九十五パーセントまでが仏教徒で（その信仰の度合いは別として）、しかもテーラワーダという括《くく》りは一つで、多宗派には分かれていない。つまり、多数派のマハー・ニカイ（全寺院の九割ほどを占める）と少数派とはいえ実力を均衡させているタンマユット・ニカイの二派がテーラワーダの枠組みであり、その他、両派にあきたらず、一層の質素、倹約を旨とするグループ（サンティ・アソーク等）があるにせよ、基本的な上座部の精神を逸脱しているわけではない。

従って、物事の考え方や価値観といったものも、さほどのバラつきがなく、収拾がつかないほどの論争は（いずこもやっかいな政治の世界を除けば）公にされるところではほとんど見たことがない。どんな議論も落ち着くところに落ち着く。なぜかと問えば、絶対的に正しいブッダの教えが背景にあるからだろう、と私は思っている。間違いは間違い、違反は違反、善は善、不善は不善であり、あらゆる問題の答えがその教理（原則）に照らせば出てくるため、それに対しては誰にも反論の余地がないからだろう、と。

むろん過去のタイ国においては、何度も政治クーデターを経験しているが、その度に和解をもって解決してきたのは、敬虔な仏教徒である国王（とくにラーマ九世＝プーミポン王）が最後に登場し、法の理をもって両者を説得したからだった。

その統一性、団結（サーマッキー）の大事さは国歌にも謳われるが、例えば一部が他宗の影響を受けて変質していたり、教理がまちまちの新派が多くあったりした場合には、仏教界そのものがまとまりを欠いて弱体化していたかもしれない。僧社会（サンガ）内部における新しい宗派活動を禁じているのも（これは国家の法としての「サンガ法」にある）、そのような恐れからにほかならない。もっとも、問題は、進行する少僧化と在家信者の高齢化（若者の仏教離れ）、あるいは僧の肥満化など、他の面では多々あるわけだけれど、これらは別項としておこう。

パーリ語による伝承

先に述べたように、わが国の仏教伝来は中国から朝鮮半島を経由したものであるため、その仏典には漢語、もしくはそれからの翻訳が使われている（従って、この稿でもその漢語訳を一部使用している）。つまり、大乗仏教が使用したサンスクリット語は北伝した中国において漢字に転写されたが、それを指す。しばしばその読み方を難しくしている理由であり、地名にしろ、人の名前にしろ、あるいは膨大な仏典にしろ、そのことが日本人の仏教を理解する上での一つの壁になっているという気がしないでもない。もっとも、それがなければ仏道修行の意味がうすれる恐れも出てくるわけだが。

一方、私がいる世界（テーラワーダ仏教界）は、古代インドのマガダ国の言語（マカティ）を公式用語としている。それを国際的に「パーリ語（ブッダの言葉、の意）」と名づけて使用しているわけだ。

元来、その言語に文字はなく、ひとえに話し言葉が表現の手段であった。ブラーフミーなる古代文字が生まれたのは、釈尊が二十三歳（入滅の五十七年前）頃のことといわれ、むろん未だ表現手段として広く使用されていなかった。それを原型としてサンスクリット語が完成したのは、紀元前四〇〇年（仏暦一四三年）*15頃のこととされている。後のアショーカ王（マガダ国マウリヤ王朝〈紀元前三一七年~同一八〇年頃〉の三代目）の時代（紀元前三世紀）にはブラーフミー文字が石柱などに刻まれたのだったが、カンピーなる用紙[*16]ができたのは、紀元前後に遡《さかのぼ》るといわれている。従って、釈尊の時代には、文字を記して文書にできるような紙の類もまだなかったのである。

そうした事情は、わが国もまた漢字が伝来する（そして仮名が発明されて日本国語が完成していく）まではヤマト・コトバしかなかったこと（古代文字はあったものの）と同様の状況であったといえる。釈尊の時代には従って、文字による表現ではなく、あくまで話し言葉でもってすべての説法が行なわれた。仏弟子（ブッダの弟子＝テーラワーダ僧）のことをパーリ語で「サーワカ（声を聞く者、の意）〈既述〉」（タイ語は「サーウォク」）というのは、書物のようなものはまだ現れていなかったことの証しといえる。

*15　仏暦（プッタ・サッカラート）：タイの仏暦は、ブッダ入滅年を紀元前五四四年とすることから定められている。そして、紀元前五四三年を仏暦元年とすることから、西暦に五四三を加えると仏暦になる（従って二〇二四年は仏暦二五六七年）。このブッダ入滅年については諸説あり、各国で異なる。

*16　カンピー：ターラ〈樹〉という椰子の葉から作られる、帯状の硬い材質のもの。これができて以降、仏典などを鉄筆で記せるようになる。わが国でいえば、コウゾの繊維などか

ら作る（古来の手漉《す》き）和紙に当たる。

超人的な記憶力

従って、釈尊の入滅後、その膨大な教え、仏法の伝達はすべて、お弟子さんたちの記憶に頼るほかはなかった。入滅後三ヶ月余りにして開かれた第一回結集（仏典編纂会議）では、例えば長く側近として仕えたアーナンダ（阿難）は、「私はこのように聞いた」と（多聞第一と呼ばれるように）釈尊の言葉（教説）を受け持つ。ウパーリは戒律の部分を担当する（持律第一）といったふうに、それぞれが手分けして各部（法と戒律）の責任分野を決めることになる。後には、「法」を「経」と「論（アビダンマ）」（接頭語のアビはダンマ〈法〉をより詳しくしたもの、の意）に分け、いわゆる「三蔵（トライピドック）」を言葉として編纂[*17]し、後の世に伝承していったのだった。

そんな膨大な仏典の記憶、伝達が可能なのかどうか、当初は私も疑いを拭いきれなかったものだ。が、その疑問はつい先年に解決される。全四十五巻（一万六千ページ、二十四万三千字）、八万四千項目にも及ぶ「三蔵」（経〈二十五巻〉と律〈八巻〉が二万一千ずつ、残り四万二千が論〈十二巻〉）をすべて暗記して空で唱えられる僧が、いまのミャンマーに九名いて、うち八名がタイへ招待されたのを知ったときだった。

人間の記憶力たるもの、底知れず、先に述べた二二七戒律の暗唱だけでもすごいものだと思っていたところ、それはまだ序の口で、果てのないものであることが私のような凡僧にはわからなかったのだ。一人の僧がそれだけの量を記憶するには、サーマネーン（前記＝正式得度しない未成年僧〈二十歳以上もたまにいる〉）の時代から長い歳月をかけて達成するものだそうで、サンガと国が行なう最終試験に合格した僧には絶大な国家の保護が与えられる。初代達成者*18はギネスにも登録（西暦一九八五年）されているが、タイではアビダンマ（論）の部分の歴史が浅いこともあって、三蔵をすべて完璧に暗誦できる僧はひとりもいないそうだ。タイ僧が隣国ミャンマーに畏敬の念を抱くのも、そういうことが一つあるといわれる。

*17　三蔵（律・経・論）：この仕訳け方は、パータリプトラでの第三回結集に始まる〈その後半生には仏教に深く帰依したアショーカ王の援助による〉。それまでは、法と律のみ。法を経と論に分けて編纂を始めたことで、仏教が論理的、学問的色彩を帯びていく契機となる。なお、全四十五巻は、釈尊が三十五歳（大悟）から八十歳（入滅）までに経たパンサー（雨安居）期の回数と一致する。

*18　初代達成者：ミンクン・サヤードー長老（ミャンマー人）。仏暦二四九七年、四十三歳時に達成、二五二八（西暦一九八五）年ギネス登録。享年八十一歳。ミャンマーにいる九名の達成者（二〇二一年現在）のうち、八名がタイへ招待されたのは、二〇一四（仏暦

二五五七）年二月。政府とサンガ合同の盛大な式典が執り行なわれた。

スリランカ経由の南伝仏教

話を戻せば——、そうして伝承されていった教理がやっと文字となって定着したのは、紀元前一世紀頃のこととされる。それは、本家のインドではなく、スリランカにおいて開かれた第五回結集（仏暦四三三年〈紀元前一一〇年〉）以降ということになる。

そこへと至るのは、前述のマウリヤ王朝・アショーカ王（阿育王）が、王子のマヒンダとその妃を南のランカー島（旧セイロン、現スリランカ）へ文教使節として派遣したことがきっかけだった。まだ大乗仏教が興る以前（ヒンズー教の勢力に押されて衰退へと向かっていた頃）のことで、続いて大乗仏教が隆盛したことでほとんど滅んでしまった後、インド南方の小島で隆盛していくことになる。いわゆる南伝仏教としてのテーラワーダは、スリランカのシンハラ語という文字を持つ言語によって表現され、パーリ語の仏典（三蔵）が編纂されていくわけだ。

そして、そこから東南アジア各地へと伝わっていく際、それを原典として各国語（ミャンマーならミャンマー語）に翻訳、編纂されていく。なかでも絶大な勢力を誇ったクメール王朝（現カンボジア）のクメール語に転写されたものは、タイへも影響を及ぼし（スコータイ王朝の成立まではタイもその勢力圏にあった）、正式にタイ語でもって編纂されるまでは、タイ僧もクメール語を習う必要があったという。私が最初に所属した寺（パンオン寺）には、そのクメール語の仏典が蔵書として保管されていた。従って、サンスクリット語起源のクメール語から来ている仏教用語でタイでも慣用化しているものが数あり、「パンサー〈雨安居・パーリ語ではワッサ〉」などもその一つである。

当初は大乗仏教が入ったカンボジアは、そのためにサンスクリット語が普及し、パーリ語の世界であるテーラワーダ仏教（後に大乗仏教を凌《しの》いでいく）にも入り込んだことから、タイ語にも両者の影響（パーリ語のほうが濃い）がみられる。いまは、すべての仏典がパーリ語音写のタイ文字[*19]でもって表されているため、タイ僧にとってはずいぶんと手間が省《はぶ》けて助かっている。つまり、スコータイ王朝の時代から、パーリ語を発音、意味ともにタイ文字でもって学ぶことができるようになったわけだが、それでも経典の意味をよくわかるには相当な学習が必要とされる。わが国の場合も、先に述べたように、サンスクリット語（一部はパーリ語）から転写された漢語を理解するには（その意味は漢字からある程度わかるにしても発音は別）、ずいぶんな苦労を強いられたわけで、その辺の事情はタイと似ているといえそうだ。

ただ、私の立場としては、漢字だけではなくパーリ語そのものも使っていかなければ、テーラワーダ僧らしさが失われてしまう気がする。これまでもそうしてきたのは、パーリ語

（発音）にはカタカナにできない音がほとんどないためでもあり、これからも表意文字として有用な面がある漢語を併用しながら話をすすめようと思う。

インドにはたくさんな言語があるとはいえ、多くがブラーフミー（古代文字）をベースに枝分かれして発達したものだ。それゆえ、共通点が多いことはいうまでもない。なかでも、マウリヤ王朝の一時期、アショーカ王の時代にはほぼインド全域を支配したマガダ国の言語「マカディ（後のパーリ語）」は、基本的にサンスクリットと似通った、すぐれた表現力をもつ言語である。むろん、長くその地（竹林精舎）に滞在した釈尊自身もその期間中は説法に使った言語だった。その言葉をやはり大事にしたい、というのが私の思いである。

しかも、当初は異星からの言語かと感じていたのが、時とともに親近感すらおぼえるようになったのは不思議というほかはない。しばしば日本語とそっくりの発音があるなど、かつて大野晋（国語学者）が日本語の源流はパミール語（インド南部の言語）だと論じたものだが、その通りだという気がする。タイ語もまた、パーリ語を語源とするものが約九十パーセント（一部はサンスクリット）を占めるといわれるが、シルクロードとはまた別の、海の道があったことは間違いのないところだろう。

＊19　タイ文字：タイ全土に勢力を有したスコータイ王朝（西暦一二三八～一四三八年）の三代目、ラムカムヘーン大王の時代、その保護の下に仏教が隆盛し、タイ文が造られる。し

かし、タイ語による仏典の編纂が本格的に始まったのは、現在のチャクリー王朝・ラーマ一世（プッタヨートファーチュラーローク王〈在位一七八二年～一八〇九年〉）の時代から。現在はラーマ十世（ワチラーロンコーン王〈在位二〇一六年～〉）。

世尊は主人、民は僕《しもべ》

これからしばらくは、具体的な日常の勤行に関する話題に入ろうと思う。僧の公的な活動として、托鉢と並んで重要な部分であるからだ。いわゆる「三蔵（律、経、論）」のうちの「経（スッタンタ）」であり、「律（戒律＝ウィナヤ）」や「論（アビダンマ）」が静的な学びと実践の分野だとすれば、発声を伴う経は動的な信仰（帰依）の表現といえる。

〝阿羅漢であり正覚者である、かの世尊[*20]を私は礼拝いたします（ナモー　タッサ　パカワトー　アラハトー　サンマー　サンプタッサ）〟

あらゆる仏事の冒頭部に欠かせないこの一節が、常に三度唱えられるのは、テーラワーダ仏教の中枢ともいえる大事であるからだ。その後、三帰依の唱え、つまり三宝（仏・法・僧〈サ

仏日の本堂・朝課〈パンオン寺〉

ンガ〉）への帰依が宣言される。

〝私は仏に帰依いたします（ブッタン・サラナン・ガッチャーミ）〟

〝私は法に帰依いたします（ダンマン・サラナン・ガッチャーミ）〟

〝私はサンガに帰依いたします（サンカン・サラナン・ガッチャーミ）〟

＊パーリ語の「ブ、ガ、ダ」等は、タイ語では清音「プ、カ、タ」となる。

これも三度のくり返しであり、各文言の冒頭に、二度目（トゥティヤンピー）、三度目（タティヤンピー）を置く。二度目、唱えます、……三度目、唱えます、……と帰依を念押しする姿勢は、先の世尊への敬礼とともにテーラワーダ仏教の伝統としてあるものだ。

仏、法、僧（サンガ〈僧団〉）という三つの柱（三宝）は一体のものだが、あくまでブッダたる「仏」が真っ先にくる。唯一神を拝む他の宗教（イスラムやキリスト教など）と違う点は、頂上にいるのが神ではなく人間―ブッダであることが第一に指摘される。仏《ブッダ》が入滅した後は、「僧」が代わってその教え―「法」を継いでいく、つまりは伝承していったのだった。

このことに、大きな特色が集約されている。始祖たる人を至上の存在として崇拝することで、その者もまた努力しだいで悟りの域に達し（ブッダと同じレベルにはなれないが）、最高かつ最終の目標である「涅槃（ニッバーナ）」の境地に到達できるという希望を与えたところに、他宗教との違いがあるといえる。

一神教の場合、そうはいかない。人は人であり、崇める神は別次元のものだ。が、仏教は誰でもブッダ、すなわち「悟った人」になれる可能性を秘めているところに、精進のしがいもあるということだろうと思う。この点は大乗仏教と同じだが、テーラワーダ仏教においては、悟った人にはなれる（そして涅槃の境地には達せられる）けれど、釈尊その人と同じレベルには決してなれない、とされている。修行を完成してアラハン（阿羅漢）となったサーリプッタ（舎利弗）やモッガラーナ（目連）ですら、世尊の前には一歩を譲らざるを得ない、仏弟子の筆頭格にとどまる。

それゆえ、信仰の対象たるブッダ（釈尊）は、最高の、絶対的な存在である。むろん絶対権力者といった意味ではない（あくまで民衆は個々の自由な信仰心を保証されている）けれども、釈尊の説かれた真理の教えは最高にして動かしがたい、恒常的、普遍的なもの、という意味合いでの「絶対」であるわけだ。

その徹底ぶりは、「ワンプラ」と呼ばれる仏日（満月、半月〈下弦〉、新月、半月〈上弦〉と月に四日ある、在家参加の朝・夕課）における経をみてもわかることで、よくぞここまで、と当初は感心させられたものだ。

*20　世尊：釈尊とともにブッダ（釈迦）の尊称（プラ・プーミー・プラパーチャオ、略してプラ・プッタ・チャオ）。シャカ（釈迦牟尼〈しゃかむに〉ともいう）の名は、出自がサーキヤ（シャカ）族であったことから。俗名（出家前）は、ゴータマ・シッダッタ（パーリ

語発音」。釈尊の呼称は、釈迦の「釈」に敬称の「尊」をつけたもの。わが国では、お釈迦さまと呼ぶことが多い。ブッダガヤーの菩提樹下で正覚（大悟）を得たのは三十五歳のときで、以来、四五年間の布教を経、クシナガラにおける入滅（八〇歳）まで、多くの尊称を持つことになる。なお、ブッダはタイ語では、プッタ、となる。

「五戒」の唱えと三宝の「徳」

ワンプラ（仏日）における章句は、まず「三宝（仏、法、僧）」への帰依の誓いから始まる。

〝私はすべての煩悩の炎、苦の炎を消し去ってアラハン（阿羅漢）となった人、すなわち正しく独りで悟りを開いた世尊に敬礼いたします（アラハン　サンマー　サンプトー　パカワープッタン　パカワンタン　アピワーテーミー）〟

はじめはパーリ語で、次にそのタイ語訳（省略）が続くのは、パーリ語の意味がわからない人のためになされるもので、寺院によってそのやり方は異なる。

＊後に私が移籍した寺（パーンピン寺）では、参加する在家のほとんどが高齢者で、意味がわかっていることから、パーリ語のみの経を唱える。

その後、五体投地の礼（ベンチャーン・カプラディット）を一度行なう。これは両の脚、左右の腕、頭の五ヶ所を使って（ふつうは三度）行なうもので、あらゆる礼拝時や高貴な人物への挨拶に欠かせない。

〝私は世尊が正しく悟りをひらいて成した「法」に礼拝いたします（サワーカートー　パカワター　ダンモー　タンマン　ナマッサーミー）〟

そして、同じく上体を前方へ投げ出して礼をする。

〝私は世尊の弟子として、正しい行為、行動をなすサンガの仏弟子に敬礼致します（スパティパンノー　パカワトー　サーワカサンコー　サンカン　ナマーミー）〟

これも五体を使って礼をする。

次に欠かせないのが、先にも述べた「五戒」の唱えだ。在家が一斉に声をそろえて、どうぞ五つの戒を私たちに授けてください、とお願いすると、それに応えて、住職（もしくは僧の代表）が大団扇《ターラ・パット》を手にし、一から順に唱え、それぞれのフレーズを在家がくり返していく。

〝私は殺《ころし》から離れます（パーナーティパーター　ウェラマニー）〟

と、まずは唱え、続いて、〝私はこの戒をよく学び実践していきます（スィカーパタン　サマーティヤーミ）〟と結ぶ。

以下、盗み〈アティンナーターナー〉、性的不義（浮気、性への耽溺等）〈カーメースーミーチャーチャラー〉、嘘〈ムーサーワーター〉、飲酒〈スーラーメーラヤ　マチャパマー〉、と続く。それぞれに〝ウェラマニー（離れます）〟云々と在家が後につけて唱えるパターンは同じ。そして、最後に住職は、こう唱える。

五戒を唱える住職〈パーンピン寺〉

以上、すべての戒を守ることによって、生存中の衣・食・住のすべてが正しく整えられて富を得、さらには「涅槃」（幸福の極致とされる）の境地にも達せられ、死後は天上界（人間以上の界〈天人、梵天等〉）へ行けることを説く。すなわち——

〝イマーニ　パンチャ　スィカーパターニ　サマーティヤーミ……スィレーナ　スッカティンヤンティ　スィレーナ　ポーカサンパター　スィレーナ　ニップティンヤンティ……タッサマー　スィーラン　ウィソータイェー〟

ゆったりとしたパーリ語は、独特のリズム感があって、噛んで含めるようでもある。

その後、仏の「九徳」を讃える経が始まる。

〝イティピソ　パカワー　アラハン……〟要するに、仏（ブッダ）とは……まずは〝アラハン〟である、と。アラハン（阿羅漢）とは、すべての煩悩を消し去った者のことで、すべての修行僧がめざす至上の境地にある者。むろん、民衆の最高の尊崇を受ける存在である。

次に、〝サンマー　サンプットー（正覚者）〟と続く。これはアラハンの説明であり、すなわち正しくみずから悟りをひらいた者、且《か》つこの世と宇宙の真理にめざめ、すべてを知り尽くした者、の意。

ここまでは、先に記した、ブッダへの敬礼の唱えにある文言と重なる。最も重要な出足の部分といえる。

三番目には〝ウィッチャー　チャラナ　サンパンノー〟明行具足者、と漢語では訳されるが、学識、英知ともに兼ね備えて実践する者、の意。この〝ウィッチャー〟と〝チャラナ〟はそれぞれ細かい項目に分類される。双方ともに、悟りへの道にあるものされる。ウィッチャーの反対語がアウィッチャー（無明）という煩悩の親玉である。チャラナは、行、すなわち明の実践を意味する。
＊タイ語のウィッチャーの「ウ」はパーリ語では「ヴ」と濁音化する。
次に〝スカトー〟善逝《ぜんせい》と漢訳されるが、出世間（出家して俗世を離れる）によって、因果の法をよく知り、万全の知恵を有して煩悩を滅した者、の意で、悟りに達した者のことを別の表現に置き換えたもの。

スカトーの次は、〝ローカウィトゥー〟（世間解《せけんげ》）と続く。すなわち、この世界を在家（世間）、出家（出世間）ともを明晰に知り尽くした人。

続いて、〝アヌッタロー　プリサタンマ　サーラティ〟（無上士かつ調御丈夫）つまり、この世でこれ以上にすぐれた者はいないという意味での無上の士（アヌッタラ）であり、ゆえに、馬や犬などの生きものを上手く調教するように、人々を法によって正しい道に導く人（プリサタンマ　サーラティ）の意。この二つを分けて考える法もあり、その場合は仏の「十徳」となるが、テーラワーダ（上座部）仏教では、一つの括りとしている。

次に、〝サッター　テーワ　マヌッサーナン〟（天人師）すなわち、人間と天人の師となれる者、の意。テーラワーダ仏教は、死後にいく世界として、天上界と人間界、人間以下の界（アパイヤプーム）として、地獄、畜〈動物〉、修羅、餓鬼の四カ所、いわゆる「六道」なるものがあるとしているが、ブッダ（仏）は、人間のみならず天上界にいる者（テーワダー＝天人）をも教え導く。ゆえに、天人師といわれる。

これは、かなり伝説的な意味も含めて考えておくべきか。釈尊が、出産から七日後に早逝した母を慕い、昇天して法を説いて帰ってきたという伝説などがこれに当たるだろう。あるいは、インドの昔には、釈尊と対決した悪魔の存在や梵天（プロム）との対話、あるいは大河に住むという龍などが人に化ける、といった話があるけれど（ゆえに出家式では、あなたは人間ですか、と問う場面があるのだが）、神通力などを含めた超能力的な人であったことを告げるもの、といえる。

次の八番目に、〝プットー〟そして九番目に〝パカワー〟がくる。この二つを合わせて考える場合もあるが、ともに関連した意味合いである。前者が「仏」で、真理を知り尽くして悟った者、の意。後者が「世尊」と漢訳されて、あらゆる徳を備えて、世の人々の尊崇を受ける人、の意。両者ともに、最後の締めとして、全体を統括するものといえる。ゆえに、ブッダの九徳とか（分け方によっては十徳）というのは、相互に意味合いが重なっており、要するにこの地上界、人間界における至上の存在であることを謳い上げるものだ。

次に、「法の六徳」が時を移さずに続く。

まず、それは善き正しき教え――〝サワーカートー　パカワター　タンモー〟（法〈ダンマ〉は悟りをひらいたブッダによってよく説かれたもの）という前置き的文言から始まる。

次に、みずから学び実践できるもの――〝サンティティコー〟（みずから見る、の意）と続く。三番目は、実行すると即効性がある――〝アカーリコー〟（時間を経ずして「果」を与える、の意）四番目に、来たりて見よ、というべきもの――〝エーヒパッスィコー〟（万人に公開している、の意）と唱える。

次に、礼拝し身につけるべきもの――〝オーパナイコー〟（身につけて悟りに向かう、の意）が続く。これは教えをみずからの骨肉とすることで、涅槃の境地へ向かえる、とする。ネハンとは、パーリ語で〝ニッパーナ〟という、悟りをひらいた結果として得られる至福の境地とされる。

最後は、賢者みずから（個人的に）知るべきもの――〝パッチャタン　ウェーティタッポーウィンユーヒー〟（独自に学び実践する、の意）

経では、最後に〝ティー〟（以上、の意）をつけて締めくくる。

以前の寺では、それぞれの項目をまずはパーリ語で唱え、次に、その意味をタイ語に訳した文言を唱えるという念入りなやり方だったが、いまの寺はパーリ語のみで通す。理由は、以前にも触れたが、意味がよくわかっている在家がほとんどであるため。おかげで勤行の時間が半分ほどに短縮された。老僧にとっては、実にありがたいことだ。

というのも、ひな壇では住職の隣に座を占めているのだが、座り方に僧に特有のやり方があるためだ。タイでは正座というものをあまりしないが、その代わり、脚を横流しして、上体を腹筋と側筋で支える。この状態で長い時間、バランスを保つのはかなりしんどい。

それと似て、僧の場合、折り畳んだ両脚の一方の足首をもう片方の脚のモモの下にあてがって、傾いた上体をやはり側筋でもって支えることになる。左右を交互にして偏りを避けるにしても、長時間の座りは老僧にはムリというもので、その場合はあぐらをかいてもいいことにはなっている。実際、私の隣にいる僧は、太り過ぎているため、その正式な座りができず、はじめからあぐらをかいているのだが、たとえそうしても薄っぺらな座布団だけではやがて腰や尻の骨が痛んでくる。従って、ある程度の鍛えはどうしても必要なのだが、これもホドをわきまえなければ逆に故障してしまうから要注意だ。

さて、最後は僧の「九徳」へと向かう。

まず〝スパティパンノー　パカワトー　サーワカサンコー〟（よく法に従って修行する者）から始まる。〝サーワカサンコー〟とは、サンガの仏弟子（サーワカ〈タイ語はサーウォク〉）

であり、つまりブッダの弟子たちはその教えに従って修行する僧集団である、という意味だ。
次に、〝ウチュパティパンノー　パカワトー　サーワカサンコー〟（真っ直ぐに修行する者）が続く。ブッダの教えに迷いもなく、一途に信じて修行に邁進する者〈仏弟子〉。その目標が三番目にくる。

すなわち――〝ヤーヤパティパンノー　パカワトー　サーワカサンコー〟（「苦」を脱するための法をよく学び、「悟り」をめざす者）の意である。

続いて――〝サーミーチパティパンノー　パカワトー　サーワカサンコー〟（人々の尊敬にふさわしく修行する者）がくる。仏道修行はむろん僧自身のためになすものだが、同時に、人から貴ばれ、敬いを受けるべきことの表明といえる。日々の振る舞いに戒違反がないかどうか、僧らしさを欠いていないかどうかに神経を使うのはそのためだ。

このようなことを僧自身が唱えるというのは、はじめのうちは違和感がなきにしもあらずであったが、常に自覚をうながすという意味であるという。ならば、納得がいく。

これに続く章句は、以上の四項目をさらに分析して、別の表現にしたものだ。

すなわち――〝チャッターターリ　プリサユカーミ　アッタ　プリサプッカラー〟（四双八輩〈悟りへと向かう段階のこと＝後述〉と称される道に励む僧たちは）と前置きして、

〝アーフナィヨー〟（礼拝を受けるにふさわしい者）

〝パーフナィヨー〟（歓待されるべき者）

〝タッキナィヨー〟（布施を受けてしかるべき者）

〝アンチャリー　カラニーヨー〟（合掌を受けるに値する者）

〝アヌッタラン　プンヤッケータン　ローカッサー〟（世の最高の「福田」である者）

と、五項目がずらりと並べられる。最後にくる「福田（ふくでん）」とは、この上ない功徳を人々に与えることができる者の意で、日本人の名字にも多いわけである。幸福の「福」でもあるが、我の知友にも福ちゃんと呼ばれる人がいる。

ともあれ、これらを僧の集団が唱えると、やはり自画自賛の気《け》がなきにしもあらず、私などはくすぐったい気分になるのだが、僧団は堂々たるものだ。このあたりの矜持と自信のほどは、テーラワーダ仏教の際立った特色といってよい。それは、ブッダの教えに対する揺るぎのない「信」と次元を同じくする。つまり、ブッダとその弟子は固い絆で結ばれていて、ブッダの代弁者としての仏弟子は、ブッダに準じる者、との認識があるため、最高の賛辞は当然のこと、というわけだろう。

それだけに留まらず、さらに三宝への礼拝と畏敬の念が唱えられていく。これは、仏、法、僧への先に述べた賛辞をくり返し謳い上げるものだ。

仏（ブッダ）に対しては――〝深い大海《マハンナウォー》のような慈悲の心と、真理を見通す目を備えた清き方であり、……〟云々。その「徳」は大きく分けると、慈悲（メーター・カルナー）、知恵（パンヤー）、アラハン（悟りに達した者＝阿羅漢）の三本柱となり、ブッダ像前の蝋燭が全部で五柱あるのは、それらを「法（ダンマ）」と「戒律（ウィナヤ）」（この二柱は太い）でもって囲っていることを意味する。

法については——〝例えば蓮花を開かせる太陽のごとく輝くものであり、道、果、生死をよく分かち、出世間法（悟り〈解脱〉に向かう法）であり、その目標を可能にするものであります。……〟云々と称える。ワンプラの夕課に唱える経にも徹底した三宝を敬う言葉が散りばめられており、そこには戒律と同様、一切の隙、水漏れがない。

在家の参加する勤行は、日曜の夜（六時半～八時過ぎ）にもあり、これもワンプラにおける夕課と同じ経が唱えられる。その他に、僧だけで行なう、ほぼ毎夕の同じ時刻からの読経（一時間余り）がある。僧には座布団が許されず、本堂の硬い床の上に座すため（しかも独特の座し方〈既述〉をすることから）、老僧の身にはきついものになっていく。

また、ワンプラの夕課にかぎって、最後に先の「三宝」全文を唱えながら仏塔の周りを三周する。住職の先導でもって、僧と在家が後列に続いて合唱する形でもってめぐる間、三宝の唱えもまた三度くり返すことになる。念には念を入れる、その法には畏れ入るほかはない。

役立つものとする説法

わが国では、ご利益宗教という言い方をよく耳にする。それを否定的にみる向きがあるようだが、厳密な意味は十分に論じられていないように思う。ただ経済的な繁栄のみを求めるのは非としても、人が生きるうえに、その人生に役立てる、という意味での益であれば、むしろ当然の話であるはずだ。

テーラワーダ仏教では、日ごろの説教からして、タイ語で「プラヨート（役に立つ）」あるいは「サラナ（拠り所）」といった語句が現れて、三宝に帰依することの効用として謳われる。堂々と遠慮なく、まったく悪びれることもなく、最高の、無上の、比類なき、といった言葉でもって、その有益性を称えるので、爽やかな感すらおぼえる。

〝世尊はすべての生きものにとって最高に安らぐ拠り所であります（プットー　ヨー　サッパパーニナン　サラナン　ケーマムッタマン）〟

〝世尊は私に苦を滅ぼす術を教え、かつ有益なものを養ってくれます（プットー　トゥカッサ　カーターチャ　ウィターターチャ　ヒタッサメー）〟

これらの章句は、次に世尊を「法」に、さらに「僧（サンガ）」に代えて、同じ意味合いの唱えがくり返される。さらには――

〝その善く培われた徳の力により、私にすべての危害が及びませんように（サッペーピ　アンタラーヤ　メー　マーヘースン　タッサテーチャヤサー）〟

これらの経もまずはパーリ語で、次に寺によってはそのタイ語訳が続く。例えば――

〝その法はそれを実践する者を悪しき世界へ落ちていくことから守ってくれます（タンモー

クローカパタナー　タタターリターリー↓ペン　タム　ソンワイ　スゥン　プー　ソン　タム
チャーク　カーントック　パイ　スー　ローク　ティー　チュワ〈タイ語〉〟
毎回、一言一句違わず、まさしく唄うように唱えられる様《さま》は三宝至上主義そのものであり、瞬時も揺らぐことがない。

初転法輪を祝う日

なぜ、これほどまでに「三宝」がテーラワーダ仏教の柱とされるのかというと、むろん然るべき理由がある。

それは、インドの昔、釈尊の時代に遡る。菩提樹（ブッダガヤーのポー樹〈悟りの樹、の意〉）の下で解脱した当初は、その内容をみずからの内にだけ秘めておくことに決めていた。ところがある日、梵天（天界でも上位にある〈プロム〉）の王（タオ・マーハー・プロム〈サハンパティ〉）が降り現れて、人々に説法するようにと諭したことから（梵天勧請＝トゥー・アーラータナー・ハイ・サデン・タム〈タイ語〉）、自らが悟ったことは他人に話してもわかってもらえない、という考えを改めるに至る。多くが無明の民衆ではあるが、わかってくれる人もなかにはいる、と梵天に説得されたからだった。

そこで、まず誰に説くべきかを考えた結果、最初の頃に師事した人（ふたり）がともに亡くなっていたことから、その後、かつて修行をともにした仲間の五人を思いつく。彼らと行なった「苦行」（骨と皮にやせ細るまで身を削る）をもってしては悟りが得られないと知り、いったんは離脱していた、その仲間のもとへ、ヴァーラーナシー（旧称ベナレス・ウッタルプラデーシュ州）郊外にある地、サールナートの「鹿野苑《ろくやおん》〈リシパタナ〉」へと出向いていく。

はじめは、苦行を離脱したゴータマ・シッダッタ（釈尊の俗名〈パーリ語発音〉）など、堕落した者と見なして相手にしないと決めていた彼らは、しかしながら、近づいてくるゴータマの輝かしい高貴な姿を目にして考えを覆《くつがえ》される。さらには、その気品と自信に満ちた説法の前に、コンダンニャがまず屈服し（この時の釈尊の喝采は経にもある）、最終的に五名とも悟りを得、最初の「仏弟子[*21]」となったのだった。

これがいわゆる「初転法輪（アーサーンハ・ブーチャー）」のいわれであり、それをもって仏・法・僧の三つの柱が揃ったとされる、記念すべき出来事であったわけだ。「僧」は個々と当時にサンガ（僧伽＝僧集団〈タイ語はサンカ〉）を意味する。

そこで説かれたのは、後章で述べる「因縁生起（縁起）」や「四聖諦」とそれに伴う「八正道」、「無常」と「無我」、及び「苦」の哲理、両極端を排する「捨（ウペッカー＝中間、中道を意味する）」の精神、等であったとされる。まさに初めて、法（教え）の輪が回転を始めたのだった。「法輪」とは仏教の普及、伝達を表す象徴的な語であり、以来、旗や彫刻のデザインとしてひろく使われることになる。

そうした背景をみれば、テーラワーダ仏教の拠って立つ「三宝」が、毎回の勤行において飽くことなく謳われ、その一角である仏弟子集団「サンガ」もまた讃美される所以《ゆえん》がわかってくる。

＊21　最初の仏弟子：釈尊の教説を真っ先に理解したコンダンニャほか、ワッパ、バッディヤ、マハーナーマン、アッサジの五名。毎年、太陰太陽暦（タイ暦）八月の満月の日（太陽暦ではおよそ七月もしくは八月）が、このアーサーンハ〈アーサーハラともいう〉・ブーチャー（初転法輪＝三宝節）にあたる。タイの旧正月を兼ねるソンクラーン祭（太陽暦四月十三日からの三日間）やウィサーカ・ブーチャー（仏誕節・陰暦六月の満月日）と並ぶ、重要な国民の祝日。その翌日から、僧は約三ヶ月の修行期間（パンサー〈雨安居〉期に入る。

身も心も捧げる帰依

三宝への帰依の徹底を謳う経は、まだ続く。

〝私はその法にこの身を献じ、かつ心を捧げます（タンマッサーハン　ニッヤテーミ　サリーラン　チーウィッタンチタン）〟

〝私はよく説かれた法の内容を信じる者であり、それに従って行動していきます（ワンタン

トーハン　チャリッサーミ　タンマッセーワ　スタッマタン)〟

比類なき「肥沃な田」に喩えられる僧集団（サンガ）に対しては――

〟涅槃（ニッバーナ）を見すえ、仏と法に従って悟りを志し、動揺のない静かな境地にいる聖なる者たちであるゆえ、それに身も心も捧げ、よく修練されたその行動に見習っていきます（パーリ語略）〟といった誓いが置かれる。

また、別の部分では少し表現を変えて、三宝の素晴らしさを称え、それぞれが（私の）最高の拠り所であり、その僕《しもべ》となって従っていく、と謳い上げる。それらは、むろん年中、月に四度のワンプラ（前述）の定型であり、ひと言の変更もない。

日常的によく口にされる語に、ウバソク（優婆塞）、ウバスィカー（優婆夷）というのがある。ともにパーリ語であり、前者が男性の、後者が女性の、三宝に帰依する熱心な在家信者（クルハット〈＝カラワート〉）のことを指している。在家のなかで、とりわけ信仰心の厚い、仏日には欠かさず顔を見せる人たちであり、日常的には「ヨーム」と呼ばれる。毎回、一言一句、変わることのない経のなかに、そうした在家者のみで唱える章句があって、例えば次のようなものもその一つとしてある。

〟私たちすべての者は、僧とその集団（サンガ）に対して布施を致します。それは、私たちの益と幸福のため、さらには長い先々の道（マッカ）、果（パラ）、涅槃（ニッバーナ）のためであり、どうぞお受けとりください（イマン　スーパパヤンチャナ　サンパンナン　サーリーナン

〈等のタイ語・略〉〟

〈等のパーリ語・略〉↓プァ　プラヨート　レ　クワームスック〈益と幸福のため、等のタイ語・略〉〉〟

その後、それぞれに持参した布施の品が、ブッダ像前の別席にいる住職や本堂脇の壇上にいる僧の前に献上される。直径が六十センチほどもある銀色の大皿のいくつか（それぞれに惣菜や果物、菓子等が満載されている）が、一皿二人がかりで持ち運ばれて、各々の僧の前に置かれる。これはおよそ女性信者の役目で、受ける僧は、礼拝布（パー・クラープ）と呼ばれる金色の布を敷き、その上に置いてもらうのが仕来りだ。女性からは直接手に受けることができないためで、相手の手が皿を離れた後に布を外す。

＊ただ、この慣習はタイ仏教に特有のもので、ミャンマーなどでは、女性の手が僧の手に触れないかぎり、手渡しも可とされる。実際、正式な戒律ではそれでよいとされており、タイでも、その戒律がわかっている在家とはただの手渡し（但し手と手が触れない程度の間隔は保つ）ですませている。私が後に、副住職とともに移籍した寺では、およその在家がそのことを知っているため、パー・クラープは原則として使わない。が、以前の寺では必ず、であった。

その後、これはその日ごとに異なる僧の説法に耳を傾ける。この役目は僧が交替で行なうもので、幅広いテーマは汲めども尽きぬというほかなく、ゆうに三十分は費やされる講話が布施に対する返礼（代価的な観念は排されているものの）といったところだろう。悟りへの道がテーマの日もあれば、在家も知っておくべき戒律の細かい点、物語風の教訓的なものが説かれるなど、話題が尽きることはない。

教えが役立ち、タメになるには、それなりの努力、実践が必要であり、ウバソク、ウバスィカー（前記）としての道がまずある。この信心深い両者は、一般在家への五戒（さらにワンプラなどの特別な日には「八戒」―午後の食の禁、装飾や享楽的なものを排する、高い広いベッドには寝ない、等が加わる）をよく実践している人たちのことだ。男女ともに、人々の信頼を得られている在家信者であり、僧と協力して行なう仏教活動（プッタ・ボリサット）の中心的な存在ともなっている。戒律に反する僧の行為も、この人たちが見咎めて告発すれば信用されることになっているのは、以前に述べた通りだ。

在家の目が怖いという意識もこのような人たちの目が常に光っていることによるもので、私のような異国人僧の目にはいささ過剰なほどの神経の使いようであることも述べたと思う。が、そういう在家もいまや多くが高齢者となり、次々とこの世を去っていくことから、僧の減少と歩調を同じくしていることも確かである。私が後に（副住職《アーチャーン》が住職として抜擢されたのにつき従って）移籍することになる寺院においても、仏日《ワンプラ》に現れる信者は、とくに重要な日を除けば十名ほどに過ぎない、いささか淋しい状況がある。この辺の話は、後述としたい。

遺言は「自灯明・法灯明」

仏の教えは時を経ずして効果が出る、と謳われる。その一方で、その「果」は自分で確かめるべきであり、実践による確認が求められる。決して初めに信仰ありきといった無条件の崇めを強要するのではなく、それぞれの自主性にまかせていることは先にも述べた通りだ。

パーンピン寺〈著者の現所属寺院〉

　となれば、ある程度の時間は必要であることも確かだろう。そして、釈尊が入滅前（最後の旅[*22]の中で）に遺した言葉が、われ亡き後の拠り所（「島」とも表現する）は、「自灯明・法灯明」つまり、みずからを頼るところとし、説かれた教え（法）を拠り所とすべし、というものだった。サラナ（拠って立つところ、の意）というパーリ語（かつタイ語）が、先の勤行のなかでもくり返し出てくるのはそのためだ。

　であれば、なおさら時間をかけるほかないように思われる。ウバソク、ウバスィカー（パーリ語で

「三蔵」に近づく人、の意）と呼ばれる男・女の在家が相当な齢の人ばかりであるのは、その意味でもっともであり、それはまた仏教の奥深さ、生涯をかけて極めるべきものであることを証しているようにも思えてくる。

窮地に立たされる理念

また、以上に述べたこと、とりわけ戒律群（五戒や二二七戒律など）を見てくると、前近代的、非生産的ともいえるものが現代世界の一部に存在していることに、私自身はある種の驚きと感慨すらおぼえる。人間というものの底知れない深さと奥行きは、ブッダ（釈尊）その人の教えに感じることとながら、これはタダごとではないと改めて認識せざるを得ない。

そして加えていえば、確かに「聖人」への道はけわしく、その中身には段階があって、最高位のアラハン（阿羅漢）をめざすべきと説かれる話を重ねてみると、それに挑戦する人間がどれだけいるのかという問題とも関わってくるように思う。

実際、昨今のタイにおいて、僧のなり手が年々減少していくという状況は、相当に深刻なものとして話題になることがしばしばだ。ある時、私が前に所属した寺（ワット・パンオン）の住職は、在家が参加する勤行（ワンプラ〈仏日〉）において、そのことを嘆き、先々を危惧する話をしたものだった。ひと昔前（三十余年前）、住職となって赴任した頃は、三十名ほどいた僧がいまは十名にも満たない。タイ全体では人口が二倍に増えているのに僧の数は激減している（ひと頃の四十万人から三十万人を切っている）、という現実がある。チェンマイ県においても、住職だけで僧侶がいない寺、あるいは住職が不在で老僧だけが数名とか、廃寺寸前の寺がふえる一方であり（すでに誰もいなくなった寺がいくつもあるが）、僧が集中する有名寺院―チェンマイではワット・プラシンやチェディ・ルアンなど―を除けば、みな危機的な状況にあるのをどうするべきか、やっかいな問題になっているというのだ。

テーラワーダ仏教が現代世界の通念とは大いに反する理念でもって成立していることは述べてきた通りだが、そのことの価値と意義が世の変遷によって危機にさらされているという状況を克服する術があるのかどうか。人間の英知によって築かれた文明が、同じ人間の欲望や争いのせいで滅んでいったという歴史の皮肉にも示されるように、ひょっとすると、この仏教もまた、同じ命運を辿らないともかぎらない、いや、その危険性は多分にあることを、欲の満たせる気ままな生活を選ぶ若者がほとんどである（若者の仏教離れ）という事実を前にして、今さらのように思わざるを得ないのである。

しかし、そのことがつまるところ、どのような成り行きと結果を招いていくのかという問題が必ずや従《つ》いてくるはずだ。先ほど述べた理念の価値が失われていくにつれ、その精神性の欠如による損失（あるいは被害）のほどは、人々の健全な暮らしを損《そこ》ない、殺伐《さつばつ》とした世界が広がっていくのと同じ座標軸上にあるような気がしてならない。いや、私の目にはすでに、世は砂漠化の様相を呈して久しいように映っているが。

他国に目を転じれば、世界中が同じような危機に直面していることは、個々の現象に違いがあるだけで、大勢はいずこも似たようなものだろう。チェンマイでは一時、道徳なるものが衰退した国（中国を名指しする）からの観光客を、その我まま勝手な振る舞いゆえに受け入れるべきではないという意見まで出て物議をかもしたことがある。結局、経済性を優先させて、その話はウヤムヤに帰したのだったが、それほどかように、一国の有様が世界に波及する時代でもあることを見ないわけにはいかない。

そのような事態をどこかの時点で、その進行を食いとめる術《すべ》があるのかどうか。あるとすれば、それは何なのか、いかなる法を講じれば滅びを未然に防ぐことができるのか。難しい問題ながら、それに取り組むことがなければ、この先、何年かかるかわからないにしろ、不幸な行き着く先が待っていることは確かだという気がする。すなわち、人類の過ちを省みるにはもう手遅れの事態に陥っていることを避けるにはどうすればよいのか、仏教にかぎらず、人が失ってはならない理念とその価値は何なのか、それを守っていくための法は何なのかを考えていかねばならないだろう、と老僧はみずからの来し方を省みるにつけ思うわけだが……。

そこで、もう一言――

この地球上でいちばん残したい国は何処《どこ》か、という世界的規模のアンケート調査で、ヒマラヤのある国「ネパール」と答えた人が最多であったそうだ。そういう話を聞くと、まだ捨てたものではないとは思いながら、具体的にいってしまえば、高山の清らかさとは正反対の奇怪な伝染病が世界を取り巻いて、さんざん人々を苦しめてきた事態を思い返すにつけ、決して楽観は許されない、むしろ差し迫った危機感をおぼえるのは私だけではないはずだ。

末法とは、仏法が衰えて世が乱れることをいうが、先ども私見を述べたように、将来の話ではなく今まさにその時代に入っているのかもしれない。ときに暗澹《あんたん》とした思いに陥るのだが、これではいけないと自省もする。現代がある意味で世界戦争の時代（兵器の中身が巧妙になって人々にそうと気づかせない策謀が張りめぐらされている）だとすれば、人類は半世紀と少しの平和を曲がりなりにも保つのがやっとであったのだろう。それが人間の限界というものであろうかと、あきらめも一方にあるとはいえ、かつて父母たちが過酷な太平洋戦争の時代をどうにかして生き延びたように、その忍耐と精進を見習うほかはないのだろう、とも思う。いまほどに、本当の意味での（個々の）「知恵」が求められる時代はない、と仏法の真理に改めて想いを致しながら、さて——と先へ進むことにする。

聞き及ぶところ、タイでは瞑想三昧《ざんまい》で老後を過ごしている僧が多いそうだ。ある種、老いとの闘いなのか、心身の修行には終わりがないのか。私自身はいま、それを脳細胞の老化と死滅を防ぐ、すなわち認知的症状に対処する法として有効ではないかとまで考えているが、まさしく「自灯明、法灯明」の道なのだろう。そろそろ、その話に入ることにしたい。

＊なお、未だ数多い仏法、教理については、第二部の途上で記すことにします。

＊22　最後の旅：パーリ仏典経蔵「長部」における第十六経（テーラワーダ仏教の一経典）―『大般涅槃経《だいはつねはんきょう》』（マーハー・パリニッバーナ・スッタンタ）には、ブッダが最後に旅をした際の数々の言行録が集成されている。最後の旅とは、八十歳になった釈尊が、マガダ国の首都、ラージャグルハ〈王舎城〉（東部）の霊鷲山《りょうじゅせん》から出発、マッラ国のクシナーラー（＝クシナガラ）にて入滅（般涅槃〈パリ・ニッパーナ〉）するまでの旅をいう。その後の火葬及び遺骨分配の様子も描かれている。なお、ニッバーナ（涅槃）の語は「パリ」がつくと、入滅すること〈般涅槃〉を意味する。釈尊のそれにつく「マーハー」の冠は「大」の意で特別扱いである。

（第一部了　第二部の脚注は改めて＊1から）

—第二部—

瞑想と仏法

第五章　ヴィパッサナー瞑想というもの

人を海の波に譬《たと》える

仏法を学ぶなかで、私は、人の心を海の波に譬えたくなることがある。人心は海のひと波であり、常に揺れ動き、他とぶつかり、大小の山をなし、茫漠と広がるものである、と。そういうもののゆえに、まとまりに欠ける流れを統一することが必要になったり、騒がしい揺れる心を鎮《しず》めて集中させたり、といった必要も出てくるのだろうと思う。これから語っていく「瞑想」なるものはそのようなことに上手く対処していくためにあるもの、とまずは前置きしておきたい。

タイ語に「ルーク」（もともと「子供」の意）というのがある。それは果物の類はもとより、波や山のようなものまで、いろんな丸いものの類別詞としても使われる。その波のルークが無数に寄り集まったものを「海」と呼び、それが人間（界＝世間）というものではないか、という思いがいまの私にはある。人波とか人海という語もあるけれど、この世の人と人の波間にある、すべての状況、有りさまでもあるだろうか。ブッダという人の存在と膨大な教えそのものも、深く、果てしないものであるように。

あるいはまた、大海の一滴（一粟《いちぞく》とも）とは、人間存在のちっぽけさ、はかなさをいう言葉だが、人は大自然、宇宙における小さなひとカケラにすぎず、日々、絶え間なく喜怒哀楽にほんろうされながら生きている。そのような存在であることを自覚、認識することで、だからこそ如何にして大波のない穏やかな海にこの身をゆだねるのかという、仏教が至上の価値をおく「静寂」と「苦」の消去に通じるむずかしいテーマとも関わってくる。

ここに紹介するのは、私が日々、さまざま考察し、模索しながら実践を進めてきた瞑想法であり、いまも進行中のものだ。従って、その間に学んだ仏法のあれこれも、あたかも瞑想歩きのようにゆっくりと進みながら、折々に記していこうと思う。

最終の目標は「悟り」

ここで改めて述べておきたいのは、修行の道は「瞑想」なるものが不可欠の手段とされていることだ。テーラワーダ仏教では〝ヴィパッサナー〟と呼ぶ。ヴィが〝詳しく明瞭に〟パッサナーが〝観る、観察する〟の意で、英語では「洞察」と訳される。従って〝insight〟が文字通りの訳だが、〝mindfulness マインドフルネス＝気づきの瞑想〟と意訳されて、こちらの方が一般に流布している。先にも触れたが、これから本格的に述べることになる「悟

副住職による瞑想授業〈チェンマイの高校〉

りの階段」を上るためには、欠かせないものとされている。

タイでは、授業でも学ぶことになるほど重要な仏教の実践項目である。わが寺の副住職《アーチャーン》（現住職）も受け持ちの幼稚園や中学・高等学校で教えていたが、たまに雑用の多い本拠地を離れて他寺へ修行に出ることがあった。私も後に出かけることになる、同じチェンマイのランパーン寺もその一つ。うっそうと茂る森林に囲まれた、瞑想には格好の環境であり、お世話になった頃はそのような場所があることをありがたく思ったものだ。

欧米でも、いまでは相当な流行のようで、アメリカ在住の知人も、マインドフルネスの名を聞かない日はないくらいだと、その人気のほどを伝えてきた。それが意味するものは何なのか、これから述べることはそれを解くヒントにもなるだろうと思う。

テーラワーダ仏教では、それとは別に「サマタ瞑想」というのがある。これは、いろんな対象に向かって一定の言葉を発し続けることで、精神の高度な集中を図ろうとするものだ。ただ注意を向けるだけの集中ではなく、みずからの全存在が対象と同化するまでの境地へ導くもの、とされる。

例えば、地（土）、水、火、風（宇宙を構成する四大元素）のうち、「地」を選ぶとすれば、その語（パーリ語）の「パダヴィ」の発声を（例えば「土」に見立てた丸い茶色の用紙などを壁に貼り）、椅子や床に座る不動の姿勢で何度も唱え続けることによって集中度を高めていく。あるいは経の一章句を選び、その言葉を念じ続けることで精神の集中、純化を図り、同じ効果をめざす。一例をいえば、〝ヴィッチャー・チャラナ・サンパンノー〟（僧が修めるべき正しい知識と行動の規範を示すもの〈計十八項目〉）という章句を何遍も唱えていると、心が集中度を増して至上の境地へと昇華していく、とされる。そうした唱えの対象は多岐にわたり、四十種ほどにも上る。そのうちの一つを選んで上述のくり返しをやる、というのがその瞑想法である。

また、非常に一般的な手法として、「呼吸瞑想」というのがある。これは〝アーナパーナ・サティ〟（アーナ〈吸気〉パーナ〈呼気〉の意）といい、鼻の先端部、鼻孔の一点における息の出入り、もしくは腹部の膨らみ、縮み運動に意識を集中させる。これは釈尊が最初に基本的な瞑想法として重視したもので、人間には誰にもあって何処にいても可能な（ヴィパッサナー瞑想でも使う）呼吸法であり、集中力を高める法としてシンプルかつ非常に有効なものとされている。

そして、そうした集中によって、つまり呼吸のくり返しのなかで、単なる集中のみならず、自身の内面と環境などへのヴィパッサナー、すなわち「観察」と「気づき」を養う瞑想法がある、とされてきた。その目的は、ふだんの所作における注意力や記憶力、物事を考える力など、要するに心身にとって必要なもの、すべてを養うことにある。むろん、その内には仏法なるものが関わって、専門用語としては「憶念」なる言葉が使われる。ブッダを念じる、その法を忘れずに記憶し、想うこと、という意味である。

つまり、前述のサマタ瞑想は、知恵と悟りを得ることが目的ではない。その役割は集中度を高めて「禅定」なるものを得ることであり、悟り（＝解脱）の境地にまでは達せられない、むしろそれとは無縁のものとされている。ために、また別の瞑想法が必要であり、それがヴィパッサナーであるわけだ。サマタ瞑想をやった後、次にヴィパッサナー瞑想をやるというのが古典的な順序とされるが、暇のある人でないかぎりはムリ、時間が足りない、ということでそれを省略する法もあることが説かれる。

すなわち、サマタ瞑想はやらないで最初からヴィパッサナー瞑想を始める、というやり方である。その過程ではサマタ瞑想における集中度も必要であるうえ、悟りなるものを目指すにはヴィパッサナーから入るほうが近道であるためで、これから述べる事々《ことごと》もそれに従うことにする。

気づきと知恵を養う

ヴィパッサナー瞑想は、精神の集中は当然のことながら、それだけに留まらない。みずからの身と心をよく観察し、気づきを養っていくこと、そして、それによって「知恵」を得る、すなわち悟りという最終の目標に到達するまで実践することが勧められる。

知恵とは何かを一言でいうと——、仏法における真理の教えを理解していくことで得られるもの。すなわち、人間としての成熟度、完成度といったもので、いつ如何なるときにも人生に生かせる有用性、つまりは日常生活の細部において役に立つもの、とされる。

悟りの階段を上っていく過程は、この瞑想の熟練度と歩調を同じくするもので、両者のステップ・アップは同時に進む。そのための法について述べた教理は〝サティパターナ〔4〕〟（タイ語は「サティパターン」、漢語では「念処経（サティパターナ・スッタ）」）と呼ばれる。瞑想の目標とすべき基本的な身・心（両者を分けて考える）の姿勢を四種に分類して示したものだ。が、そうした話は追い追いに述べていくとして、さっそく実践に入りたいと思う。

基本からの出発

この瞑想の手法は、一つではない。テーラワーダ仏教国では、ミャンマーが先進国としてあり（このことは以前にも触れたが）、タイで行われているいくつかの法も、ミャンマー僧がタイへ来て教えたもの、もしくは彼の地に渡り学んだタイ僧がもたらしたものだ。むろんミャンマーのものも、元になったのはブッダの「呼吸の瞑想（アーナーパーナ・サティ〈前述〉）」であり、なかにはタイで編み出されたオリジナル的なもの（動作において）があるにしても、ベースとなる理念に変わりはない。

まずは「歩行瞑想」（しかる後に座して行なう瞑想）というものを紹介したいと思う。手軽で、どこにいてもできる、応用もきくものとしてある。

手軽といっても、そう簡単にはいかないことも事実で、やはり段階というものを踏まねばならない。ステップ①から⑥まで、ゆっくりと一歩ずつ進むことにしよう。

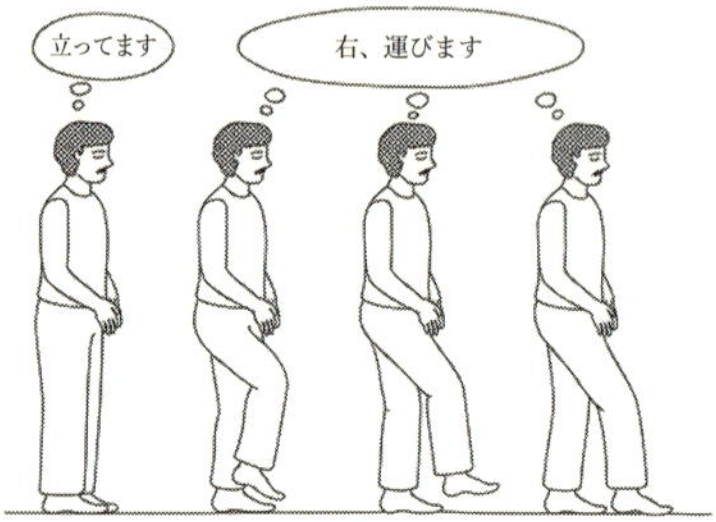

ステップ①

（Ⅰ）歩行
最初は、地に立つことから始める。両足のつま先をきちんと揃え、*1 両手を真横に置き、前方（二〜三メートルほど先の地）へ視線を向ける。そして、右の腕からゆっくりと前へ運ぶ。

その際、動かします、動かします（タイ語では、クルアン・ノー、クルアン・ノー）……と、ゆっくり唱えながら（唱えの回数は三回以上）臍《へそ》の下あたりにセットする。

セットし終わると、留めます、留めます、留めます、と唱える。タイ語では、トゥーク・ノー、……。トゥークは、しっかり触れる、留め置く、といった意味で、日本語訳としては、留める（もしくは、置く、でも可）を私は使う。その場にきちんと据え置く、といった意味合い。ノー、は確認（念押し）の語で、いわば「〜ます」に相当する。

この瞑想では、その語（トゥーク・ノー）が何度も出てくる。これは手足の動きをその都度その場に留め、確認していくことを習慣化させるため。つまり間違いがないよう、しっかりと注意を向ける、気をつけて置く、といった意味合い。

その後、今度は左手を前へ運ぶが、このときも、動かします（クルアン・ノー）、動かします（クルアン・ノー）……と唱えながら、セットしてある右手の手首をつかむ形で重ねる。そして再び、留めます（トゥーク・ノー）、留めます（トゥーク・ノー）……と、しっかり唱える。

そして、立っています、立っています、……と（やはり最低三回）、胸の内で唱える（タイ語で「立つ」はユーン、なので、ユーン・ノー、ユーン・ノー、……）

＊ここまでの動きと唱えは、馴れてくると短く簡略にしてもよい。

あとは、歩き始める。その際、右、運びます、左・運びます、……と唱えながら進む。唱えは胸の内（慣れないうちは発声してもよい）だけにする。このステップ①では、大事な点がいくつかある。

（a）まずは、しっかりと「右」の足を意識すること。両手は後ろ（背側）で左右を重ねてもよく、要領は先に記したプロセスで行なう（また左手から動かして右手を重ねてもよい）。胸の前で腕組みをすることも可。ただ腕を真横に垂れたまま歩くのは不可（これらの作法は以下のステップも同）。

（b）ふつうの歩きよりずっとゆっくり、小さな歩幅で、[*2]足の動きに神経を集中させて歩く。左足を運ぶときも同様、しっかりと「左」であることを意識する（この右、左の唱えは、ステップ②以降では省略されるので、ここでしっかりと感じとる）。室内外の歩く距離は、三〜五メートル程度。条件しだいで、それ以上でも以下でもよい。

（c）復路へ折り返すときも一定の規則がある。まず、歩行距離（往路）の端にくると、（左右どちらかとなる）片方の足を半歩だけ動かして両つま先のラインを揃える。そして、止まります、止まります、……（タイ語は、ユット・ノー、ユット・ノー、……）と、三度ほど唱える。

（d）次に、右足を浮かして九十度、カカトを扇の要にして動かしながら、戻ります（クラップ・ノー）、と唱え、続いて左足を同じように動かしながら、戻ります、と唱える。これをもう一度、右足から同じ唱えと共にくり返すと、計一八〇度となって復路の準備が整う

〈従って、戻ります〈タイ語のクラップは、戻る、の意〉は左右で一回ずつ四度の唱え。これはステップ②以下も同〉。

（e）ターンを完了すると、立っています（ユーン・ノー）、立っています（ユーン・ノー）、……と唱えて姿勢と視線を正す（この唱えは馴れてくると省略可）。そして、また往路と同じように歩き出し、歩行距離の端にくると、同じやり方でターンをくり返すことになる。

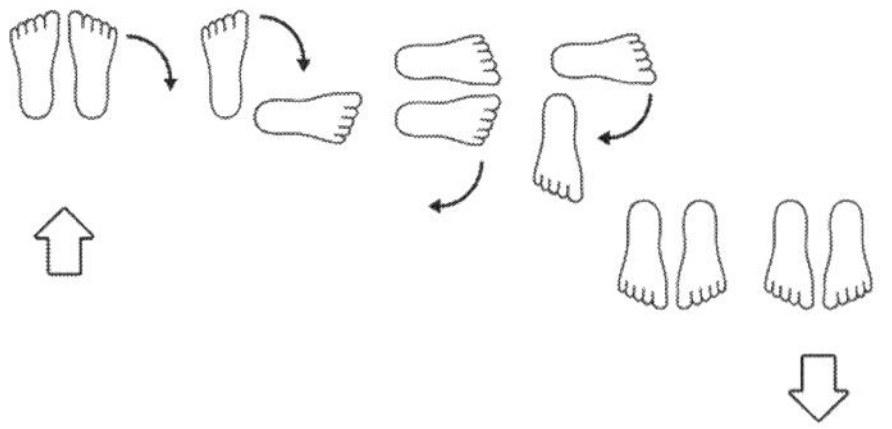

（f）このステップ①では、右・運び・ます、と意識のなかで三区分して歩くようにする。右、で足を上げ、運び、で移動させ、足を床に下ろしながら、ます、と唱えて着地する。タイ語では、クワー（右）・ヤーン（運び）・ノー（ます）、となる。

＊このステップ①がしっかりできるようになるまで、次のステップ②には進まない。修得したあとも継続することが勧められるが、これに費やす時間等については後述する。

＊なお、それぞれの「唱え」については、初心者のうちは声に出してやってもよいが、慣れてくると心の中だけの唱えにする。以下に述べるステップでも、続く座り瞑想でも同じ。

＊1　両足のつま先：両つま先のラインは揃えるが、密着させない。私の場合、両の親指の間隔は十～十二センチ程度、両カカト間は一～二センチ程度。ふだんオープン気味に歩くのと同様、このほうが安定する。これは男女や身丈によっても違いがあり、むろんオープンにはせず、両つま先間と両カカト間がほぼ同じ数センチ程度の歩き方でもよい（但し、左右の足を縦に並べるようなファッション・モデル的足の運びは不可）。

＊2　小さな歩幅：歩幅の基本は、まず右足のカカトが左足のつま先のラインか、その少し先に来る、次に左足のカカトも右足のつま先の前、〇～三センチのラインに来る、つまり、右、左が交互にちょうど足の長さの倍か、少し多めに前へ進む形になる。この歩幅にも身丈などによって個人差があってよく、この辺は、教授にもよるようで、なかには短いコンパクトな歩幅をすすめる人もいるので、絶対的なものではない。ただ、自分の歩幅を決めて一定させることが大事。私の場合は、つま先ラインの前、〇～一センチ程度が最も安定する。

（Ⅱ）座り

その後、座りに入る。座布団に胡坐《あぐら》を組むか（ラクな形でよい）、もしくは椅子に腰かけて、意識を呼吸に集中させる。頭と背骨が一直線になるように背筋を伸ばし、両掌は正面（ヘソの下辺り）でかるく重ねて置く。[＊3]

そして、肺が吸気と呼気をくり返すのに応じて、膨《ふく》らみます、縮《ちぢ》みます、……とくり返し唱える。タイ語では、ポン・ノー、ユップ・ノー、……。

この段階では、吸気と呼気のくり返しだけにする。先に述べた、釈尊が最も重要視した瞑想法〝アーナパーナ・サティ〟（サティは「集中」の意）の手法である。ここでは腹部の動き（腹式呼吸）もしくは鼻先の一点（息が出入りする鼻孔）に意識を集中させ、できるだけ気を散らさないことを心がける。

ところが、その途上ではそうはいかないことが（よけいな感情が入り込んでくるなどして）起こってくる。そのときの対処法については、追い追い記すことになるが、ここでは集中が途切れる際の心の動きを観察する程度にしておく。

著者が瞑想修行したランパーン寺

＊3　両掌の重ね：左右の掌を重ねるに際して、まず両手を両膝の上に伏せて置き、右から軽く浮かして（上げます〈ヨック・ノー〉）、ゆっくりと正面へ動かし（動かします〈マー・ノー〉もしくは〈クルアン・ノー〉）、掌を返して（返します〈プリック・ノー〉）、静かに下ろしていき（下ろします〈ロン・ノー〉）、据え置くと（置きま

す〈トゥーク・ノー〉）。左も同様にして右掌に重ね置く。
その唱えは（心の中で）それぞれ二〜三回が適当。

初段の会得が最重要

このステップ①にどれくらいの時間を使うかは、指導者にもよるので一概にいえない。ただ、これには基本となるあれこれが込められているため、それらをマスターするまで、それ相当の時間を費やすことになる。

私が最初に習ったのは副住職《アーチャーン》（現住職）からだったが、まとまった時間がとれないため、少しずつ、ということで合計の時間ははっきりしない。ただ、私が後に、アーチャーンの紹介でランバーン寺（瞑想寺としても有名なチェンマイの古刹）にて一カ月の修行を経験したときは、このステップ①に一日六時間、計三日間を費やすことになる。一日目は、座りと歩きを十五分ずつ、二日目は二十分ずつ、三日目は二十五分ずつ、と増やしていくように、と指導される。これは、同じ距離の一往復にかける時間を伸ばしていく（つまり、よりスローな動きにしていく）ことが大事とされるためだ。

しかし、ただ左右の足を運ぶという動きに、なぜそれほどの時間を費やすのか、その理由が後にはわかってくる。すなわち、この初段にはその後のステップの要素がすべて込められており、それを徹底して感得させるためなのだ。加えて、ゆっくりとした動きのなかで、微細な身心の動き、働きに気づくこと、その訓練をしていくことに主な目的がある。それは、ここで細かく説明すると煩雑になるので、ステップを上げていくなかで説明することにしたい。

瞑想寺での修行体験

テーラワーダ仏教の各寺は、それぞれに特色がある。大きく分けて、経を中心に仏法とその教えを説くことを本領とする寺と、瞑想なるものを中心に据えて教えを説いていく寺だ。が、はっきりと区別できるものではなく、両者が何かと交流を持ちながら仏教界を成しているようなところがある。

そのため、僧の一時研修が可能であり、とりわけ瞑想寺では他寺からの修行僧を受け入れるシステムができている。つまり、各僧は所属の寺を出て瞑想寺を宿舎とし、教授を受けながら一定の期間、それに打ち込むことができるわけだ。私がランパーン寺にお世話になったときも、他寺からの僧が幾人か、それぞれ僧房を宛《あてが》われて過ごしていた。むろんサンガの括りなので、費用は一切かからない。ただ在家信者のみ、修行者として滞在して教えを受ける場合、懐《ふところ》ぐあいに応じたいくばくかの額を布施という形で差し出すのが慣例である。

私が滞在したのは四月（二〇二一年）、夏休みの時期でもあったので、子供の出家も多く、まさにマメ僧ともいうべき群れに興趣を誘われたものだ。子供僧もまた経、瞑想ともに、大人と同じことをやっていて、むろん基礎的なものながら、黄色い声と瞑目する姿が境内を彩っていた。食事もまた、大人僧と同じく朝と昼の二度だけで、夕食はない。食べ方は、伝統に従って托鉢のハチに飯とおかずを入れ、直接口に運ぶやり方である。十歳から十二歳くらいまでの子供にはいささかきびしい、しかしよい体験であったにちがいない。その姿を私が羨ましく思うのは、わが幼少年期において、こうした修行と教えを受けたことがなかったことが主な理由だ。そのせいもあって、成長してからも煩悩にまみれた日々を過ごし、失敗を重ねてきたことが想起されるためにほかならなかった。

一方、在家者もまた、僧とは別のメニューでもって瞑想に励む。女性は敷地の奥の別棟（個室）に、男性もまた僧の房とは別にある平屋（個室の並び）に寝起きし、一日二度（朝と昼）の食事も過不足なく供されて、少なくとも十日から二週間（各人の都合に合わせて）を過ごしていた。いかにも名の知れた、リッチな寺院らしい話だが、ただ入門時には、瞑想修行だけはしっかりと教授を受けながら遂行することを誓わされる。

第六章　修習すべき四項目のテーマ

重要な四つの目標

初めのほうで触れて、ひとまず措いたことをここで述べることにしたい。

この瞑想の意味内容（効用）は、実に多岐にわたっている。最終的な目標は「悟り」への階段を上り、それを得るため、とされるが、そこに至る過程には日常的に役立つ要素がいくつも含まれている。

例えば、足元に注意深くなって転ばなくなる、といったことがある。さらには、うっかりモノを落としたり（壊したり）、物事をうっかり失念したりすることが少なくなる効用があるとされる。注意（力）のことをパーリ語で〝サティ〟（タイ語も同）というが、その時、その瞬間における精神の統一と制御が得られる。また、あらゆる身体の動き、つまり一挙手一投足に明確に気づき、細部にまで注意深くなる。自分がいま何をやっているか、いまこの瞬間の手足の動きに気づいていくことで、いろんな不注意、油断による失敗から身を守ることにもなる、とされる。

一挙手一投足（タイ語で「イリヤーボット」という）とは、基本的には、立つ、歩く、座る、寝る、の四つの動作、細かくいえば日常の所作〈話す、書く、作る、食べる等〉のすべてをいう。

これが先に触れた〝サティパターナ〈4〉〟の一つ目、すなわち「身・瞑想（カーヤーヌ・パッサナー）」といわれる要素だ。つまり、身体（カーイ）をよく熟視、観察すること（これは頭髪、体毛、爪、歯、皮膚、等々の体表〈不浄な部分とされる〉と内蔵の各所が含まれる）によって、愛する人や物への執着を絶ち、精神の安定を得るという目的が一つある。それとは別に、身体そのものの動き、働きに注意力を養うための訓練であり、日常の所作の制御から、物事の理解・記憶・集中といったものに関わってくる。これは、後にも再説する。

次に「受・瞑想（ウェータナーヌ・パッサナー）」という要素がある。英語では「マインドフルネス・オブ・フィーリング」―すなわち「六根」を通して入ってくる情報の受容とそれに伴う感情に対する気づきのこと。人は、六根（眼、耳、鼻、舌、身、意〈心〉の六ヵ所）で対象を感受することによって、いろんな感情を生じさせ、行動を起こし、物事の認識に至る（五蘊〈後章にて詳述〉）。が、ここでは、いまこの瞬間の感受によって生じた感覚と感情（もしくは気分）をよく観察すること。それには、暑い、寒い等の皮膚感覚、また気分には快・不快、苦もあり楽もあり、どちらでもないものもある。その時、その瞬間ごとをよく観察し、注意を払っていくこと。つまり、対象の感受によって起こる感情の過剰な高ぶり、もしくは落ち込みをなくしていく、という目的に通じるものだ。そのためには、対象を感受するだけの段階に留めねばならない。よけいな感情が生じてもそれをいったんは受け入れて、次には排除していく術（この術は後述）を養うことを主眼とする。

三番目に、「心・瞑想（チッターヌ・パッサナー）」というものがくる。これは、自分の心、内面の状態をみる訓練のこと。あらゆる対象を感受して生じる、その時どきの心の状態を認識していくこと。瞑想の途上では、いやな過去の記憶がよみがえったり、いま現在抱えている問題が頭に浮かんだりもする。が、それをも冷静に受け入れて、よく観察することが求められる。瞑想の邪魔をするそうした事柄は、およそ煩悩（次章にて詳説）から生じるもので、「五蓋」（五種の障害物〈ニワラ〉）と称される。正常な心の流れに蓋《ふた》をするものであり、その都度とり除いていかねばならない。これは、心を常に平静に保つ、落ち着きを維持する、という目的に通じており、先の「受・瞑想」の、六根からの情報を感受する段階に留め、感情に煩わされるのを排除する目的と重なるものだ。

そして最後は、サティパターナの四つ目——、これが最終的な悟りを得るための法、ということになる。すなわち「仏法瞑想（ダンマーヌ・パッサナー）」である。これは以上の三項目、身体（カーイ）、受（ウェータナー）、心（チッタ）、それぞれを発達、成長させていくための法として、いわば総まとめ的なものとしてある。

その意は——、この世のあらゆる事柄とその現象を「仏法」によって理解していくこと。

すなわち、思考内容とその細部までの観察[*4]にほかならない。それぞれに必要な仏法については、後に述べる「八正道」（八つの道〈マック八〉と称される、仏道のあらゆる要素を包含する）が最善のものとされている。

これらは後に詳しく述べるとして、実践の続き、ステップ②から③へと向かいたい。

＊4　思考内容とその細部までの観察：これがヴィパッサナー（詳しく観る、の意）の意味内容。なかでも大事な仏法は、ポーチョン〔7〕（＝悟りへの道、七種）と呼ばれる。思考、行動等への気づきと集中〔サティ〕、真理の探究〔ダンマ・ウィッチャヤ〕、精進〔ウィリヤ〕、歓喜〔ピーティ〕、静かさ、平静さ〔パッサッティ〕、精神の統一〔サマーディ〕、偏りのない中間の精神〔ウペッカー〕〉のこと。これらは八正道の内に含まれるもので、後に再説する。

ステップ②

（Ⅰ）歩行（ダーン）

両手を前（または後ろ）にセットする過程は同じ。両サイドに垂れた手を、左手から先に前へ持っていってもよい。また、前（下腹部）と後ろ（背中側）の両方を適当に交替させながらやってもよく、また両腕を胸の前で組んでもよい、とされる。これは左右の手でそれぞれの二の腕をつかむやり方で、これを交えると変化が得られる。手を組み替えるときは、とくに初めの唱えは必要なく、ただ右左を逆にする。私は、これにもバランスを考えて、適当に組み替えている。

その後、姿勢と視線を整えながら、立っています（ユン・ノー）、を胸の内で三回ほど唱えてから歩きだす。

歩行瞑想する男性修行者〈ランパーン寺〉

今度は、上げます、踏みます、と二つのパートに分けて進むことになる。ステップ①での「右（左）、……」は唱えない。タイ語では、ヨック・ノー（ヨックは「上げる」の意）、イヤップ・ノー（イヤップは「踏む」の意）、となる。

足を上げて、地面を踏む。これだけなので、歩調はステップ①と変わらない。が、（足を）上げる、という動きが次のステップ③以降、大事になってくる。

ゆっくりと歩く意味

これを二十分ほど、ステップ①と同じように往復する。①と異なる点は、右、運びます、のセットが、上げます、踏みます、に替わっていること。つまり、上げて地面を踏むまでの「運ぶ」動きに対する唱えが省略されている。この唱えも③以降のステップでは復活するので、意識のなかでは残しておく。従って、「上げます」の後、省略された運びの部分は「空白」として無言で足を運び、その後、下ろす動きを含めて「踏みます」と唱える。

これの意味するところは、足を上げるのと地面を踏むことの二点が、非常に大事であることの表明といえる。運びは放っておいてもなされる、その意識は二の次で、まずは上げることが先決、そして(地を)踏むことを慎重になせ、という意味が込められている。

私はよく、足が上がっていないよ、と人から注意を受けたものだが、実際、モノにつまずいたり、あるいは踏み誤って滑ったりしたことがあるのは、このような大事な動きを心得ていなかったせいにちがいない。それに、やはり危ないのは急いでいるときで、足を上げるより前へ進めることを優先させるためであることがわかってくる。その際、私は膝を持ち上げる(膝関節を折る)ことを意識する。これは人によって感覚に違いがあってよく、大腿と腰の付け根を折る、という人もいる。いずれにしても、そうした動きは「ゆっくり」を心がけることで確実さが保証される。物事をスローにやることは「気づき」を養うための最も有効な法であり、その訓練が今後、ステップを上げるごとに重要になってくる。

（II）座り

その後、胡坐を組むか、椅子に腰かける。この座り方[*4]は各人の好みによって自由に選んでよいとされる。体形によっても違ってくるし、年齢や体力によっても異なるし、大事であるのはあくまで（集中できる）ラクな姿勢で、ということになる。椅子を使うのもそのためで、尻の下に座布団などを重ねておく人もいる。

　まず、両膝に置いた両掌を正面にセットするまでの唱えと動きは、ステップ①と同じ。唱えの回数は決まっておらず、人によっては多数回、心のなかで唱えながらスローモーションで動かす人もいる。そして、膨らみます（ポーン・ノー）、縮みます（ユップ・ノー）、をくり返す。これは、膨らむ、縮む、と短く唱えても可とされるほか、指導の流儀によっては、唱えなくてもよい、とされる。ただ、この場合にも鼻孔に意識を集中させ、息の出入りにしっかりと気づいていくことが求められる。

私自身は、最初のうちは胸のうちで唱え、あとは集中することだけを心がけるのがよいと思っている。唱えは、集中するための補助的な役割を果たせばよいのであって、いわば二次的なものにすぎない。

＊4　座り方：よく知られた法としては二種、折って座した両脚の片方の足首をもう片方のふくらはぎの上に置く「半跏趺坐《かふ》」（ブッダや高僧の座像はおよそこれ）と、折った両膝の左右の足首をそれぞれの太腿の上に置く「結跏趺坐《かふ》」で、前者がたやすく一般的。関節が柔らかくないとできないが訓練して馴れてくると背筋が伸びて安定するのは後者。あとは、左右の足をそれぞれの膝の下にいれる法（ふつうの胡坐でネイティブ・アメリカン式ともいう）と、左右の足を交差させずに膝から先（すね）を平行に置く（ミャンマー方式ともいう）最もラクな法がある。いずれの法を選んでもよいが、両脚を地面につけて姿勢をよくするために、とくに高齢者など腰の弱った人は適当な高さの座布団などを尻に敷くことがすすめられる。

また、背骨を真っ直ぐに伸ばす法としては、頭をいったん後方へ十分に倒し、その耳の位置を変えずに顎だけを引く。これが頭を脊柱に正しく乗せるための（漢方医がすすめる）やり方。

ステップ③

（Ⅰ）歩行

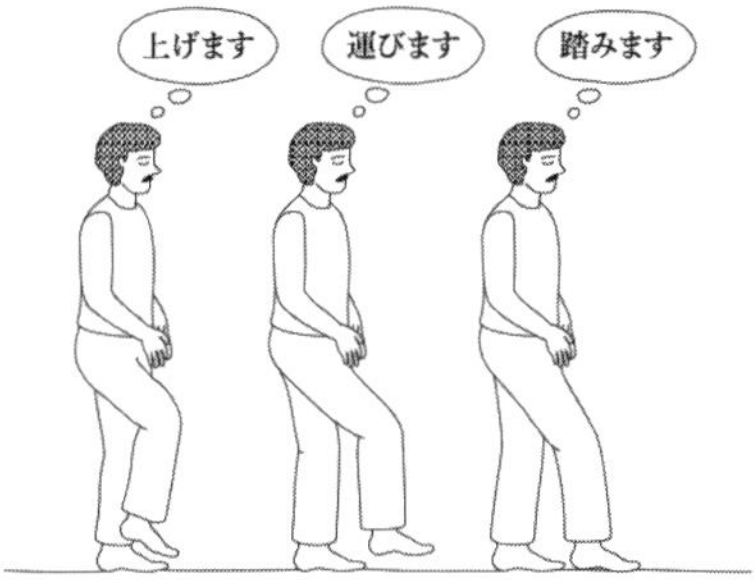

ステップ①②の後は、そろそろ本格的な段階に入る。すなわち——、上げます、踏みます、の間に、②では省略した、運びます、を入れる。つまり、足を上げた後、床を踏むまでの間にある動き—「運び」を挟む。従って、上げます、運びます、踏みます、と唱えながら歩く。タイ語では、ヨック・ノー（上げます）、ヤーン・ノー（運びます）、イヤップ・ノー（踏みます）。

　このステップ③での注意点は以下——。

（a）速度はより遅く、スローモーションらしくなる。歩幅は、これまでと同じ。

（b）上げます、はカカトから先に上げるのが自然であり、スローにした分、これまでよりはっきりと意識しておく。これは、次のステップ④に生かせるため。また、踏みます、と唱えるとき、足は運んだ位置から真っ直ぐに下ろす。地面（床）を踏ん

座布団を敷いて瞑想する在家女性〈ランパーン寺〉

だときは、やはり歩幅はこれまでと同じ、一方のカカトがもう片方のつま先のラインか、もしくは一～三センチほど前へ出る程度にする。

（c）同じ約三～五メートルの往復を、このステップ③ではステップ①②より一、二分長くかける。あくまでおよその時間ながら、それだけ速さをスローにしていくことになる。

（d）最初の出足と折り返してからの歩き始めには、揃えた両足の一方を半歩だけ前へ進める。この際、速さにはこだわらず、上げます、運びます、踏みます、と唱えて踏み出すだけで、次のステップから正式に一歩となる。また、折り返す前と戻ってきたときの半歩は、ただ両つま先をそろえるだけで唱えなくてもよい。これはステップ①②及び④以降も同じ。

（II）座り

その後、また胡坐（四つの法〈前記＊4〉）もしくは椅子に腰かけ[*5]、先の要領で行う。唱える言葉は、このステップ③からは、膨らみます、縮みます、座っています（ポン・ノー、ユップ・ノー、ナン・ノー〈ナンは「座る」の意〉)、……となる。

確かめることの大事

座って(い)ます、という唱えが加わるのは、座っていることを確認するためで、次のステップ④からの準備段階といえる。この唱えは一度でよく、唱える間、呼吸には頓着しない(意識しない)こと。つまり、自然のままに放っておいてよい、とされる。その後はまた、膨らみます、縮みます(もしくは膨らむ、縮む)、へと戻って再スタートし、座って(い)ます(座っている、でも可)、……と続ける。

座っている、というこの当たり前の状態をあえて唱えるのは、それなりの意味が込められている。人の感覚というのは同じ状態を続けていると、それにマヒして何も感じなくなったり、忘れてしまったりする。例えば、車を運転しているときに、運転しています、と唱えるのは当たり前のことすぎて、ふつうはやらない。しかし、そういうことを(時おりであっても)やることにしたならば、いわば進行中の行為について「確認」の役割を果たすことになる。マヒしていく感覚を呼び覚ます、忘れずに注意を払っていく、という意味がそこにはあると考えるべきで、先の「ゆっくり」とやることとともに、決して無駄なことではない。スピードの出し過ぎが事故を招くのは、細かな手足の動きを正しく制御、自覚できなくなるためであることは確かだろう。この座りも時間を伸ばしていくのは、呼吸への集中を高めていくためだ。加えて、いろんな雑念や騒音に対処する法を実践するための予行（訓練）でもある（後に詳説）。

いずれにしても、このステップ③（上げて・運んで・踏む）が全体の基本（ステップ①と合わせて）となる。なので、①と②を修めた後は、この③を（②は後に省略しても可）しっかり出来るようにしておくと、次なるステップへ進みやすくなる。

その前に、これからしばらくは先に触れた仏法の続きを述べることにしたい。

＊5　椅子の利用：床に座ることができない（もしくは好まない）人は、椅子を使ってもよいとされる。その場合、両足裏がきちんと床に着く高さのものを選ぶ。そして、目を開けておくなら、目線を斜め前方に置いて姿勢を正す（この法は＊4に既述）。あとは同じ要領。

第七章　煩悩の正体と善なる法

「苦」の定義と「煩悩」

これまで述べてきた、僧がおこなう「四依（衣・食・住・薬）」についての省察や多数の戒律は何のためにあるのか。その問いに対する答えはただ一つ、ひとえに「煩悩」なるものを滅じていくため、もしくは消していくため、と仏法は告げている。つまり、「悟り」を最終目標とする修行道に、それらは必要不可欠であるから、というのが答えである。

ボンノウは漢字では「煩《わずら》」（う）、「悩」（む）と書く。パーリ語では〝キレーサ〟という（タイ語として使うときの発音は「キレート〈トは無声音〉」）、その意味は文字通り、心を汚して煩い悩ませるもの、すなわち漏れるもの（悪汁のように）と見られており、日々の省察や戒律の遵守《じゅんしゅ》も、それを食いとめる（フタをする）ためにある、と説かれる。

煩悩をどの程度、カットしていくか、減らしていけるのか。むろん、いきなり全滅することなどできないわけで、そこには「段階《ステップ》」が設けられている。どの煩悩をどれだけ減らしていけるかによって仏道の成就のほども決まるという、最も重要な鍵がそこにある。これは、煩悩の炎を消す、とか、心の汚れを落とす（浄化する）、などと表現されて、日頃の経や教えのなかにも頻繁《ひんぱん》に出てくる。煩悩こそは「苦」の因であるとして「火」にも譬《たと》えられ、身を焼くもの、家を炎で取り巻かれるようなもの（火宅）、といったふうに、人の世と生における、扱いのやっかいな危険物にも相当する、とされている。

それと関連して、苦の定義というのも、ここではっきりさせておく必要がある。つまり、身悶《みもだ》えするような苦しみはもちろんだが、それほどではなくても、日常的に経験する不満や失望など、心身に生起するあらゆる負の状況、悲しむべき様相について、それらをすべて「苦」と呼んでいる。そのような苦の「因」として煩悩なるものがある、という解釈が成り立つ。

トン・シン・チの意

基本となるのは、十種の煩悩とされる。そのうち最初の三点が最も重要なもの、すなわち「ローパ〈欲〉（ラーカ、ともいう）」「トーサ〈怒り〉」「モーハ〈無知もしくは無明〉」（各パーリ語はタイ語としても日常的に使用される）であり、漢語では「貪《とん》」「瞋《しん》」「痴《ち》」と記されるもの。漢語では「三毒」と称される。毒とは痛烈だが、言い過ぎではない、と考えたい。

僧になって以来、私がおのずと強いられてきた来し方の回顧についても、さまざまな失敗や過ちの原因は、ほとんどすべて煩悩なるものに集約されることに思いが至る。その因果の中身をできるだけ解き明かしていくことが、すなわち私にとって、先へと進むための必須の条件であった。その辺の事情は、出家して数年後、寺の副住職《アーチャーン》（現住職）とともに日本を旅した記録（「まえがき」に記）にさんざん（ハジを）書いたけれど、それによって、今後の仏道修行の真っ直ぐなるか否かも決まるような気がするためであった。何かにつけ欲をかき続けたことはむろん、よく怒りもして対人関係をそこなったり、物事の真理、真相を知らない無知ゆえに大事な場面で横道に逸れてしまったり、つき合う相手の選択を誤ったり、それもこれも煩悩なるものが引き起こした成り行きであったことに、出家してから気づいたのだった。

その言《こと》の葉《は》は、よく聞かされてきた。が、それが意味するところは曖昧《あいまい》で、その良否、善悪の判別、その数、種類など意識の隅にもなかったのは、それらを学び教えられる環境が（戦後に生まれてこのかた）なかった、ということもある。例えば、子煩悩《こぼんのう》などという言葉も、肯定的なのか否定的なのかも定かでない、むしろ人間にとって当たり前の、有るのが当然と認められたもののように感じていた。

ところが、それはテーラワーダ仏教においては文句なしに否定されるものだ。その徹底ぶりは、まさに三宝主義（第四章に既述）と同じくらいの大原則といえる。在家にはその抑制を説き、僧は最終的にその全滅をめざせと説かれる。つまり、悟りをひらくための道筋というのが煩悩なるものを消していく過程であることからも、それは当然のことなのだ。

その道筋については、後章にて述べるため、ここでは「悟り」というものには段階があり、一段ずつ上がっていくべきものであることだけ記憶していただければ、と思う。いきなり最高位のアラハン（阿羅漢）に到達できるはずもなく、あれこれの煩悩を順に、少しずつ消していく、そのステップが悟りの道筋にはあるため、とその理由だけを述べておこう。

ともあれ、これほどまでにくり返し、漏れ落ちて心を汚すものである、とか、それを火や炎に譬えて（「火宅」等と）、消すべきものと説法されるものだとは、こちらの仏門に入ってはじめて知らされたことだった。それについて曖昧なままであった私には、実に驚嘆すべきことであった。

欲と怒りの因果関係

ところで、先ほど記した三大煩悩について――、まずは怒り（トーサ〈瞋〉）だが、それを消すというのは超難度の技であり、これを消滅させることに成功したならば、静かで穏やかな余生を送れる、という気がする。

実際、怒りというのは実にさまざまな場面で発生するものだ。不慮のケガをすれば生じ、不本意な成り行き、結果に対して生じ、他人の気に入らない言動に対して生じ、一つの失敗がたとえ自己の責任であっても生じてしまう。程度の差はあるにしても、日々怒りに囚われて暮らしているようにさえ思えてくる。

そこで、それではいけないと自省するわけだけれど、この怒りというのは単独で起こるものではない。つまり、何の理由もなく発生するものではないことに気づく必要がある。一つひとつの怒りの根拠を見てみれば、ほとんどすべてが「我」、すなわち自分というものへの「執着（ウパターナ）」から来ていることが明らかだ。自我のうちでも「我執」といえる、仏法では非とされる心の状態で、これも「苦」を引き起こすものとされている。

怒りは、いわば欲の裏返しともいえる。我執につながる「我欲」なるものが、怒りを生み出す原因の一つであることは間違いのないところだろう。怒りとは、みずからの欲なるものが満たされないとき、十分でないとき、つまり自分の思い通りにならないことに対して、こうありたいという願いが叶わないことに対して生じるものだからだ。

ならば、これまた煩悩の巨頭《おやだま》の一つ、「ローパ（貪＝欲）」と密接に関連していることになる。この両者（欲と怒り）の因果関係は切ってもきれない。これがある以上、つまり心に怒りがあったのでは、その静寂（安らぎ）は得られない。まさに悟りへのステップ（後述）とも関係しており、確かにこの消去は難事《なんごと》だと、納得がいく。

無知がすべての源

あと一つ、「モーハ〈痴〈無知〉〉」というのがある。別の表現で「無明」とも言い換えることができる。まさに親玉中のオヤダマ、これほどやっかいな煩悩はない、といわれている。すなわち、何よりも「因果の法則」を重んじる仏法において、これがすべての始まり、元凶であると見なす。従って、先に述べた欲と怒り〈及びその他の煩悩のあれこれ〉の背景にあるもので、仏法の真理、物事の真相を知らないことを意味する。ならば、二六時中、何かにつけて欲をかき、自分勝手な偏見にこだわり、かつ怒っていなければならない、まさに無明、暗い場所に閉じ込められているようなもの、と仏法は教える。

人生の途上には、抑えるわけにはいかない怒りというのはあるものだ。悲しい事件や不祥事におぼえるものがそれに相当するし〈戦争などはその最たるものだが〉、世のなかには理不尽な話が多いため、腹に据えかねることもしばしばだ。とくに現代世界の嘆かわしい状況については、ほとんど誰もが多かれ少なかれ憤りをおぼえていると思う。これらはやむを得ない、むしろ怒るべきものといえるかもしれない。また、悲劇への同情や共感といったものからくる義憤もあるため、因となるのは我欲のみならず、さまざまな感情が関わってくる。が、いずれにしろ、それらが「苦」の因〈あるいは苦そのもの〉となるわけで、ほどほどにして流していかなければ、ストレスを溜め込むことにもなってしまう。

しかし思うに、ふだんの生活のなかでは、本当に怒らねばならないことというのはさほど多くないはずである。怒る前に踏みとどまり、いまの自分の精神状態を省みたり、相手への理解が十分なのかどうかを冷静に考えてみたり、つまり少し時間を置くだけで、声や手を上げなくてもすむ場面がいくらでもあるはずなのだ。仏法が「静かさ（サゴップ）」というのを非常に大切にするのも、そうした鎮めるべき怒りと関係している。歩行の後、座して行なう「呼吸瞑想（アーナーパーナ・サティ）」というのは、このことにも関わってくる。怒りが生じれば、まず呼吸を整えよ、というのは日常的によく諭されることで、心を鎮めて浄化していく（つまりは煩悩を滅して悟りへの道を歩む）ための非常に有効な手段、とされている。

自他ともの不利益

一方、他人の怒りにも悩まされた経験が誰にもあると思う。私の場合、自分の発した怒りの分量に劣らず他人から受けるそれが多かったことも確かだ。なぜそんなふうに怒られるのか、そこまでいわれることはないだろうと逆に反発したくなることもあった。何も知らないくせに、いや知らないからこそ、勝手なことを口にしたり行なったりする人がいるもので、まさしく「モーハ（痴＝無知）」から来る言動といえる。その意は幅広く、世事の細部に及んでいる。
暴力に至っては、マレに愛の鞭《むち》といえるものがあるにしろ、大方は行き過ぎだろう。それは、戦後世代の私にとって、子供の頃からの問題であり、世代をつないでいまに至っている。暴行、体罰、虐待、……世にはびこるものは、それによって事態が改善するどころか、自他ともの破滅すらもたらす。子供に向けられた激しい暴力のせいで逆に悪の道に走らせてしまった話や、ＤＶ（家庭内暴力）が家族を離散させてしまった例が、世間の狭い私の周りにさえ、指折り数えるほどある。

ともあれ、怒りほど人に不利益を与えるものはない、と断言したい。益がないどころか、およそ残念な成り行きと結果しかもたらさなかったことを、みずからの記憶に照らしてつくづく思う。それは、まさしく心の汚れ、歪みである、と仏法は告げる。ゆえに、激怒と暴行などはやっかい極まる「苦」の因であり、かつそれ自体が苦であるというほかはない。何ごとにも欲をかき、怒り放題にして抑えることもなく、無知ゆえに暴力的になる、といった例は身近な世間のみならず、現代の国際社会にもいえることだ。民族と民族、国と国がそうなれば、戦争まで引き起こすことはいうまでもない。昭和の時代、わが国が、勝てるはずもない米英ほか連合国を相手に起こした戦争なども、そしてまた、その中であった愚かな作戦なども、根底に「無明」があったことを思うのである。

十種の煩悩が基本

その他の煩悩についても、多少の解説をしておきたい。

ふつう煩悩といえば先の三つを含めて十項目が基本である（範囲を拡げて十六とする分類法もあり〈後述〉）。一つずつ点検していくに際して、パーリ語のほかに漢語も役に立ちそうなので併記することにしよう。

まずは、「アヒリカ（無慙〈むざん〉）」「アノータッパ（無愧〈むき〉）」「ウッタッチャ（混乱）」の三つ。これらは、先に述べた煩悩の親玉、「モーハ（痴＝無知）」の仲間（子分）としてある。

アヒリカ、アノータッパとは、悪事をなすのを恥ずかしいとは思わないことが前者で、その行為を恐れもせずにやってしまうのが後者ということになる。これらの反対語が、ヒリカ（慙《ざん》）、オータッパ（愧《き》）であり、悪事に対して恥を知る、恐れて行為に及ばない、つまり「善心」[*6]の部類に入る。わが国でも、恥知らず、といった言葉や、慚愧《ざんき》に堪えない（恥ずかしいかぎりで申し訳ない）、といった表現がある。日本人が使ってきた格言的な言葉の数々は、こうした仏教語から来ていることを思わせる。

ウッタッチャ（混乱）は、例えば人の意見や考えに惑わされ、正しい判断ができない状態のこと。自分の信念とか信条といったものがない人は、これに煩い悩むことになる。

次に、ティーナ〈怠惰〉とミッタ〈睡眠〉（この二つはセット）のうち、「ティーナ」がくる。眠ったように生気のないことを意味する「ミッタ」と似て、怠け者にあるもの。油断や不注意（煩悩十六種のうち〈後述〉）も仲間うちである。

続いて、「マーナ（慢）」と呼ばれる、高慢、自慢などの語で馴染みのものがくる。他人と比べて自分が優れているとか劣っているとか、要するに比較して優劣を云々すること。偉そうにしたり、卑下したりすることだ。「欲（ローパ）」の仲間として、非常に性《たち》がわるい、ゆえに仏道修行の最後まで残る心の汚れとされている。つまり、後に述べる（第十一章にて）段階的に煩悩を減じていく過程（悟りへの道）で、最高位のアラハン（阿羅漢）へと向かう道筋においても、しつこく残っている（それほどに悪質）とされるものだ。

例えば、学歴などはいとも簡単に傲慢性に通じており、とりわけ戦後世代の教育においては、この煩悩が猛威を振るう環境にあったといえる。職種や役職において、あるいはスポーツなど勝負の世界でもしばしば見受けられるもので、他人の失敗を望んだり、驕《おご》り高ぶったり、さまざまな不祥事にも大本《おおもと》の因として関わっている。このことは具体的な例を挙げるまでもなく、やっかい極まるものとされるのは納得がいくところだろう。

次に、「ティッティ（見）」と呼ばれるもの。見解とか偏見とか、自分勝手な普遍性のない考えに固執してしまうことをいう。思い込みがつよく、自分の意見をなかなか曲げようとしない人がいるものだが、この煩悩に執着しているため、といえる。非常に重要な、悟りとも関わるもので、次に詳説したい。

不善と善がある「見（ティッティ）」

この「見」については、見方が二つに分かれる。アビダンマ（論）では、煩悩の一つとして（非常に）善くないものとする。が、経においては、善、不善の二種に分けて考える。すなわち、善は「正見（サンマー・ティッティ）」であり、不善は煩悩としての「見」（ティッティ、もしくはミッチャー〈間違った〉・ティッティともいう）としている。正見については「八正道」（第十一章にて詳述）のなかで、冒頭に（非常に）大事な教えとして置かれている。

煩悩としての「見」は、先に述べたように、偏《かたよ》った考えに固執することをいい、これまたタイヘン悪質なもの（マーナ〈慢〉に劣らず）とされる。いわゆる「執着（ウパターナ）」と深く関わっており、これについては、すでに述べたことに加えていくらかの説明が必要ゆえ、それはひとまず措くとして――

この「ティッティ（見）」は、先のマーナ（慢）とともに、三つの主要な煩悩の一つ「ローパ（貪＝欲）」の仲間（子分）としてある。欲↓慢↓見（もしくは欲↓見↓慢）、という因果関係が成り立つ。「慢」は「欲」に固執している結果として生じ、「見」はその慢ゆえに生じる。あるいは、「見」は欲から生まれ（我欲が自分勝手な考え方をもたらす）、おのずと「慢」に通じるもの、ともいえる。すなわち、欲の子分である「見」と「慢」は双方向の関係にあって、どちらが先というのではない、同時に起こり得るものだ。確かに、人と比べて慢心を抱いたり、独断的な見解でもって真相を歪《ゆが》めたり（極端に右や左へ振れたり）するのも、背中合わせに「欲」があるからにほかならない。他を見下して偉そうにする人、あるいは独りよがりの考えを曲げない人は、要するに欲がつよい（強欲）、ということになる。

悟りへの第一歩として

そして、もう一つ「ウィッチキッチャー（疑）」という、漢語の意味がそのまま使えそうなものがある。疑惑、疑念などで、それもまっとうな疑いではなく、理由のない、かつ調べもしない、ハナから疑ってかかる、醜く歪んだ心のことをいう。

世間には、この「疑」なるものに囚《とら》われている人が少なくない、つまり、何かにつけて文句ばかり、反対ばかりしている人がいるのも不思議ではないことを、この煩悩の存在が教えてくれる。

但し、何事も疑うこと自体については、ブッダも勧めており、例えば「カーラーマ経」（その名の村で説法したことからの命名。正式名は〈ケーサプッタスート〉）では、世の大勢にある常識を疑え、どんな偉い人のいうことでも疑え、たとえ権威筋の言であっても鵜呑《うの》みにするなかれ等々と、それが真実かどうかをよく確かめてからでなければ信じてはいけない、と説いている。

しかし、これはなかなか難しいことで、とりわけ国家や権威筋の策謀によるシナリオ、宣伝にはみごとに煽《あお》られ騙されて、ひどい目に遭う人が後を絶たない現代世界の状況を見ていると、釈尊の教えが決して古臭いものではないことがわかってくる。難しいことであるからこそ、それだけ厳重注意として心に留め置いて、たとえ大勢がそうであろうと安直には従わず、可能なかぎり事の真相を知る努力をすべきだろう、と老僧は思うのだが……。

ただ、仏道における「疑」といえば、その法の真理にまだ疑いを捨て切れないでいる状態のことだ。先の「見」とともにこれを払拭することが、悟りへの第一歩とされている。やみくもな妄信ではなく、みずからの学びと実践でもって、その真を確信する（正見を得る）ことが必要とされるのと、意味合いが重なる。つまり、「疑」を消して物事を「正しく見る」ことができるまでの過程が、いわば（悟りの）初段への道としてあるわけだ（後に再説〈第十一章〉）。

煩悩十種＋四＝不善心十四

以上、十種の煩悩のほかに以下の四種を加えて、「不善心十四」としている。「トーサ（瞋＝怒り）」の仲間として、「イッサー（嫉妬）」「マッチャリヤ（吝嗇）」（物惜しみすること）、「クックッチャ（後悔）」、そして先の「ティーナ（怠惰）」とセットである「ミッタ（睡眠）」が入っている。

これで合計十四種、煩悩の範囲を少し広げたもので、「不善心（アクサラ・チェータスィカ）」と命名されている。

嫉妬はこれまたやっかいものだ。これに苦しんだことが誰にもあると思う。私は一度ならずあって、とりわけ男女関係において問題を起こす元凶であった。

吝嗇（ケチ）とは、人に施しをしない、利他を考えないこと。タイの人たちはこれを大変に嫌っており（これも仏教の教えから来ている）、ヘン・ケー・トゥア（利己主義＝自分しか見ていない、の意）になるな、という格言が生まれた背景といえる。

後悔は文字通り、後で悔いたり恨んだり、過ぎてしまったことに執着すること。

睡眠（ミッタ）は、生気を失った心のことで、これが高じると鬱《うつ》状態にも陥る危険なもの。

過度の飲酒や性への傾倒など、享楽的なものに耽《ふけ》り溺れた結果としても現れる、やはり心の病ともいえる現象である。

＊6　善心（ソーパナ・チェータスィカ）：煩悩十種を含む不善心（十四種）と対極にある善い心の状態（以下、すべてパーリ語）。サッター（信＝信念、自信）、サティ（念＝気づき）、ヒリ（慚＝悪行の恥を知る）、オータッパ（愧＝悪行を恐れる）、アローパ（不貪＝無欲）、アトーサ（不瞋＝怒らない）、タトラマッチャッタター（中捨＝偏らない中立の精神）のほかに、心・身が対となって、カーヤッパッサディー・チッタパッサディー（身軽安・心軽安＝身心が軽く安らかである）、カーヤラフター・チッタラフター（身軽快・心軽快＝身心が明るく行動的である）、カーヤムドゥター・チッタムドゥター（身柔軟・心柔軟＝身心が固まらない柔軟性を持つ）、カーヤカンマンター・チッタカンマンター（身適業性・心適業性＝仕事などに適応できる）、カーヤパーグンナター・チッタパーグンナター（身練達性・心練達性＝身心がよく訓練されている）、カーユッジュカター・チットゥッジュカター（身端直性・心端直性＝決めたことをやり通す）、以上、十九種に加えて、八正道〈第十一章に記述〉から、サンマー・ワーチャー（正語＝正しい言葉使い）、サンマー・カンマンタ（正業＝正しい仕事、行い）、サンマー・アーチーワ（正命＝正しい生活）の三点、加えてカルナー（悲＝人の苦境に手を差しのべる心）とムディター（喜＝人の幸せを素直に喜ぶ心）の二つ、そして最後に総まとめとして、パンヤー（知恵＝真理を理解し

た心身の状態から生じるもの）がきて、計二十五となる。なお、心を意味するパーリ語は「チッタ」といい、その心の中身（状態）をいうときは「チェータスィカ（漢語で「心所」）」という。従って、以上の二十五種は「善心」の中身である「善心所」のこと。

仏法の仕分け方

古代インドの釈尊の存命中はむろん、その入滅以降も長く、仏法は言葉によって語り伝えられてきたことはすでに述べた。この伝承の精神は、テーラワーダ仏教においては伝統として色濃く残っている。

以前に述べた「布薩（パーティモッカ＝二二七戒律の読誦）」の行事などもそうで、仏法の暗唱（まる暗記）なるものが重んじられるほか、同じ経（唱え）をくり返すことで教えを確認、習慣化していく精神が徹底しているのも、その伝統に根拠があるというほかない。

そして、長い歳月のある時期までは、釈尊の定めた戒律が法（教え）の一方にあるだけだった。すなわち、マガダ国（マウリヤ朝）の王で、ほぼインド全土を掌握したアショーカ王の時代（紀元前三世紀頃）、その援助によって第三回結集[*7]が催されるまでは、ブッダの教えである「法（ダンマ）[*8]」と「戒律（ウィナヤ）」の二種だけであった。

ところが、その第三回結集から、法を二手に分けて、一つは「経」、もう一つはアビダンマという「論」が編纂されることになる（既述・第四章＊5参照）。いわゆる「三蔵（ティピタカ）」（律、経、論）というのは、その時期から始まった仕分け方である。

＊三蔵のタイ語はトライピドック。

それは、ちょうど「ブラーフミー」と呼ばれるインドの古代文字が創られた時期に当たっている。アショーカ王は、それによって支配の記録（インド南部を除くほぼ全域）を各地の碑文（石柱）などに刻むことになるのだが、仏法については未だ口伝によるものだった。が、仏教が論理的、論証的に別途くわしく説かれるようになったのが、その第三結集が催された時代からであった。

従って、同種の教えを述べる際、「経」の面から述べる場合と「論」の面から述べる場合がおのずと生じ、それぞれの説法が異なってくる。先に述べた「見」がよい例で、「論」においては煩悩として非とするものであり、「経」のなかでは、八正道の一つ（それも冒頭に置かれるもの）として「正見（サンマー・ティッティ）」、すなわち「正しい見解」もあるのだという話が説かれることになる。

そして「論」においては、煩悩としての「見」もさらに二種に分け、一つは「我」（自分というもの＝自我）に凝り固まり、柔軟性をなくした、間違った見解（サッカーヤ・ティッティ）のことで、もう一つは、儀式及び儀礼的なものにがんじがらめになること、すなわちそれに囚われて、融通がきかない心の状態（スィーラッパタ・パラーマーサ）のことを指す。

いずれも悪者ばかりであり、重々に警告を発する役目を果たしているといえる。その一方、経では、しっかりと善いものもあるのだ（それを目指すべきである）という、いわば二段がまえの説法になっていることに注目したい。

仏法を学ぶ過程で思うのは、そのように一つの教え（教説）が多角的、重層的に説かれていることだ。それが仏教をいささか複雑にしているきらいはあるにしても、がっちりと水漏れのない法、そつのない論法でもって固められていることには感心させられる。

＊7　第三回結集：パータリプトラにて。タイでは仏暦二三五〈BC三〇八〉年頃に始まったとされるが、ブッダの入滅年が諸説あるため各国で相当なズレがある。「三蔵」の仕分けが始まった結集として知られる。なお、カンピーという紙（ターラ樹〈ヤシ科の一種〉の葉から精製する）に鉄筆で記す習慣が始まったのは、上座部仏教がスリランカに渡ったアショーカ王の時代以降、第五結集が彼の地で開かれた時期（紀元前八八年頃）で、最初はシンハラ文字による編纂が始まる。

＊8　ダンマ：法のパーリ語。タイ語ではタンマと清音（経での発音）になる。ブッダの教えだけでなく、この地上と宇宙の成り立ちに至るまで非常に広い意味を持つ。タンマ・チャートは「自然（天然）」、ラッタ・タンマ・チャートは「憲法」といったふうに。また、ウィナヤ（戒律）はタイ語では「ウィナイ」となり、「タンマ・ウィナイ」とセットにし

て使われることが多い。また、タンマの「ン（n）」は「ム（m）」の音表記。

煩悩十六種の分け方

煩悩は先の十種で十分かというと、そうではない、という見方もまた教説が重層的であることの証しといえる。すなわち、煩悩を十六種にする法だ。さらに詳しく述べるという意の「ウパ」を付けて〝ウパキレーサ〟という。

これは「論」ではなく「経」[*9]のなかに出てくるもので、先の「見」と似たような分け方といえる。全体としての煩悩もまた、論と経の両輪でもって説かれているわけだ。

例えば、最初の「ローパ（貪＝欲）」については、通りいっぺんのものではなく、手当たり次第に何でも欲しがる、天井知らずの欲望のことをいう。靴三千足、衣装千着、といわれたイメルダ・マルコス（比国）大統領夫人が持ち合わせていたものか。それを「アビッチャー・ヴィサマ・ローパ（強欲）」と名づけている。

また、次の「トーサ（怒り）」にしても同様に、修羅場になってしまいそうな邪悪な怒りとして、「パヤーパータ（激怒）」と呼び方が変わる。卑近な例もむろんあるが、権力者がこれに火をつけると、暗殺、虐殺、謀略、戦争……、何をしでかすかわからない。恐ろしい煩悩というほかはない。

三番目には、怒りを意味する語で「コータ」としている。これがふつうの怒りである「トーサ」と重なるもの。さらには、その怒りも執着を伴うもの（四番目）を「ウパナーハ」と呼び、ふつうの怒りと区別している。例えば、昔のことをいつまでも忘れないでいる（相手を決して許さない）怨念といったものがこれに当たりそうだ。つまり、同じ怒りの類でも細かく分けて数を増やしているわけで、これも芸が細かい。

五番目にくるのは「マッカ（侮辱）」といい、人を貶《おとし》めること。「軽蔑」の意もあり、先の「マーナ（慢）」の一種といえる。マッカを受けた人は、ときに名誉棄損《めいよきそん》で訴えたり、殴り込みをかけたりする例があるのは周知の通り。

次の「パラーサ（競争）」は闘争心と言い換えられるほど、他を蹴落としてでも上へ行こうと競い合うこと。これまた、世間にいくらでも見受けられる現象である。

次の「イッサー（嫉妬）」は、先に述べた不善心の一つと同じもの。性《たち》の悪いものゆえ、くり返し念を押しているといえる。これはタイ語「イッチャー」の語源。

続いて、「マッチャリヤ（吝嗇）」が置かれている。これも不善心（十四）の一つとしてあるもので、煩悩十六種のなかにも入っている。前に触れたように、タイ人はとりわけケチな人を嫌う（利己主義に通じる）ことを在家の頃から感じさせられてきた。布施や慈悲の心などは、これと対極にあるもの、といえる。

次に、「マーヤー（計略）」というのが来る。「策略」とも訳せるもの。人を騙して陥れることで、詐欺などもこれに相当する。もっと大規模なものには「謀略」とか「陰謀」いう言葉を使う。これは、次の十番目、「サーテーヤ（偽善）」とセットになっている。善を装う行為のことで、世にはびこっているといってよい。

十一番目は「タンバ（頑固）」という。

タイ人は、親のいうことを聞かないことをこの典型例としている。とりわけ母親は絶対の存在で、その考え、命令を聞くのが民族の伝統でもあるが、それに反抗する子供がいることも確かだ。その葛藤は、しばしばドラマのテーマにもなっている。

次、「サーランバ（闘争）」がくる。勝つことのみを目的とした争い。つまり、先の「パラーサ（競争）」に重なるもので、悪質なものをくり返し強調している。

そして、次（十三番目）にくる「マーナ（慢）」は、十煩悩の一つと重なるものだが、さらに（十四番目）「アティマーナ」と、マーナの強度なもの（アティは「過度」の意）が置かれる。これまた、天井知らずの欲望を「アビッチャー・ヴィサマ・ローパ（強欲）」というように、その悪質性をもう一度念押ししているといえる。

十五番目は、「マダ（誤解）」という。これはかなり幅広い意味を持つ語で、虚栄（自分を偽り飾ること）や偏見（片寄った考え方）など、正しくない心、理解の仕方をすべて含む。従って、訳としては「誤解」としておきたい。

最後に、「パマーダ（油断）」が置かれている。これは「不注意」とも訳せるもの。タイ語では「プラマート」といい（怠慢、無責任といった意味もある）、最後を締めくくるにふさわしい、日常的に厳重注意の煩悩といえる。

こうしてみてくると、十六の煩悩は、欲や怒りにも程度の差というものがあること、同じマーナ（慢）でも強度の違いや多様なものがあることなど、より深く角度を変えて見識を展開したものといえる。先にも述べたように、アビダンマで「論」じきれていないものを「経」がカバーして、教えを重層的にしているわけだ。そして、経ではそれら「ウパキレーサ（超煩悩）」を罪業（バープ）とまで呼んで非としている。

パーラミー（波羅蜜）の十項目

ところで、悟りへの道といえば、他に「パーラミー」というのもある。漢語訳では「波羅《はら》蜜《みつ》[*10]」であり、わが国では六波羅蜜として馴染みのあるもの。これはサンスクリット語の「パーラミター」（波羅蜜多＝悟りの完成、の意）から来ており、苦しみのない世界（涅槃）へと渡る条件のことを指している。

テーラワーダ仏教では、それが十項目ある。

これは、上述の「経」（五種）のうち、最後の「クッタラ・ニカーヤ」（＊4参照）の最終部に置かれているもので、比較的短いものだ。が、僧だけで行なう日々（夕刻）の読経のなかでもしばしば唱える、仏典の大事な部分である。

というのも、後に述べる「八正道」とともに（なかに重なる項目もある）やはり悟りへと向かうためにあるものだからだ。ただ、テーラワーダ仏教では、実際には釈尊（ブッダ）その人のレベルまではいけない（近づくことはできてもそこまでは不可能）としていることは、くり返しておいてよいかと思う。

例えば、一番弟子であった、サーリプッタでさえ、悟りの最高峰、アラハンにはなっていたけれど、パーフェクトな存在、釈尊と肩を並べたわけではない（釈尊の代理で法を説くほどの人であったけれど）。以前にも述べた通り、この辺の事情はこちらの仏教の大事なところだ。

そして、パーラミー（タイ語は「パ」が「バ」となる）として示される十項目にはそれぞれに三つの段階があり、合計三十項目あることになる（ゆえに「三十パーラミー」とも呼ぶ）。それらを完璧に修めた存在がブッダ（釈尊）であってみれば、それには誰も及ばないというのは当然の理《ことわり》といえる。ただ、釈尊のレベルに達することはできないけれど、「悟った人」にはなれる、その道標《みちしるべ》としてある十項目を次に記しておこう。これらはすべて、先に述べた煩悩や不善心と対極にあるものといえる。

・布施（ターナ）―他者への施し、利他の行為。
・持戒（スィーラ）―戒律を守ること。

・出離（ネーカンマ）―瞑想して世俗を離れ、仏道修行すること。
・知恵（パンヤー）―仏法を理解し、真理に到達すること。
＊「般若《はんにゃ》」はこのパンヤーから来ており、知恵の開発が悟りに通じるとされる。
・精進（ウィリヤ）―努力すること。
・忍耐（カンティ）―何ごとにも我慢づよくあり、自己を管理抑制すること。
・誠実（サッチャ）―誠心誠意でもって人と接し、嘘のない正しい言動を心がける。
・決意（アディッターナ）―強固な意志と覚悟をもって決断すること。
・慈（メーター）―友愛、すなわち他人にやさしく喜びを与えようとする心。
＊これは悲（カルナー）＝窮地にあって苦しむ人に手を差し伸べること、と対をなす。
・捨（ウペッカー）―偏りがない心。常に平静、平衡を保つこと。

先に述べた三十パーラミーというのは、それぞれの程度に三段階あるとする考え方だ。例えば、「布施」の場合――、他人に食べ物や金銭を与えるといったことが初段階で、これがふつう。だが、他人のために自分の臓器を差し出すとか、つまり身を削ってまで相手に利を与える行為を第二段階とする。第三の段階は、他人を助けるために命を差し出すこと。自分の生命を犠牲にして行なう施しのこと。釈尊の前世物語とされる「ジャータカ（本生譚[*11]）」には、そういう話が頻繁に出てくる。

なかでも大事な「知恵」についても、困難に直面した際にそれを受け入れ、解決する手段を見出すことが第一段階で、次にはさらに肉体を犠牲にしなければならない場面に出くわしてもそれを受け入れ解決する手段を見出すこと、さらには死に直面してさえも受け入れることができる度量と覚悟を身につける、といったふうなことだ。

このように、それぞれの三段階とは、ふつうのもの、肉体を削ってなすもの、命を賭して（投げうって）までやるもの、といったことで分類している。精進にしても、一般的な努力、失明してしまうほどの努力、命を失ってもやる努力、といったふうに。あるいは、忍耐にしても、ふつうの我慢、身を切られても耐えること、命を奪われても耐え忍ぶこと、といったふうに、段階を設けているわけだ。

確かに、それぞれの段階を最高位まで修めるというのは、ふつうの人には不可能である。古代インドの仏弟子の主なところは、わが国では十大弟子だが、こちらの仏教では八十（大）弟子である。いかに僧集団（サンガ）が「三宝」の一角として大事かの表明でもある。そのアラハン（阿羅漢）たちの誰ひとりとして、この三十パーラミーに達した者はいないとされる。つまり、先に述べたように、釈尊の完璧なレベルまではやはり行けない、ということで、この表明には、ブッダ至上主義、つまり釈尊が唯一絶対の存在（神ではないけれど）であることを確実にする意図が込められているようだ。

それはともかく、教えが多面的、重層的に説かれるというのは、ここにもみえている。わが国には、テーラワーダ仏教には利他の精神がないと書いている識者もいるが、大きな間違いだ。これは大乗仏教が衆生救済を旗印とするため、その対極にあるものと安直に理解されているからだろうと思う。

実際、釈尊亡き後の部派仏教（上座部でも多数の派に分かれる）の時代には、自己の修行のみに精進する派もあり、利他・救済を唱える大乗仏教が隆盛する因を成したことはよく知られている。つまり、大乗側から小乗（小さな乗り物）と批判されたのだったが、部派仏教のすべてにいえることではなかった。そもそも托鉢による布施によって生きている以上、利己のみのためというのは不可能であって、その昔、世がゆったりとしていた時代には、托鉢の途上にも人々を前に法を説いていたといわれる。そして今や、社会奉仕の実践にまで至っているように、利他の心が行き届いていることは、十パーラミーの各項からも明らかといってよい。

もっとも、利他とは何かという問題に加え、その実行にはまた別のむずかしい面があることは、あまり問われない。利他を思ってやる行為が、相手にはありがたくもない（ときに迷惑な）ことになってしまう場合がいくらでもある。人間の救済は一筋縄ではいかない、そのことをよくわかったうえでの実践でなければならない、と思うのだが。

ともあれ、如上のような法の解説はまた後章にて、瞑想の実践（ステップ④）に続いて述べることにしたい。

＊9　経（スッタンタ）：マッチマ・ニカーヤ（十二巻九十三項）。ニカーヤは「経典」の意。ディーガ・ニカーヤ、マッチマ・ニカーヤ、サンユッタ・ニカーヤ、アンクッタラ・ニカーヤ、クッタカ・ニカーヤの五種に分けられる経（スッタンタ）のうちの一つ。全二十五巻（パーリ聖典協会出版）。漢語では順に、長部、中部、相応部、増支部、小部（各経典）等と名づけられている。

＊10　波羅蜜（パーラミー）：タイ語発音では「パ」は「バ」となる。わが国の一般的な六波羅蜜は、布施、持戒、忍辱、精進、禅定、智慧の六種。奈良仏教など宗派によっては、方便、願、力、智波などを加えて十とする。

＊11　ジャータカ（本生譚）：仏教の隆盛に伴い、後世が生み出した釈尊の前世物語。ひとりの人間にすぎないゴータマ・シッダッタ（釈尊の本名）が悟りをひらくことができたのは、その前世において数知れない善行と功徳を重ねた結果であるとして、多くの物語（テーラワーダ仏教では五百余話ある）を作り上げた。前世では動物、龍王、国王などに生まれ、みずからの肉体や命を犠牲にして他に施しをした話など、多くの民衆に愛されたものが数ある。アラビアンナイトやわが国の今昔物語など、各国のさまざまな説話、童話などにも影響を与えた。

第八章　さらなる瞑想をゆく

細かさを増すステップ④

ヴィパッサナー瞑想の実践を続けよう。このステップ④からは本格的に〝サティパターナ〈4〉〟と関わって、悟りへの階段を上っていく途上にあるもの、といえる。「歩行」が主に身体《からだ》の分野を、「座り」が精神の領域を受け持つわけだが、初段から四段目まである悟り（後述）に通じるもので、その中程にある段階といってよい。

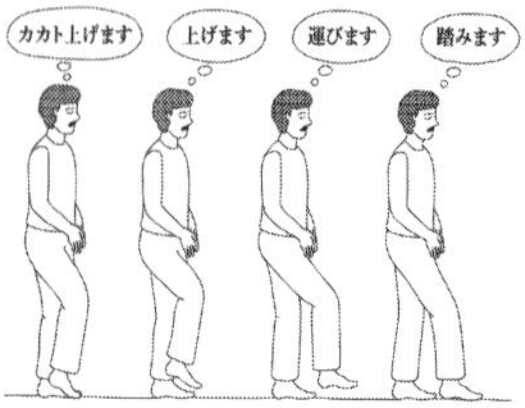

（I）歩行

このステップ④では、足を上げる前に、カカトを上げる初めの動きを加える。ために、全部で四コマの動作――すなわち、カカト上げます、上げます、運びます、踏みます。タイ語では、ヨック・ソン・ノー（踵＝ソン）、ヨック・ノー、ヤーン・ノー、イヤップ・ノー。ステップ③より動作が一つ増え、さらにスローに動かす分、バランスも崩れやすくなってくる。往復にかける時間もおのずと少し長くなる。

その際、踵《きびす》を上げるのと同時（もしくは直前）に、カカト、と唱えなければ言葉が遅れてしまう。その後、上げます、の唱えがくる。このとき、とかく斜め前へ引き上げる形になりがちだが、地面からなるべく真っ直ぐ上げるように心がける（あまり高くしない〈三、四センチ程度〉）。

そして、上体を動かすことなく丁寧に運んでから、また真っ直ぐに下ろす。この床を踏む動作で、それまで静止していた上体がしっかりと前へ動くことになる。だんだん難しくなってくるバランスの取り方について、私が指導されるなかで会得したことを次に記してみよう。

役立つ歩行の要領

（a）スタート・ラインに立ったとき、まず左右の足の中央から前方に向かって一本の線をイメージする（床板や畳の境目などがあると目安になる）。
（b）カカト上げます、と唱えて動きだすと同時に、身体もやや前方へ移動する（右カカトなら左前方へ）が、この動きにともなって中央二〜三メートル先に据えていた目線もバランスを得る地点まで移っていく。つまり、左足の中指辺りから先へ引いた線上にある点（中央ラインから五センチ程度〈個々の歩き方とバランス感覚による〉）をイメージし、次に、上げます、と唱えるときは、目線がすでに左側線上にある地点へ移っている。従って、体重もほぼ完全に左足に乗ったことを確認してから、上げた足をそのまま前へゆっくりと進める。運びます、と足を先へ進めている間は、足だけが動いて上体は静止したまま。
（c）決めた歩幅分だけ足を運ぶと、次は、踏みます、の唱えとなるが、その間に本来なら「下ろす」動きがこなければならない。ところが、ステップ④ではそれに対する唱えが省略されている。従って、その間は「空白」として、ただ意識のなかで下ろす動きをわかっておく。
（d）踏みます、で床を踏む動きに入る際、足が床に下り始めると、左側（または右側）へ移っていた目線と重心が中央の線上へ戻ってくる。この動きを分析すれば——、まず足裏を床につける前から重心が移動を始め、しっかりと床を踏んだときは、きちんと中央へ戻っている。このとき、下ろす動きとともに重心が移動を始めるのか、あるいは下ろして床につく直前に移動するのかは、個々のバランスの取り方によって違いがある。そして、もう片方をカカトから上げていくが、同じように目線と体重が移動して戻ってくる。いわばジグザグの動きを中央ラインに沿ってやっていく。

これはステップ①から③までにも応用でき、さらにステップ⑤から⑥へ上げていくときにも役立つ法となる。また、同時か直前か、といった瞬間的な動きに関しては、これも個々の歩き方とバランス感覚によって微妙な違いがあってよいとされる。

ふだんの歩きでも、よく観察してみると、右、左、右……と足を運ぶとき、身体が微妙に左右に揺れながら進んでいることに気づく。これは体重が片方の足だけに乗る瞬間があるためで、滑って転ぶのは、およそこのためであることがわかってくる。また、段差や水溜まりを越えるときは、歩幅が広くなるぶん体重が片足に乗っている時間も長くなり、危険度が増すので要注意だ。

(Ⅱ) 座り

その後、座りに入る。続きにやるのが通常ながら、時間がなければ、別の日時にしてもかまわない。この辺は、歩きと座りを別個に考えることもでき、以下のステップでも同じ。

ステップ③の、膨らみます、縮みます、座って(い)ます、に続いて、中《あ》てます、と今度は意識を身体の一部分へ集中させて唱えることになる。タイ語では、ナン・ノー(座っています)の後、トゥーク・ノー、と唱える。トゥークとは、(この場面では)その部分を指す、注意を向ける（集中する）、といった意。従って、唱えの文言も個々の好みにまかせたい。私自身は、ここでは「中《あ》てます」とする。矢を的に中てる、そこに的中させる、といった意味合い。

この後半の唱え――座って（い）ます、中てます、ではやはり呼吸に頓着せず、自然のままに放っておいてよいとされる。

身体の一部分というのは、まず二ヶ所が指定される。

(1) 右側の臀部 （2） 左側の臀部

つまり、中てます、の唱えと同時に、まず右のお尻（後部）へ注意を集中させる。そして再び、膨らみます、縮みます、座っています、へと戻り、続いて今度は、左のお尻（後部）へ注意を向け、中てます、と唱える。

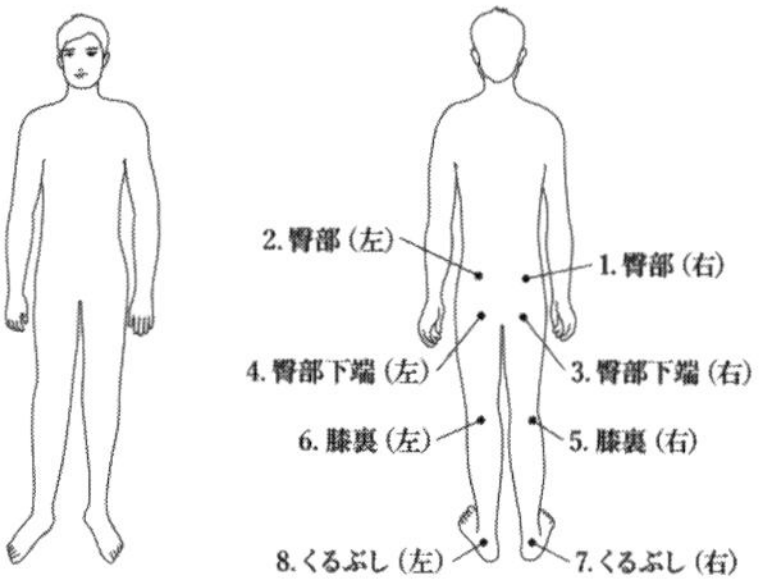

次に、以下の二ヶ所が加わる。

（3） 右側の臀部下端 （4） 左側の臀部下端

お尻の下端とは、座ったときに床に着く部分のこと。瞑想寺での教室では一日ごとに個所が追加されて、三日目には次の四ヶ所がプラスされる。

（5） 右脚のひざ裏 （6） 左脚のひざ裏 （7） 右くるぶし （8） 左くるぶし

中てます（トゥーク・ノー）、と唱えるとき、各部の名称は必要がなく、ただその部分へ注意を向けるだけにする。最初のうちは、胸の内で唱えてもうまく的に中てることができないと思う。なので、二度三度くり返し唱えてもかまわない。

座りのなかで、（1）〜（8）をくり返す。一応、三回（三日間）に分け、しっかりと順序を憶えていくように、と指導される。

子供僧の修行姿

ランパーン寺では子供の出家も受け入れていることは、以前にも少し触れた。朝は大人と同じく午前四時に起床（寺の鐘が鳴る）、その後、本堂で大人僧に混じって読経の時間があり、続いて瞑想を行なう。ほぼ毎日、六時半の朝食の時間まで、昨夜は夕食もなかった身で打ち込むことになる。それだけでも子供にはつらい修行で、なかには空腹のあまり足腰が立たなくなり、大人僧の肩に担がれて食事処へ向かう子供もいる。それだけ周りの面倒見もしっかりしていて、こうして将来の敬虔な仏教徒が育っていくのだろう、と感じさせられた次第だ。

夕刻になると、夕食がないことに慣れていないため、空腹にも襲われるらしく、紙パックのソイ（大豆）ミルクなどをストローでひもじそうに吸い上げている子供たちの姿も印象的だった。在住はバンコクだけれど、両親がチェンマイの出身であるため、ここに入れられた、

瞑想する少年僧たち〈ランパーン寺〉

という子供もいて、当然ながら親の勧めに従って出家した子供がほとんどである。

それは、親は子供をそうやって出家させると、大きな「徳」を得るという伝統があるからだ。その命令は原則的に絶対で逆らえないことも背景にはあるわけだが、とくに母親にとっては嬉しいことのようだ。確かに、二十日間という短い期間であっても、基本的な経のほか瞑想に打ち込むなどして過ごす日々は、子供の心を成長させるに足るものがあるにちがいない。ふだん問題が多かった子供もよい子になって戻ってくるなら、親御にとって何よりの果報であるだろう。

ランパーン寺での体験が新鮮かつ意外であったのは、子供僧の姿もそうだが、にわか僧と一般の在家（修行者）の多さだった。出家期間が二週間から二十日というケースが多く、ちょっと僧生活の中身を覗《のぞ》いてみる、その間に瞑想も学んでやろう、というわけだ。男子たるもの、一度は仏門をくぐるべし、というタイ社会の通念がよく窺える一時僧制度を目のあたりにして、これで出家の名に値するのかどうか、修行したといえるのかどうか、疑問に思ったものだけれど、何もしないよりマシであることも確かだろう。とくに同寺の場合、瞑想なるものが学べるという利点があって、これは早々と還俗した後も在家として続ける人がほとんどであるようだ。

いささか戸惑《とまど》いをおぼえたこともいくつかあって、その一つが、食事の時間に唱える経の念の入れようだった。食事の前か後に、ご馳走さまに相当する経を布施人へ向けて唱えることはわが寺院でも行なうが、そこではまずバイキングを選ぶ前に、僧がテーブルに沿って整列し、食事を用意してくれた在家に向けて先頭の僧が少し法を説いた後、「滴水供養」（第一章に既述）から始まる托鉢時の経の全文を全員で唱える。その間、十五分余り、そこでやっと鉢に料理をとることができ、その後、食事処まで再び整列して歩く。そこで座した後、また経のいくつかを唱え、やっと鉢の蓋（ここでは昔日の鉢から直接食べる習慣が守られている）を開けることができる。が、まだ食べることはできず、それからもまた一つ二つ経を唱えねばならない。その一つが、美をもって飾るためでも愉楽や興趣のためでもなく、この身を健全な仏道修行のために養い、命をつなぐためにのみ、云々といったもので、これは以前にも述べている。

そのプロセスたるや、さすがに私も疲れをおぼえて、この習慣に耐えていくだけで修行だと感じたものだった。いかにもラーンナー王国時代からの伝統と格式を守る名刹らしいところで、同じマハーニカイ（多数派）の寺ながら、その揺るぎない厳しさには格別のものがある。一人だけ目についた、私と歳が同じくらいの老僧は、そうした手間の一切を辞退して、ただやって来て食を選び、さっさと房へ帰っていくのだったが、私も滞在の後半には食事処への同行だけは免除してもらい、僧房で独りゆっくりいただいたのだった。

寛容であったのは、托鉢に出る際、六十歳を超えた者はサンダルを履いてもよい、とされていることで、私の瞑想の師がこれに該当していた。ともに早朝の町へ出たときは、私もサンダルを着用してラクをさせてもらい、わが地域もこうであればよいのにと、いささかうらやましく思えたものだ。

さて、瞑想の実践（ステップ⑤）へ進みたいところだが、その前に前章で述べた仏法の続きを（章を改めて）話しておきたいと思う。

第九章　無常と無我の「苦」を観《み》る

「五蘊」と「五取蘊」

四苦八苦、という日常的に使われる成句がある。まさしく人の「苦」のさまざまな形であり、「生老病死」の四苦にさらに四つの苦が付け加えられる。

すなわち――、愛する人との別れ（愛別離苦《あいべつりく》）、憎らしい人とも会わねばならない（怨憎会苦《おんぞうえく》）、求めるものが得られない（求不得苦《ぐふとくく》）、身体と心が自分の思うようにならない（五蘊盛苦《ごうんじょうく》）、それらを先の四苦に加えて「八苦」としており、いわば（苦は八つあると）言い改めているわけだ。

そして、そうした「苦」からの解放をめざすのが、僧はむろん在家の信者にとっても大事な目標としてある。それを実現するための「法」をさまざま提示してみせるのがブッダの教えである、といってよい。

生老病死の順序は、人体の変化、変貌の過程であり、避けられない現実としてある。そこに、生まれることも苦であり、というのが冒頭に置かれるところに、仏教に特有の理法があるといえそうだ。

これについて、輪廻転生《りんねてんしょう》を信じる人たちは、かつて死んだ経験が（記憶が）あるので、生まれるのは嫌だ、苦の因だと感覚的に知っているからだという。生まれることによって、それが因となり、「老」「病」があり「死」がめぐってくる。輪廻を信じる以上、確かにそういうこともいえるのだろうが、私自身は答えを保留にしたい。輪廻を信じるでもなく、また信じないでもない、微妙に中間的であるからだ。

それよりも、生まれた瞬間から、人の心身そのもの、つまり構成要素であるところの「五蘊《ごうん》」（さらには五取蘊）〈後述〉なるものの働きが始まるため、同時に苦も始まっている、ととるべきだと思う。オギャア、という誕生の瞬間の泣き声がその表現だという人もいるけれど、これも苦の始まりという意味ではその通りだろう。

「五蘊」とは――、人間の身体《からだ》と心の動きを五つの「蘊」としてとらえる、実によくできた考え方である。人の肉体を「色《しき》」と名づけ、それが物事（対象）に出合って何らかの感覚を「受」けることからすべてが始まる、とする。つまり、眼、耳、鼻、舌、身、意（＝心）という感覚器官（六根）を通して感「受」することによって、その対象が何か、どういうものかを知覚、記憶し―「想」、次にそれに対する感情が動くことを「行」という。好き嫌い、快、不快を含めたあらゆる心の状態のこと。すなわち、それらが行為、行動を起こす因となる。しかる後、自分の心の状態、有り様などを知る（認「識」）する、いわば「色」（肉体）

はその内面において「受→想→行→識」という順序（因果）で連なっていく。つまり、人の心身の働きは、この五蘊の流れである（それだけである）、という考え方が大事な理法としてあるわけだ。

例えば、人が対象（物事）と接するとき、それが花であった場合、その赤い花びらなどが「眼」に映り〈受〉、それをバラの花と知って奇麗だと思い〈想〉、買いたい、生け花にしたいという感情が動いて手にする〈行〉、次に少し萎《しお》れかけていることに気づいた結果、買わないことにする〈識〉、といったことだ。

対象が耳に聞こえるもの（＝声や音）の場合、その音色を鼓膜に感じとり〈受〉、それが隣の家のピアノの音であることを知り〈想〉、例えばうるさいと思う感情が働き、苦情をいっていくことを考え〈行〉、結果、我慢するほうが身のためであると知る〈識〉、といった順序だ。

人の心身の営みは、すべてこの仕組みでもって説明がつくとされる。つまり、五蘊の流れ（非常に速く瞬間的に流れるものを含め）がすべてであるとする。

そこに関わってくるのが、「十二処」（眼、耳、鼻、舌、身、意〈六根、または六処〉と、それに対応する色、声、香、味、触、法〈六境〉）、さらには「十八界」（六根それぞれの「識」＝眼識、耳識、舌識、身識、意識を加えて）とも呼ばれる、人の「認識作用」である。これらは「五蘊」と合わせて「一切法」（物事に対する心身の動き、様相のすべてを表す、の意）あるいは「三科」（五蘊、十二処、十八界）とも名づけられている。この辺のことは措くとして（後に再説）――

ここで問題となるのは、その「五蘊」の流れ自体であり、それが滞《とどこお》るとき、流れが悪くなるとき（危険が生じる）、とされる。上述のように、人の心身の様相、有りようは五蘊で説明がつくけれども、問題はそれらに囚われ、「執着」するときであり、その（危険な）状態を「五取蘊《ごしゅうん》」と呼ぶ。

まずは「五蘊」について、パーリ語があるので併記してみる。

ルーパ（色）・ウェータナー（受）・サンヤー（想）・サンカーラ（行）・ウィンヤーナ（識）

いささか込み入った話であっても、これはどうしても覚えてほしい、という仏法がある。五蘊の教説もその一つで、人間というものがどのように動いているのか、その心身の働きを分析し、理解することが、その他の学びの基本としてあるためだ。かつ、仏教が最も大切なテーマとする「苦」なるものをもたらす要因について、その成り立ちを理解する上になくてはならないものだからだ。むろん釈尊の悟りの中身に深く関わるもので、その流れは「因果の法則」の基本原理といえる。また、話題にしている「瞑想」の過程においても、このことの理解は重要なものとして欠かせない。

それぞれの「蘊《うん》」は、パーリ語で「カンタ」（タイ語で「カン」）という。そして、それぞれのカンタにとらわれ、執着する心身の状態には「取」をつけて「取蘊」と呼ぶ。すなわち

――「色」取蘊（色蘊への執着）・「受」取蘊（受蘊への執着）・「想」取蘊（想蘊への執着）・「行」取蘊（行蘊への執着）・「識」取蘊（識蘊への執着）

この辺のことを詳しく述べる理由は、人間の五蘊に「取」があるか否かでは、大きな違いがあることを説くためだ。つまり、五蘊はすべての人間に（ひとりの例外もなく）あり、命の営みはそれによるけれど、それらに執着している状態か否かで、「苦」の有無、もしくはその多寡（分量）が決まる、としている。

だが、およその人間は「五取蘊」でもって生きている。従って、苦から逃れられないでいることになる。逆にいえば、五蘊への執着（これがさまざまな煩悩や不善心につながる）がなくなれば、苦からの脱出が可能であり、つまりは悟り（＝解脱）にも通じるとされている。

これについて、もう少し説明を加えておこう。

先に記したように、四苦八苦の下段、最後に置かれている「五蘊盛苦」に注目したい。みずからの身体と心が思うようにならない苦しみのこと、すなわち色・受・想・行・識の総体としての五蘊に囚われて「五取蘊」となったとき、「苦」（ドゥッカ）が生まれる、とする。

各パーツは、さほどむずかしい話ではない。例えば、問題の多い「愛」を取り上げた場合、それは先の五取蘊が働く代表格といってよく、渇愛（もしくは愛着）の語が示すように、とかく執着しやすいものとしてある。それがもたらす心の作用は、いったん対象（例えば美人）を感「受」した瞬間に、きれいな人だという「想」いが起こり、話がしたいとか交際したいといった心の状態を招き且つ行動を起こすなどして「行」、その結果、上手くいかない（ゆえに苦しい）ことを「識《し》」る、といった流れのなかで、それぞれのパーツに囚われてしまう恐れが多分にあるわけだ。あまりの想いに胸がふさがってしまう、振られたのに忘れられない、あきらめ切れない、といったふうに、執着による苦しみは途切れなく続いていく。まさに「五取蘊」によってそうなってしまうのだと説く。

この「愛苦」（私の造語）は、誰にも身に覚えがあるものかと思う。例えば恋心にしても、相手に届かない、応えてもらえない、つまり、叶えられないことが多いし、たとえ一時的にうまくいったところで、やがて色あせ、別れが待っていることが少なくない。一つの結果に執着すれば、また別の悩みの原因となる。子供などが関わってくると、なおさら愛着ゆえの問題を引き起こす、といったふうに片時も休まるヒマがない。人の愛情は美しい、楽しい一面があるとはいえ、一方で怨みや憎しみ、あるいは嫉妬や後悔に転化する（先に述べた煩悩、不善心が暴れだす）性質を持つものだ。執着は執心といってもよく、別れたはずの恋人や夫がそれゆえに舞い戻って悪さをする、ストーカーになるなど、危険きわまりないものでもあることは世の下世話な事件が物語る。

四苦に始まるこの辺のことは、（釈尊が弟子たちに説いた）大事な心得であるとして、日頃の経にも謳われる。在家を交えた仏日《ワンプラ》の朝課（午前七時から一時間半余り）のなかにも置かれている。

〝生まれることも苦であり（チャーティピ　トゥッカー）〟
〝老いることも苦であり（チャラーピ　トゥッカー）〟（「病」はこれに含まれる）
〝死ぬことも苦であり（マラナンピ　トゥッカー）……〟
＊パーリ語のドゥッカ「苦」の「ド」はタイ語発音では「ト」になる。

そして章句は（パーリ語略）――、悲しみや憂鬱、身体の不調、心の不快、そして心の狭さ、すべて苦しみである、……好まざるものとの遭遇、愛するものとの別れ、何であれ欲するものが得られない失望、すべては「五取蘊」がもたらす苦である、等と続いていく。そして、そのようなことを踏まえたうえで、釈尊はその存命中に、弟子たちへ次のように分類して真理を伝授しました……云々と、ここで勤行は山場を迎える。

「五蘊」は無常かつ無我

その分類とは、まず「無常」の教理だ。
〝色は無常である（ルーパン　アニッチャー）〟
〝受は無常である（ウェータナー　アニッチャー）〟
〝想は無常である（サンヤー　アニッチャー）〟
〝行は無常である（サンカーラ　アニッチャー）〟

〝識は無常である（ウィンヤーナン　アニッチャー）〟

無常（アニッチャー）は、仏教の根幹をなす教理だが、こうして五蘊のパーツそれぞれがそうである、とする。タイ語では「正午ならず（マイ・ティヤン）」と表現している。時計の針になぞらえて、それが十二時で止まっていない、つまり、無常を時の流れをもって表しているわけだ。わが国では、古典文学（平家物語や方丈記）が花の色の移ろいや川の流れをもって瞬時も留まっていないことの表現としているのと同じ意味合いである。

五蘊は無常である、すなわち、人の肉体（色＝ルーパ）からして一定ならず、心の作用、働きの各部分もまた一定していない。つまり、次の瞬間には移り変わっている。一瞬前のものはもうない、消えてしまっている（生滅をくり返す）とする。

例えば、いま感「受」したこと、「想」起したことは瞬時にして過ぎ去り、それに続く感情の動き―「行」も転変する。その結果、認「識」（もしくは意「識」）もまた変わっていく、といった意味だ。そして、それらをひっくるめた総体としての心身の作用、働き、すなわち「五蘊」の流れも従って、アニッチャー、無常となるのは納得がいく。心の様相ほどにめまぐるしく移ろうものはないという、この真理は日常的にも実感することがしばしばだ。

まとめとして、経は――〝すべての蘊（五蘊）は無常である（サッペー　サンカーラ　アニッチャー）〟と結ぶ。

これが「諸行無常」の中身である。行（サンカーラ）は、個別の（受・想に続いて）心の状態や行為を意味することはすでに述べている。ここでは、この世に造られてあるもの、存在するものすべての有り様《よう》、つまり人の心身のみならず、この世界のあらゆる物・事の現象について、留まることなく移ろいゆく、変わりゆく、といった広い意味合いである。

これは余談だが――、タイの雨季は、最盛期の八月には道が洪水となる豪雨がしばしばだ。すさまじかったのは、近年では二〇〇六年のそれであった。私がタイへ居を移したのが二〇〇五年の暮れであったから、その翌年のこと。母親がその年の春に亡くなったから憶えている。

豪雨で倒壊した仏塔〈パンオン寺〉

あまりの豪雨に、後に私が出家するパンオン寺の仏塔が倒壊した。ラーンナー王国時代の創立から五百余年の間、元の姿のまま修理をくり返してきたが、ついに本体が根こそぎにされて寿命が尽きたのだ。塔が崩落する音を聞いた一人の僧は、爆弾が投下されたのかと思ったという。

その写真を見せてもらったことがある。これが無常（アニッチャー）だね、と当時はバンコクに留学していた副住職《アーチャーン》はいった。

崩れ落ちた仏塔の瓦礫の中から、おびただしい数の小ぶりのブッダ像が現れた。加えて、遺骨を収めた壺がいくつも出てきた。ブッダの遺骨ではないだろうが、高僧のものであることは間違いない。その後、新しい黄金の仏塔が在家信者の寄進でもって建設された際、むろんそれらのブッダ像や壺も再び収められた。王党派の寺院であったから、その新しい仏塔の名は、ラーマ九世（プーミポン王）によって付けられた。サーリーリカタートゥ・スィリラ——ブッダを守る塔、の意であるという。そのことを住職は誇りにして、仏塔そばに命名記念の碑（二五五〇〈二〇〇七〉年）を建てた。

さて、経はなおも続けて——

〝色は無我である（ルーパン　アナッター）〟

〝受は無我である（ウェータナー　アナッター）〟

〝想は無我である（サンヤー　アナッター）〟

〝行は無我である（サンカーラ　アナッター）〟

〝識は無我である（ウィンヤーナン　アナッター）〟

そして、それらをまとめて〝あらゆる法は無我である（サッペー　タンマー　アナッターティー）〟と唱える。

＊ティーは「以上」といった意の終止符。

これがいわゆる「諸法無我」であり、諸行無常と対をなす。

上記に付け加えて唱えられるタイ語の翻訳文は―〝タム・タンラーイ・タンプァン・マイチャイ・トゥワトン（あらゆる法は、我自身に非ず）〟と、無我を「我自身に非ず（マイチャイ・トゥワトン）」と表している（漢語訳でも「非我」とする場合がある）。

先の「五蘊」のうち、最初の働きである「受（ウェータナー）」（感受）とは、再説すれば――、眼に映るもの、耳に聞こえるもの、鼻で嗅ぐもの、舌で味わうもの、身に触れて知覚するもの、そして、意（＝心）の働き、という「六根」（六つの感覚器官＝六処ともいう）でもって「対象（物事）」を感じとることだ。そして同時に、色が（眼に）、声が（耳に）、香が（鼻に）、味が（舌に）、触が（身に）、法が（意〈心〉に）それぞれ対応している。すなわち「眼《がん》・耳《に》・鼻《び》・舌《ぜつ》・身《しん》・意《い》（＝六根〈六処〉）」が「色《しき》・声《しょう》・香《こう》・味《み》・触《そく》・法《ほう》（六境）」とセットになって（十二処）、人はあらゆる外界の事物を感「受」し、「想」が生まれ、「行」及び「識」（六根の「六識」を十二処に加えて十八界とする〈前記〉）へとつながるわけだ。

これらは、先に述べたことのくり返しになるが、五蘊の働き、流れを感覚器官とその認識作用を加味して表現したもの、といえる。六根から入る情報（一つは内なる意〈心〉＝湧き起こる「感情」や「記憶」の類）もまた、めまぐるしく移り変わる。その瞬間ごとの我（五蘊）は次の瞬間にはもう別の我になっている（無常）、つまり、人間というものは「六根」の情報から逃れられる存在ではなく、常にそうした「他」との関係性のなかで存在し、動いていること（今ある姿は不変の実体ではなく瞬間的な現象にすぎないこと）を説き明かすものでもある。先の豪雨で倒壊した仏塔もまた、無常であると同時に無我であったという表現が成り立つだろう。

「法」の意の幅広さ

ここでわかりにくいのは、「意」(心と同義)に対応する「法」の解釈だろうか。

このダンマ(法)なる語は、仏教では実に幅広い意味に使われる。この世に起こる、あらゆる現象、つまり人間界はむろん、天界や宇宙の成り立ちをも含めたさまざまな現象、有様のことをひっくるめて「法」と一語でいう。ブッダの教えを「法」と呼ぶのは、それだけ範囲が広いためだ。物事の原理、原則も法であり、自然のことをタイ語でタンマ・チャートというように、海山河の姿、形も含めた、あらゆる世界の有様、その様相のことを指す。

先の「意」に対応する「法」とは従って、人間に関するもので、その心の働き、動きがもたらすもの、すべてのことだ。そして、心が働き動いた結果としてあるものが「識」であり、「意識」という認識作用が生じる。その他の「根(=処)」についても、眼識、耳識、鼻識、舌識、身識、とそれぞれが知覚したものを認識する働きがくる。が、いずれの識も最後の「意識」に集約されていくとして、意識のことを「心王」(すべては心〈=意〉に通じる、の意)とも呼ばれる。

つまるところ、先の「諸法無我」における「法」とは、そのような人の心身の働きを含めた世界のすべて、その様相のことを指している。それを「法輪」とも呼ぶのは、法が輪となって回転していく、機能していく、という意味だ（先に述べた「初転法輪」もこの意）。すなわち、五蘊の各部はただの一部（映像でいえばひとコマ）であって「我」そのものに「非ず」、従って総体としての五蘊もまた「我に非ず」となるわけだ。

この「無我」とは、先に述べたように、動かぬものとしての我はない、つまり、固定した、永久不変の我（＝私）はない、という意味である。私$_1$私$_2$私$_3$……と切れ目なく転変する存在である――、これくらいの認識でよいかと思う。文字通りに「我」は「無」し、「私」というものは「無」い、などと乱暴にいってしまうと意味不明になってしまいそうだ。そうではなく、常に変わらない存在としての我はない、かつ（諸法は）我の思い通りにはならない、というふうに考えるべきだ。この点をもう少し、大事なことなので別の角度からみておこう。

「五蘊盛苦」は「無我」の意

我自身に非ず、とはどういうことなのか。自分の心身（五蘊）が思うようにならない苦しみのことをいう「五蘊盛苦」（前述）が、すなわち「無我」の意味を明かしている。つまり、五蘊は我のものではないために（非我）、例えば、このようにしたい、このようでありたい、と願ったところで、その通りにはならない。五蘊の各パーツは一瞬ごとにめまぐるしく移り変わるため、自分では容易にコントロールできない、ましてや五蘊の流れ（すべて）を自分の思い通りに動かすことなどできるわけがない。それは、老いることを拒んでもムリであるし、病気にならないように願っても叶えられないことがよい例だろう。わが母は、惚けたくないというのが口ぐせだったが、ついに願い通りにはいかなかった。

つまり、もしこの身体と心が我のもの（＝自在に支配できる、の意）であるなら、望み通りに老いもしないし、病気にもならない。が、実際は、好むと好まざるとに関わらず、老いと病は勝手に我に近づき、我をさいなんでいく。まさしく、無我（非我）であり、かつ無常でしかないからだ。

経はその後、再び念を押すように――、私たちは皆、生まれ、老いていくことによって、死によって、苦しみに覆《おお》われた一生を過ごすのです、等と唱える。そして、そのような「苦」の集積からいかに逃れるべきかについて、私たちは釈尊の教えをよく聞き、学び、その真理を実践している者であります、云々。ゆえに、私たちの願いとして、あらゆる苦からの解放が成しとげられますように、と経は締めくくる。

「業」の常習省察

これまで記してきた教理とは別に、「常習省察（アピンハ・パッチャウェーカナ）」と呼ばれる定番の章句がある。これまた仏法が重層的に説かれている証しであり、生に始まる「老病死」と「渇愛」及び人間の「業」に関するもので、このようにある。

〝私は老いゆく者であり、老いを逃れることはできない（チャラータムモームヒ　チャランアナティィートー）〟

〝私は病む者であり、病を避けて通ることはできない（パヤーティィタムモームヒ　パヤーティン　アナティィートー）〟

〝私は死にゆく者であり、死を免れることは不可能である（マラナタムモームヒ　マラナンアナティィートー）〟

そして、間伐を置かず――

〝私はあらゆる愛するもの、好もしいものから離別する（サッペーヒ　メー　ピエーヒ　マナーペーヒ　ナーナーパーウォー　ウィナーパーウォー）〟

「業」の省察は、これに続いて――

〝私はみずからの業を有し（カンマッサコームヒ）

その業を身に受けていく者である（カンマターヤートー）〟

と、まずは唱えた後、その業とは――

〝生まれながらの業を有し（カンマヨーニー）

血としての業を有し（カンマパントゥ）
生きる拠り所としての業を有する（カンマパティサラノー）
いかなる業が私に働こうと（ヤン　カンマン　カリッサーミ）
それが悪い業であろうと善い業であろうと（カンラヤーナン　ワー　パーパカン　ワー）
私はすべての業の結果をこの身に受けていく者である（タッサ　ターヤートー　パウィッサーミ）〟と、結論を再確認する。

この一連の章句は、本堂での勤行ではなくても、個々の僧が自室で一日一度は唱えるべし、とされている。なぜ毎日、朝でなければ夜、欠かすことなく唱えねばならないのかというと、いわばテーラワーダ仏教の基本中の基本であるからにほかならない。常に、そこに立ち返ることが求められるからだ。

その基本とは、「苦」の認識であり、それが教えの根本にある。すでに述べたように、人が生まれるときに始まって死に至るまで、人の一生は苦の連続であり、苦に染められているという事実をよく解ること。これがまず必要な条件としてあるゆえ、日々唱えて銘記しておくように、という訓戒でもある。

一連の章句の最後には〝このように日々、心に留め置かねばならない（エーワン　アムヘーヒ　アピンハン　パッチャウェーキタッパン）〟と、念押し的な言葉が置かれている。

上記の日本語訳は、私がパーリ語のタイ語訳から直訳したものだ。「業」については

「ミー・カム（業を持つ、有する）」を使っている。また、いかにも論理的、説明的なタイ語として「ポン・コーン・カム」を「業の結果」と訳したことで、意味がより明瞭になった。あらゆる業（行為、行動）の結果は、みずから引き受けていかねばならない、と明言しているのである（このことは後に再説）。

章句の前半は、人間の誕生から死までの「無常」について、その事実を受容することの大事さを説いている。生まれ病み老いていく過程を、その現実を直視し、受け入れなければ、死の苦にも耐えることはできない、と、いわば生きていくうえでの覚悟を促している。実際、その覚悟、心得があるかないかで、非情な現実に対する姿勢も違ってくることは確かだろう。

真ン中に一文、あらゆる愛着をおぼえる（好ましい）ものからの「離別」を誓うものが置かれている。この「渇愛」（愛するものへの「執着〈ウパターナ〉」）については、以前にも（煩悩及び五蘊についての項で）その怖さ、タチの悪さについて述べている。まさに障道法（修行の妨げになるもの）であり、悟りへの道を阻《はば》むものであるとして、それからの離脱が何よりも大事なこととされている。が、僧といえども極めて難しいことを最大のテーマとしているところに、わかりやすいシンプルな教えとはまた別の側面がある、といえそうだ。

渇愛は、放っておけば限《きり》なく次から次へと湧き起こるもので、これで終わり、満たされる、ということがない。ほどほどの足りようでは満足がいかず、より楽しく快適なものを求めるのが人間であり、それがふつうだろう。まさに煩悩にいう「ローパ（貪＝欲）」であり、そ

夕刻の勤行〈パーンピン寺〉

れを減じていく法が戒律ほかさまざまな形で置かれているわけだ。渇望しなければ（望み求めなければ）、不満や憤りをおぼえることもない。一時的、刹那的な愉悦は継続するものではない。それより、もっと永続的な喜び、幸福感のほうに価値を置く考え方だろう。

そのためには、渇愛に制約をつける必要が出てくる。

むろん、どの程度の抑制をなすべきなのかは、僧と在家では異なってくる。僧へは以前にも述べたように、その他の煩悩をあわせて全滅をめざせと説かれるが、一般の在家にとってはどうか。むろん僧と同レベルの注文は出せないが、最終的に悟りをめざすという点では同じである。ために、在家には、個々がめざす目標《レベル》と、その意志のほどにまかせるほかはないのだろう。渇愛がもたらすものは、みずからの苦のみならず、他を巻き込む犯罪にも通じているがゆえに、決して軽視できないキーワードといえる。

自業の引き受け義務

そして次に、「業（カルマ）」についての章句が続く。これをみれば、いっそう人間というものの本質を説く話であることが判然としてくる。

仏教における人の業とは、一つには、あらゆる善・不善の（あるいは善でも不善でもない）行為、行動のことをいう。その場合、その者の力ではどうすることもできない本性（生来的なもの）がもたらすものもある。このパーリ経（常習省察）では、血がもたらす業など、どうすることもできないものを含めている。また、人の心身を形成するものの一つとして、誕生後の生い立ち、環境といったものがある。これも業の背景としており、生きる拠り所としての（業）、というのはこのことを指しているのだろう。

遺伝子としてのＤＮＡが定めた肉体的なものも影響して、自分では気づかない性癖、生まれつきの性格が招く言動など、その者自身の責任とばかりはいえない部分が（数字では表せないけれど）ある、というのが「血の業」だろう。が、悪い業にしろ、善い業にしろ、あるいは善悪どちらでもない業にしろ、それが人間にはあるのであり、それぞれがその結果をみずから受容していくほかはない、と説いているのがこの章句だ。

先の文言を再び引けば、いかなる業がワタシに働こうと、それが悪い業であろうと善い業であろうと、ワタシは業の結果をこの身に受けていく者である、とある。これをすべては自己責任、と読み解く識者もいる。が、それは綿密さを欠いた論だという気がする。実際、書のなかには、釈尊の説いた教説の重要事項の一つとして、そのように記す学者もいる。が、「責任」の語彙の意味合いが私には粗雑に扱われているように思える。

わが国では、言い訳を許さなかった（あるいは無視した）封建制の時代がそうだった。現代の裁判制度は、一つの行為、行動の責任は他との分担を「情状」という名で考慮して、そのぶん罪の軽減をするのが常識となっている。弁護人は、この情状酌量の面を探して弁護の法に組み込むことになる。が、封建時代には、それが許されなかったのだ。例えば、武士道精神はおよそ正しい道徳を説いていると思うけれど、そのハラキリ（切腹の国際語でもある）の精神だけは、私には合点がいかないものとしてある。それは、この前の戦争で敗戦が決まった際にも、切腹や拳銃自殺でもって罪を逃れようと、あるいは責任をとろうとした人が多数いたのだった。もっとも、これについては時代性とか個々の思想性に関わってくることなので、一概に論じることはできないのだが。

章句の意味に話を戻せば——、そのような極端な断じ方をしていない。章句の前半部は、たとえ自分の責任ではない部分（血の部分や他からの影響）があろうとも、その（業＝行為、行動の）結果はわが身（一つ）に引き受けねばならない、という語意に注目すべきかと思う。どんな行為によるどんな結果にしろ、そしてそれが自分の責任とはいえない部分を含んでいるにせよ、みずからの身に降りかかってくる。例えば、投資行為などでどんなに無残な結果がもたらされようと、それは自分自身が引き受けねばならない、ということなのだ。たとえ、それが悪質な勧誘によるものであっても、あるいは詐欺に遭ったとしても（その責任を問うことで損失が補填される可能性はあるけれど）、損失はわが身一つが引き受けねばならない、というのはその通りだろう。

これを教えとしてみれば、いろんなケースでその責任の所在を考えることによって、いくぶん自責の念が和らげられるということはあるはずである。この点は、人が生きていくうえに一つの有益な考え方になる、という気がする。招いた結果について言い訳をせず、全責任を一身にかぶるというのは、確かに日本人の（武士道的な）美意識をくすぐるかもしれない。カッコいい、とすら感じる人もいるだろう。が、それをしないで生き延びる縁《よすが》（拠り所）とする法もあるはずであり、私自身は不格好でもそうして生きてきたことに思い当る。

わが国にある自死の一部は、窮した現状について、その全責任を一身に受ける、つまり責任分担の言い訳をしない精神がもたらす結果のような気がしてならない。如上のような認識があれば、自分ばかりを責めさいなむことはせず、従って極端な行為からも逃れられるような気がするのだが、言うはやすしだろうか。

無常はおよそ「苦」であるが、場合によっては益となる。つまり、いまの有様に執着することなく、明日にはまた別の自分がある、違った世界が現れる（変わっていく）という考え方に結びつけることができるならば……、という意味において、である。ゆえにブッダの教えは、いま、この時を生きよ、としている。大事であるのは次々と留まることなく過ぎ、訪れる瞬時、瞬間である。悔いるのは無益であり、いまこの時の大切さを噛みしめて生きねばならない、と。そのための拠り所としてあるのが、くり返して習慣化すべき日常の経であり、先ほどのパーリ経「常習省察」もそのためにある、とされる。過去に拘《こだわ》り、悔いるのは不善であるけれども、顧《かえり》みて自らを改める手段とするのはよい、ということだろう。

はじめの方で述べた、「四依（食・衣・住・薬）」に求められる必要最小限の心得に始まり、「二二七戒律（パーティモッカ）」についての布薩（戒条の詠み上げ行事）や僧同士の「告罪」、さらにはこの「常習省察」まで、テーラワーダ僧は常々、ひたすら自己を省みながら過ごしているともいえるわけで、この点でも他にはない際立った特徴といえそうだ。

ただ、これほどまで自省をくり返しながら、それでも至らない、十分ではない人間という存在のやっかいさを思う。三度くらい注意しても聞かない、念を押すのも一度や二度では足りない、ということが釈尊にはよくわかっていたようだ。ゆえに、日常の経の飽くことのないくり返しなどは、それが仏教の伝統であるのと同時に、その必要性からであると考えてよいのだろう。善いことは（悪いこともそうだが）習慣化していかなければ身につかない、そのことの認識を促している。かつまた、ゆえになおさら日々の行動、言動には細心の注意を怠ってはならない、という教えにも通じるもので、むろん瞑想の一つの目的でもある。

「十二縁起」の廻《めぐ》り

最近はとくに、知ることの大事さと難しさを感じる。知っておくことがいかに役に立つか、知らなければどれほど不利益を被ることになるかを実感する。

知らないこと（「痴＝無知、無明」）は、三大煩悩の一つであるとは、在家の頃は夢にも思わないことだった。それが原因で起こることは数知れず、まさしく煩悩の親分格といってよいものであることにも、出家してから気づかされた。逆にいえば、この煩悩さえなくすことができれば、それもこれも解決する、問題が起こらない、というのもわかるような気がする。

釈尊の「悟り」の中核をなすのは、すでに触れた「因果の法則」である。その法を説いたものが、いわゆる「因縁生起（略して〈縁起〉）」というもので、先に述べた「五蘊」の流れもこれに関係している。「受」があるから「想」があり、「想」があるから「行」があり……、といったふうに、因果関係が続いていく。一応、「識」が最後にくるが、それでお終《しま》いであるはずもなく、その認「識」（結果）がまた因となり、（別の）「受」と「想」と「行」をもたらしていく。

つまり、「五蘊」の流れが人間の心身の働きを表すものとすれば、因果の法則はその仕組み、原理を示すもの、といえる。これがあるからそれがある、これがないからそれがない、これによってそれが生じる（あるいは消滅する）等と表現されるが、むろん人の心身のみならず、この世の現象、あらゆる事象は、この因果の連続、連なりでもって成り立っている、とされる。

従って、「縁起（因縁生起）」とは、主因となるものにその他の縁（条件）が加わって一つの結果をもたらす、そしてその結果がまた因となり（縁を加え）、また次の成り行きと結果

瞑想する子供たち〈チェンマイの小学校〉

をもたらしていく、というものだ。それは網の目のように張りめぐらされていくため、それを解き明かすのは容易ではない。が、結果には必ずや原因がある、という原則は納得がいく。例えば、よからぬ結果になれば、必ずやあるその原因を突きとめる（そして取り除く）ことで、問題は解決する、といったことなのだ。ただ、この法則の解明がむずかしい場合も少なからずある。世に数ある問題も、結果としてある現象の原因を突きとめることができなければ、解決のしようがない。

タイでは、六〇年代に青少年の犯罪が増加したことについて（その他の校内問題も含めて）、その原因を巷にモノがあふれ始めた経済成長にあるとした上で、同時に、教育を在家（俗人）の手に渡してしまったこと、と断じた。かつては寺院が学校であったことを顧みて、教育現場への僧の復権を考えたのは、そういう事情があったのである。それでもなお、昨今の若者の仏教離れという問題がまた新たに生じているわけだが、少なくとも校内問題がほぼ消滅したのと犯罪の減少という目にみえる結果からすれば、学校教育と宗教が何らかの因果を持つことは確かだという気がする。

その「因果の法則」に、いまひとつ「十二縁起」というものがある。先ほど述べた「痴」

すなわち物事の道理に暗い（無知、無明）という煩悩が、すべての始まりとする教説である。すべて、とは、人間というもの、その存在のすべての有様、という意味だ。これまた、先ほどの「業」の話と重なるものといえる。

十二縁起も、むろん因と果の連なりである。無明であるがゆえに、それが原因（経では「ヘートゥ」もしくは「パッチャヤ」というパーリ語がくり返される）となって、間違った行い（業）がある、すなわち、無明（アヴィッチャー）→「行（サンカーラ）」という因果関係だ。そういう行があれば、次には当然、その結果としての「識」（認識）がある、すなわち行→「識（ウィンヤーナ）」という因と果。ここで、識を生じさせる大もとの原因につなげる。つまり一つの識には、その認識の対象として、「名色」（ナーマ・ルーパ＝いろんな名前をもつ物質）と称されるものが存在する。すなわち、識→「名色」。続いて、その対象があれば、眼、耳、鼻、舌、身、意（＝六根〈既述〉）などの感覚器官が働くことになる。ゆえに、名色→「六処（サラーヤタナ＝六根）」とする。そして、その六つの根（＝処）がさまざまな物事に触れることになる。すなわち、六処→「触（パッサ）」。触れたことによって、何ごとかを感じとる（感受する）、つまり触→「受（ウェーダナー）」と続く。

ここまでは、先に述べた「五蘊」の流れと似ている。それをまた別の角度から説いたもの、といえる。

受の次には、具体的に「愛」（渇愛）がくる。受→「愛（タンハー）」。以前にも述べた、やっかいな代物《しろもの》であり、無明とともに十二縁起においても核になるものとして置かれている。そのやっかいさとは、次に「取」としているもの、執着（もしくは執心）があるためだ。ここにも「五取蘊」の「取」（囚われ）が表されている。愛→「取（ウパターナ）」、つまり渇愛し、それに囚われ固執して、身動きがとれなくなることだ。

そうなると、もう「悟り」からはほど遠い、ゆえに存在するほかない（輪廻が決定される）という意味で、「有」（存在）というのがくる。すなわち、取→「有（パワ）」となる。有であるから、また生まれるほかはない、ということで、有→「生（チャーティ）」となる。そして、生まれた以上はそれによって「老と死」がある、つまり生→老死（チャラー・マラナ）となる。

＊「輪廻」については後章にて記。

まとめていえば――、無明→行→識→名色→六処→触→受→愛→取→有→生→老死、となる。これを「順観」という。すなわち、無明があるから行がある、……という順序だ。また、無明を滅ぼせば行がない、と逆にみる観方がある。行があるから識がある、を、行がなければ識もない、……生がなくなれば老死もなくなる、とする法を「逆観」という。つまり、原因をもって結果をみていく法に二つ（表裏）の道が示されるわけだ。日常の経においても、原因があるから結果がある、とまず唱え、続いて、原因を消せば結果も消える、と謳い上げる。

また、全体を三区分してしまう法もある。すなわち、無明は無知ゆえの「惑」（まどい）の煩悩であり、それが因で「業」（あらゆる行為、行動）があり、それゆえに「事（＝苦）」がある、として終りとする考え方だ。惑（無明）→業（行）→事（苦の集積）、のサイクルである。この方がシンプルでわかりやすい、ともいえそうだ。

しかし、あえて前述のように詳説するのは、やはり「無明」と「渇愛」なるものが人の「業」のカギを握っていることを示すためだ。この二つのうち、どちらかを消すことができれば（至難の技ではあるが）、「悟り（＝解脱）」につながる、とされる。

悟りとは、最高位（アラハン〈阿羅漢〉）のそれをいえば――、涅槃（ニッバーナ）の境地に到達すること、すなわち、すべての煩悩を滅し、悩み苦しみから解き放たれて安らかな寂静の世界に入ることができた状態、といわれる。その境地というのは、一切の苦と無縁の至上の幸福、等と説明されるだけで、いささか観念的で曖昧さを免れない。が、そうした教理の背景には、無常にしても無我にしても、あるいは業にしても、人の一生は「苦」に取り巻かれていること、そして、それゆえに最終的に何をめざすべきなのかを示す、という仏法の目的がみえてくる。

次に、その辺の話――、「悟り」なるものとその「道」にあるものについて述べねばならない。が、その前に、いったん瞑想の実践へと戻りたい。

第十章　瞑想の終盤を迎えて

本格するステップ⑤

ここからは、いわば上級の部に入る。むろん「悟り」（どの段階なのかは別にして）へのアプローチも、以前に述べた〝サティパターナ（4）〟やその他の仏法と関わって本格化していくことになる。

（Ⅰ）歩行

ステップ④の空白部分を埋めたものが、このステップ⑤である。つまり、④での、運びます（ヤーン・ノー）という動きは、足を運んでから床に着くまでの唱えを含んでいなかった。その空白をここで埋めて、足が下りていくときの唱えをつけ足すことになる。

下ろします、着きます、はタイ語では、ロン・ノー、トゥーク・ノー（ロンは、下ろす、の意。トゥークは、きちんと置く、の意）。すなわち、カカト上げます、上げます、運びます、下ろします、着きます（ヨック・サン・ノー、ヨック・ノー、ヤーン・ノー、ロン・ノー、トゥーク・ノー）、と五コマの動きとなる。ステップ④の最後に床を踏む動き、イヤップ・ノー（踏みます）がタイ語では「トゥーク・ノー（きちんと着地する、の意）」に変わっている。これはステップ④と⑤を区別するために言葉を変えているだけで、動き自体は同じ。なので、日本語でもそれにならって、着きます、とする。

そして、全体の動作は、さらにスローになっていく。その間は、身体全体を片方の足だけで支えているため、さらなるバランス感覚が必要となってくる。これはステップ④で述べた要領を参考にしてほしい。とくに「下ろす」動きが加わったため、体重を早く移し過ぎるとバランスを崩すことになる。それを防ぐ法として、体重を乗せた足を突っ張った状態ではなく、やや緩《ゆる》めておくと上手くいく。柔軟性を持たせて、微妙な動きに対応するわけだ。

動きの細分化とその意味

歩行瞑想のステップ・アップとは、動きの細分化の過程であることがこの段階でいっそう明確になってくる。ゆっくり度を増していく動きとともに、心身に関するあらゆる要素の発達、進化に通じている、とされる。

以前にも述べたように、ふだん何であれ「ゆっくり」と物事をなしていくことの効用はあまり気にかけていない。慌ててやってしくじったことや、そそっかしいために手元、足元が狂ってしまう、といったことは誰にでもある。落ち着いて、一つ一つの動作を確認しながら確実にやっていくことで、そのような失敗、不手際が未然に防げる、というのは納得がいく。その確認というのも、一瞬ごとの動きに気づいていくことでより正確になる、そして、気づいていくにはゆっくりとやる必要がある、ということなのだ。人の感覚というのは、速くなればなるほど細かい動きがつかめなくなっていく（注意が行き届かない）ものであることは、スピードの出し過ぎによる交通事故を想起するだけで十分だろうか。

注意力（すなわち気づく力）のことをパーリ語で「サティ」（タイ語も同）という。一挙手一投足への気づきは、細部まで注意深くなることによって確保できる。ために、そのことを習慣化していく過程と、こうした瞑想のステップ・アップが歩調を同じくする。身体が持つ機能、および注意力を養うための訓練であり、あらゆる行為、行動に応用できるものとしてある。

（II）座り

歩きを（時間の許すかぎり）やった後で、座りへと移る。続きにやる時間がなければ、間を置いてもいいし、別の日時にしてもいいこと等は、後に改めて述べることにしたい。

呼吸と座りの唱えはステップ④と同じである。ただ、ステップ⑤では、以下の各所が加わる。
（9）右足の甲（10）左足の甲（11）右膝（12）左膝（13）右腿（14）左腿
ランパーン寺では二日間に分けてやるが、あくまでステップ④の（1）から始める。膨らみます（吸気）、縮みます（呼気）、座っています、中《あ》てます、と各部分ごとに唱え、（14）まで来るとまた（1）に戻ってくり返す。

これ以上は、ステップ⑥でやることになる。

その最終ステップに入る前に、仏法の話題を続けたい。長くなりそうなのでまた章を分けるが、相互に関連していることはいうまでもない。

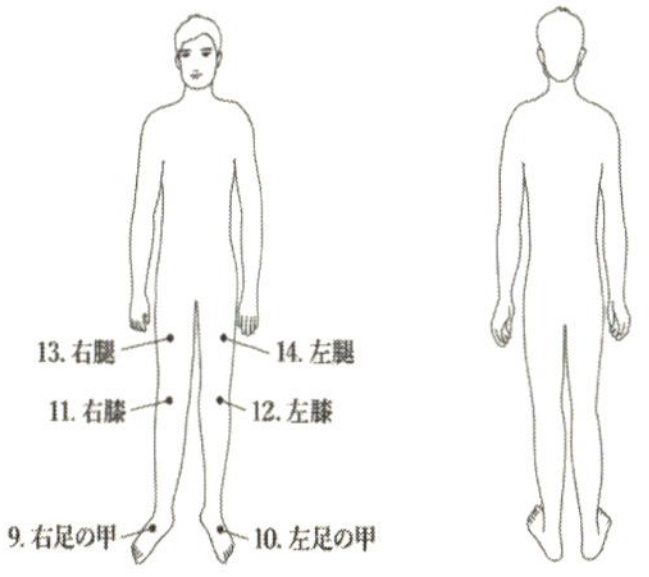

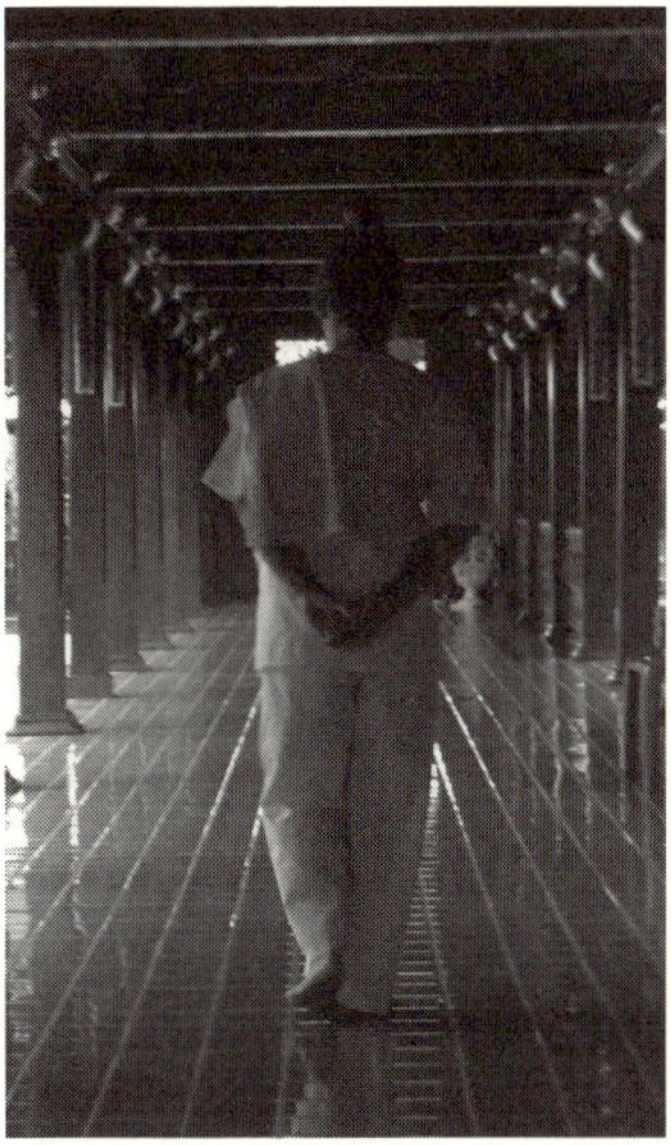

歩行瞑想する在家女性〈ランパーン寺〉

第十一章　八正道と悟りの階段

四聖諦と八正道の教え

テーラワーダ仏教を語るには、どうしても避けて通れない教理がある。これまで述べてきたこともそうだが、次なる「四聖諦《ししょうたい》」とそれに続く「八正道《はっしょうどう》」がその筆頭にくることは、うごかぬ常識とされている。

「諦」の字は、テイ、タイと音読みするほか、あきらか、と訓読みすることもできる。明らかな動かしがたい教理、の意。仏語の「勝義諦」と「世俗諦」は、これらも大事な教義としてあり、前者は、物事の本質、根本の真理をいう語で、後者は、それに基づいて世間一般に流布された言葉や考えをいう。例えば「水」の勝義諦は「H_2O」であり、「ミネラル・ウォーター」とか「富士の天然水」といった語彙は世俗諦、といったふうなことだ。何事も先に本質をとらえて理解することがなければ、他への応用もきかない。それが物事の解明、問題の解決には不可欠であることを告げているが、四聖諦も根本教義という意味でそれに類するものだ。

単に「四諦」ともいうが、こちらの仏教では「聖」の字を欠かせない。パーリ語では〝チャトゥ・アリヤサッチャ〟つまり「四つの聖なる真理」という意味である。

それらは、「苦聖諦（ドゥッカ・アリヤサッチャ）」「集聖諦（ドゥッカ・サムタヤ・アリヤサッチャ）」「滅聖諦（ドゥッカ・ニロータ・アリヤサッチャ）」、そして「道聖諦（ドゥッカ・ニロータ・カーミニ・パティパター・アリヤサッチャ）」と称される。

すなわち、人には先に述べたような多種多様な「苦」があること（苦聖諦）、それら苦の原因もさまざま寄り「集」まってあること（集聖諦）、しかしその苦の集積はその原因を「滅」することによって消えていくものであること（滅聖諦）、そしてそのための手段、法としての「道」がある（道聖諦）、とする。これらは、原因と結果の関係（苦・集・滅・道）でもって説明されており、集→苦、道→滅、となる。原因の「集」まりが「苦」をなし、それを「滅」するための「道」がある、つまり道があれば滅が得られる、というわけだ。その道というのが、すなわち「八正道」のことであり、「悟り」なるもの（後述）への道でもある。

こうした因果の法則については、すでに述べたように、釈尊の悟りの中核をなすものとして、むろん経に謳われ、アビダンマ（論）にも説かれている。そして、八正道――「八」つの「正」しい（聖なる）「道」は〝アリヨー・アッタンキッコー・マッコー〟と称されて、タイ語では「八つの道〈マック・ペー〉」と略称される。一つずつ、見ていこう。

最初（一）に、「正見《しょうけん》（サンマー・ティッティ）」が置かれる。

これは、以前にも述べたように（第七章にて）、アビダンマ（論）においては非とされる「見」も、経においては「正」しいものもあるのだという表明がなされる、その「正見」を指している。偏った自分勝手な見解、邪見を排し、物事を客観的にみることの大切さを冒頭で説いていることの意味は重大だ。

というのも、苦しみの原因を取り除けば苦もないという因果の法も、この「正」しい「見」を得ることから始まる。すなわち、縁起（因縁生起）や無常と無我（既述）等々の真理を理解することによって正見を得る、と同時にその真理についての「疑」（疑い）を消すことが、悟りへの最初のステップである、としている。このことは、また改めて述べるとして――

次（二）に、「正思惟《しょうしい》（サンマー・サンカッパ）」がくる。

これは「正見」に付随するもので、そのような道理、理法を正しく考えること。もとより釈尊は、真理とされるものを鵜呑みにするのではなく、自分でよく考え、実践して、それらが本当にその通りであることを確かめねばならないと説いているが、そのことと関連する。

次の（三）は、「正語《しょうご》（サンマー・ワーチャー）」という。

正しい言葉づかいを心がけること。すなわち、妄語（嘘）、綺語《きご》（真実に反する美辞麗句やムダ口）、悪口《あっく》（他人を罵るような物言い）、両舌《りょうぜつ》（二枚舌）、等をしないこと（四点）が基本とされる。これは、八正道を「身・口・意」の三項目（身体・言葉・心）に仕分ける法の「口

要注意とされる目・耳・口〈パーンピン寺〉

（言葉）」に相当するものだ。なかでも嘘（ムーサーワーター）については、一般在家への「五戒」の一つ（妄語戒）としても置かれている。

嘘のほかには、噂話（ピスナーワーチャー）なども本人がいない前で真実に反することを口にすることで（綺語のうち）、人間関係を損なうもの。悪口（パルサーワーワーチャー）は、文字通り人のワルグチやきつい粗雑な物言いで、むろん非とされる。毒舌家などはこの部類。また、無意味なムダ口（サンパッパラーパ）も戒めているところが、私には興味深く思える。口数の多い、賑やかなばかりの人がいるもので、一緒にいても落ち着かない。タイでも、お喋り（プート・マーク）と話し上手（プート・ゲン）は厳密に区別され、前者は嘲笑される。静寂（ニヤップ）は大事な悟りへの条件とされるのだが、古代インドでも失明して静けさを得た僧がアラハン（阿羅漢）になった例などが伝承されており、見ざる、聞かざる、言わざるというのは必ずしも大きなハンデ、不幸とはしないところに、超越した仏教精神がみえている。

次（四）は、「正業《しょうごう》（サンマー・カンマンタ）」。仕事、職業を含め、日ごろの生業《なりわい》を正しくなすこと。麻薬（ケシ）を精製し、販売することなどはこれに当たるが、タイではこの撲滅に力を注ぐ政権に反対する者がいないのは、こうした教えが背景にあるためか。

また、武器を作ることや売ることもこの正業に反することとされる。むろん戦争などはもってのほかで、不殺を含めて、こうした教えを不都合とする国家や企業が世界の大勢であってみれば、仏教が三大宗教（他は回教《イスラム》、キリスト教）の最下位に甘んじている理由の小さくない部分を見るような気がするのだが。

次（五）の「正命《しょうみょう》（サンマー・アーチーワ）」は、正業とセットにして置かれている。これは、正しい生活をすること。また、悪行から離れて善行につとめ、徳を積むこと。善行とは「タンブン」の行為（布施をすること等）、よく戒を守り、仏法を実践することなど、要するに人のためにもなる健全な生き方をすることだ。

次（六）にくるのは、「正精進《しょうしょうじん》（サンマー・ワーヤーマ）」。精進とは文字通り、努力すること。ところが、精進にも正しいものとそうでないものがあるとしている。正しいそれは、先の（一）から（五）、さらには次の（七）（八）を怠りなく続けることであり、正しくないものとは、逆に悪業にいそしむ、悪知恵を働かせることに力を注ぐことだ。わが国にはびこる詐欺（とりわけ振り込めサギ）などはこの典型といってよいものだろう。

次（七）には、「正念《しょうねん》（サンマー・サティ）」がくる。これは「念」の字が示す通り、物事への注意、集中のことをいう。日常的な所作（行為、行動）についても細部にまで気を配り、怠慢や不注意による失敗をしないこと。真理の教えをよく想い、念じ、記憶にとどめて忘れないことも含まれる。

そして、最後（八）は、正念と対をなす「正定《しょうじょう》（サンマー・サマーディ）」である。これが八番目の大事な締め括りとしてある。

すなわち、正しく心を統一、制御すること。不安定になりがちな心を揺るぎのない静かな流れに集約させていくことをいう。支流を集めて流れる大河に譬えられることがあるように、それによって正しい「道」も可能になる、とりわけ冒頭の「正見」が得られるとしている。

チェンマイの動脈・ピン川

「戒・定・慧」という括《くく》り

ここで、八正道はそれぞれが個別にあるのではなく、互いに関連し合っていることを述べておきたい。正見・正思惟は一セット、正語・正業・正命も一束にでき、正精進（これは独立して全体に通じるとする仕分け方もある）と正念・正定も切り離せない。そのため、これらを大きく三つに――「戒（ウィナヤ）＝正語、正業、正命」「定（サマーディ）＝正念、正定、（正精進）」「慧（パンヤー）＝正見、正思惟」に分類することで、わかりやすくしている。とくに「慧《え》」は知恵のこと（知識に勝るもの）で、戒《かい》と定《じょう》を修めたうえで得られるものとして最後に置かれている。戒、定→慧の順序で、後に「三学」と呼ばれることになるのは、このような仕分け方によるものだ。

理法が重層的であることは、最初の「正見」のなかに、縁起とか無常、苦、無我の理解といったものが含まれることにも示されている。物ごとを客観的に正しく見るための、この最初にして最後といわれる真理を外してしまっては何も始まらない。正見の内容としてある、そうした教理（因果の法則や無常、無我の理）は、苦を滅ぼす法につながる最も重要な部分としてあり、それらの正しい理解が「慧（知恵）」に繋がる、としている。

そして、そういう理法を理解していく過程としてあるのが、先の「三学」の修得である、とされる。なかでも「正定」と「知恵」は双方向の因果関係にあるといってよく、切ってもきれない間柄にある。サマーディ（定）とは、先に述べたように、心の制御、統一といったものだが、それはすなわち、六根（眼根・耳根・鼻根・舌根・身根・意根＝六処）及びそれと対をなす六境（色・声・香・味・触・法）、さらにはそれぞれの「識」（＝眼識・耳識・鼻識・舌識・身識・意識）の「認識作用」について、細かく識別していく力を身につけること。むろん、五蘊（色・受・想・行・識）とも関わって、その流れ、すなわち心の動きを正しい「精進」によって可能なかぎり制御、統一していくことで、さまざまな効用が期待できるとする。

つまり、サマーディによって——、感情の起伏を平衡に保ち、静けさを得る、情報などに卓越した理解力、記憶力を養う、人が容易に理解できる話し手、書き手になる、仕事や職業において勝利と成功をもたらす、目的に応じて適格な行動をとる、もろもろの決心において間違った選択を防ぐ、すべての生きものに対して慈愛の心を持つ、心が明るく清浄になる、等々と説かれる。

そして、そうしたことが「知恵」につながるとする。すなわち——、その時どきの気分や感情を識別し、制御する力が身につく、もろもろの問題が容易に改善できる、自然の法（四苦八苦、生老病死、等）の移り変わり、この世の人間の態様（＝得る、費やす、地位を得る、失う、称賛を受ける、非難される、苦と楽がある等、八項〈四双〉の原則）を理解し、用心を怠らない、生活の基本（僧に準じた衣・食・住・薬の使用）に十分な心得をもって生きる、揺るぎのない心を育てる、正しい身・口・意を修する、善を実行する、立ち居振る舞いに注意深くなる、大衆の敬意と援助を受ける、たゆまぬ探究心を有する、常に布施などの利他を考えて行動する、等々。

正定をまっとうすることと、知恵を得ることは双方向といってよいほど直結している。そして、知恵を得ることで、もろもろの煩悩からの解放が実現できると説く。すなわち、八正道を実践することは、諸々の知恵を得ながら「悟り」への道を歩むのと同義である、と。そして、それには「瞑想（ヴィパッサナー）」なるものが最も有効な手段としてある、と（テーラワーダ仏教の真骨頂として）説かれる。この辺のことは、後に（次章で）改めて再説したい。

いったん措いて、急ぎ述べておかねばならないことを次に――。

悟りの階段とは何か

いわゆる「悟り（＝解脱）」とは、最終的に「ニッバーナ（涅槃）」*12の境地に到達すること、とされる。すなわち、あらゆる悩み、苦しみから解き放たれて、安らかな寂静の世界に入ることができた状態をいう。それはむろん僧が目指すものであり、在家者も信仰の厚い人、とりわけ修行者は同じ目的に向かって努めることになる。

そのような「苦」からの脱出（解脱）とは、どのようなことなのか、どうすればそれが叶うのかという問題に、ブッダの教えは答えを出している。すなわち、すでに述べた四聖諦・八正道の学びと実践がそれを可能にする法としてあり、さまざまな教理の細部はそこから派生したもの、もしくは含まれるもので、それもこれも八正道へと集約していく。ゆえに、苦からの脱出を可能にするのは、八支の道の実践にほかならない、とされる。

ただ、そう簡単にはいかないことも確かだ。苦を「滅」するとは「悟り」を得ることと同義であり、釈尊自身、出家から六年の歳月を要している。修行の途上で、師事する人を変えたり、身をけずる苦行を試みたりしていることは、よく知られている。ブッダガヤーにおける大悟まで、それだけの時間を必要としたわけで、それが試行錯誤するほかない仏道修行というものにちがいない。

そのことに関連して注目すべき点は、一朝一夕にそれが成せるわけではないことを考慮して、その道には段階が設けられていることだ。すなわち、悟りといっても、それはどの程度のものかを問題にする。少しの悟りか、ある程度か、かなりのレベルか、最高か、といったふうに。つまり、聖人（アリヤブッコン）には四つの段階があるとし、且つその段を上っていく過程〈道（「向」ともいう）〉と到達点の〈果〉に分けている。漢語では「四双八輩」（もしくは「出世間心〈ロークッタラ〉」）と呼ばれるものだ。それは、ワンプラ（仏日）の勤行などで日常的に唱えるが、パーリ語では〝チャッターリ　プリサユカーミ　アッタ　プリサプッカラー〟となる。つまり、僧の「九徳」（既述・第四章）が理由をもつのは、悟りへ向かって四つの段階を上っていく途上にある者たちであるため、ということになる。僧はそれゆえに称えられ、布施もされるとして、そのことが経で謳われるわけだ。

その四つの段階について、次に述べてみたい。

○第一のステップ

最初のステップは〝ソーダーパティ（漢語では預流《よる》）[*13]〟と呼ばれるもので、いわば「初段」

といえる。これに達するにはどうすればよいのかを、仏法は提示している。すなわち、煩悩〈基本の十種が対象〈既述〉〉のうち、どの煩悩を消すことができれば、ソーダーパティの域に到達したといえるのか。それは〈以前にも触れたように〉「見〈ティッティ〉」と「疑〈ウィッチキッチャー〉」を消し去ったとき、とされる。くり返せば――

ティッティ〈見〉とは、一般的には、自分の見解に固執して身動きもとれない状態になる「サッカーヤ・ティッティ〈有身見〉」と、それとは別に、儀式や儀礼に拘《こだわ》り、がんじがらめになって融通性を失ってしまう「スィーラッパタ・パラーラーサ〈戒禁取〉」の両方を意味している。

二種類あるその中身は意味深いものがあり、これを消すことからして容易ではない。というのも、ふつう人間というのは自分の主観で物事を考えるのが習性であり、自分勝手な見方でもって真実を歪曲してしまいがちだ。さまざまな誤解や争いを生む因もここにあり、対人関係を危うくする元凶ともなる。つまり、煩悩としての「見」を排し、対象を常に偏《かたよ》りのない客観的な目でみる姿勢というのは持ちがたいものであるだけに、これをどうにかすることが「初段」となる第一の条件とされる。換言すれば、八正道の冒頭に置かれた「正見」を得ることにほかならない。

そしてもう一つ、ウィッチキッチャー〈疑〉は、以前にも述べたように、偏屈で頑固な疑念だが、物事を何でもかでも疑うこと。疑って調べてみるのはよい疑いだけれど、それもしないで、ただ疑うばかりの強情な性《さが》のことだ。ここでは、ブッダの教えに関して疑念があり、その真理を信じきれないでいる状態のことをいう。それを払拭《ふっしょく》し、心に何の曇りもなく教えを真理として確信することができたとき、ティッティ（見）の消去と相乗して、聖人の初段階（初段）の合格点が与えられる。つまり、ソーダーパティ（預流）の「道（マッカ）」を経て、「果（パラ）」（タイ語はポン）に達したことになる、とされる。

○第二のステップ

次なるステップは、「サッカターカーミ（一来）」という（カッコ内の漢語の意味は後述）。残りの煩悩を全体的に減らしていく段階、とされている。これにも修行の過程「道」と、その到達点「果」というプロセスを踏むことになる。この辺も「論（アビダンマ）」の特色としてあるものだが、全体的に減らすといっても数字で表すことはできない。そこに曖昧さを免れないところがあるのだが、理論上はそのように表現するほかないようだ。いわば一つのプロセス、努力の過程にあるものとして考えればよい、ということだろう。

○第三のステップ

次は、「アーナーカーミ（不還）」と呼ぶ。この段階に達するには、「トーサ（瞋＝怒り）」

をカットしなければならない、という明確な条件がある。これがいかに消しにくいものであるかという私の常なる感想はその通りで、相当に高いところへ届かなければ成し得ないことが、ここに示されているようだ。

ただ、「ローパ（貪＝欲）」とその仲間である「マーナ（慢）」、および「モーハ（無知）」はここでも全部は消し切れず、しつこく残るものとされているのも納得がいく。三大煩悩のなかでは「怒り」がまだしもどうにかなるもの、ということだろうか。

例えば宮澤賢治は、かの〝雨ニモマケズ〟で、欲はなく決して怒らず、云々と詩《うた》っているが、すべてのフレーズが（忍耐や慈悲心など）仏教精神そのものといえる。そういうモノにワタシはナリタイ、と締め括っているところに、なりたくともなかなか難しいという（法華経に帰依した）賢治の感慨をみるような気がするのは私の見解で、これも「見」かもしれない。

○第四のステップ

さて、最終ステップ（第四段階）を上りつめると、その者は「アラハン（阿羅漢）」と呼称される。ここにおいて、最後まで居残っていた煩悩――マーナ（慢）とローパ（欲）の残留部分を消し去ることになる。欲の残りの部分とは、生存欲（もっと生きていたいという欲）さえも滅した状態とされる。また、モーハ（痴〈無知、無明〉）という、煩悩の親分も全滅させてしまう。モーハに付随するものとしてあるウッタッチャ（混乱）の残留部分もむろん消し去っている。いわば聖人の最高峰であり、「修行完成者」とも「無学位（これ以上は学ぶ必要がない、の意）」とも称されるゆえんだ。

このアラハン（阿羅漢）とは、〝ニッバーナ（涅槃）〟の語で表現されるように、人間にとって最高の、これ以上の幸福はない境地に達していることを意味する。また〝パリ・ニッバーナ〟とは、ブッダやその他のアラハンが逝去した後に行くところで、もはや輪廻しない、永久に何者にも生まれ変わることがない、とされる。「不生」ゆえに「不死」、つまりもう二度と生存の苦、煩《わずら》いに戻ることはない、再び迷いの「生」を受けることはなく、従って「死」もない、という理だ。前に「十二縁起」のところで述べた、「生」と「老死」の因果関係（生があるから老死がある、生がなければ老死もない）と符合する。

その論理は、現世（人間界）において煩悩から解放された身は、もはや生まれることや死ぬことの苦しみからも無縁であり、いっさい思い煩うことがない、それが最高であることの宣言でもあるだろう。

仏教は、人の一生は「一切皆苦」である、生・老・病・死その他、生まれたが最後、苦から逃れられる存在ではない、とする。が、ゆえにその苦を減じていく術を講じるべきである、とも説いている。そして、人生の「効用（プラヨート）」と「幸福（クワーム・スック）」をもたらすことがその教えの役目であることをくり返し謳っている。苦の自覚と覚悟を促す一方で、「正」しい「道」の実践によって幸福もまた得られるのだという、この二段構えの説き方、説法の重層性もまた、見過ごすことはできない。

そこに、人は生まれてこないほうがよいかのようにとれる論理を、そうでもないとする答えが潜んでいるように、私には思える。そういってしまえばミもフタもない。生を受けた以上は、それを引き受けていかねばならないという教え（「業」の論理〈第九章に既述〉）が一方にあることで、かつ幸福への道を諸々の法でもって示してみせることで、苦に取り巻かれた人間存在の救済を試みている。それが仏教の卓越した特性であり、そのために設けられたのが悟りの四段階である、と私は考えている。

＊12　ニッバーナ（涅槃）：「無い」を意味する「ニッ」と「煩悩」を意味する「ワーナ」が合体した語、すなわちすべての煩悩が消え失せた状態をいう。タイ語では「ニッパーン」といい、仏日に在家が布施をする際に唱える経にも出てくる。差し上げる布施は、人生におけるその効用と自身の幸福を得るため、かつニッパーンへ向かう道のため、といった章句。
＊13　ソーダーパティ：タイ語は「ソーダーバン（預流）」、悟りへの流れに入った状態をいう。その道のことを「ソーダーパティ・マッカ（預流道）」、そこに到達すると「ソーダーパティ・パラ（預流果）」という。タイ語では、マッカが「マック」に、パラが「ポン」となり、パーリ語をミックスした呼称「ソーダーパティ・マック」及び「ソーダーパティ・

ポン」を使う。次のステップ、「サッカターカーミ（一来）」「アーナーカーミ（不還）」そして「アラハン（阿羅漢）」にも同様、それぞれに「道」と「果」がある。全部で四セットあり、漢語で「四双八輩（チャッターリ・プリサユカーミ・アッタ・プリサプッカラー）」と経にもある悟りへの階段。

壮大な宇宙論と死生観

ここで改めて、一つの死生観、つまり「輪廻転生」の思想がこれら悟りのステップに関わっていることを述べておきたい。

輪廻思想そのものは古代インドの時代からあったもので、それについて釈尊がどの程度言及したかについては不透明なところがある。死後の世界については述べなかった（無記）との説もあり、ある程度は述べたにしても、その細部については後生が（学問的に）追加した、というのは確かだろう。原始仏教はながく伝承によって後世へと語り継がれてきたのだったが、文字を持たないパーリ語がはじめてスリランカでシンハラ語という言語によって、さらには各国語でもって文献となる過程において、学問として（あるいは民衆を教化するうえに都合のよいものとして）の「仏教」が加味されていったというのは、むしろ歴史の当然の姿、真相ともいえる。

その変質のうち、問題となる部分について異議を唱え、改革に乗り出したのが長く僧籍にあったモンクット親王（後のラーマ四世）であった。恐ろしい地獄絵を描いて庶民への脅し的戒めとするようなことは、釈尊のなしたことではないゆえに「非」とし、あるいは前述した「ジャータカ（釈尊の前世物語）」にしても、ただの説話と見なして、純粋な信仰とは一線を画すべきとしたのも親王だった。その上で、なおかつ仏教の優秀性、その精神性の大事さを、植民地化の先兵隊としてやって来た宣教師と対抗して説き、みごとに成功する。

バンコク（旧都・ラッタナコーシン島）の王立寺院、ワット・ボウォンニウェートがその改革の拠点であり（多数派のマハー・ニカイに対する）、タンマユット派《ニカイ》の総本山として、歴代の王様が修行をした名刹として知られている。

実際、伝承されてきた教えが文字を得て書きモノとなっていく、つまり、文章でもって整理、分類がなされていく、その変遷こそがすでにある程度の仏教学を伴うものであったということだ。純粋な教えに創作的作為が加わるうちに、壮大な「宇宙論」もまた成立していく。古代インドの輪廻思想も加味しながら独特の論が展開された、ということなのだ。

しかし、そうした話は、テーラワーダ仏教では「三蔵」のうちの「論（アビダンマ）」のなかでしっかりと述べられていることであるし、無視して通るわけにはいかない。その学問的、仏教学的な話をどこまで信じるかという問題は、その他の釈尊の教え、法とはまた別の次元として考えておいたほうがよいという気がする。私自身は、前にも触れたように、信じるか否かの問いには答えを出せない、というのが正直なところだ。興味深い、考えさせられる話であるというに留めたい。

ただ、人間は現世における「死」で終わるのではなく、来世へとつながる、というのは、その壮大な宇宙観をみれば、そうかもしれない、という気がしてくる。宇宙には地球と似たような星がガンジス河の砂の数ほどもあるという話はその通りかもしれないし、宇宙が何度も消滅をくり返しているうちには、いつかどこかで生まれ変わるという話なら、あり得るのではないか、という気がしてくるのだ。

それは措くとして——

悟りの第一段階、〝ソーダーパティ・ポン（預流果）〟に達した人（「預流者」という）は、決して人間界以下の「界（プーム）」（地獄、修羅、餓鬼、畜）へは行かず、死後にいくのは天上界もしくは人間界のみとされる。そこから最高で七度（二、三度のこともある）輪廻する。その後は、涅槃（ニッバーナ）へ行って二度と生まれ変わることはない、というのだが、これも学問としてあるものだ。

〝サッカターカーミ〟に達した者は「一来（者）」と呼ばれ、死後は人間界もしくは天界のどこかに行くが、一度だけ人間界へ戻ってくる（これが「一来」の意）。そして、〝アーナーカーミ〟に達した「不還（者）」は、梵天界へ行ったまま、同じ梵天界（特等席として五段階ある「スッターワート・プーム」）で輪廻することはあっても、それより下位の世界へは行かず、果てはもはや生死のない、つまり二度と輪廻しないニッバーナへ行くことになるそうだ。天界といっても、これにも段階というのがあって、最初の入口にあるのは「テーワダー（天人）界」と呼ばれる。そして、そのテーワダーにも六つのステージがあって、もっとも低いものでも天界齢（ピーティップ）で最高五百年（地上界齢でいうと九百万年）の命がある。その最高位（六番目）は九十二億一千六百万年（地上界の齢）という、とてつもなく長い命を持つ者となるそうだ。

天界に行くと、不死の水（アマリット）を飲むことができるといわれ、私の法名であるアマローー（天人界に住む者、の意）は、この天域に当たるという。永遠なるもの、という意味もあるようだが、確かに長い命とはいえ、いつかは尽きる。死後、この界にいけるかどうかは、僧といえども現世での精進しだい（悪業を重ねれば地獄へ落ちる可能性もある）だそうだ。また、その天界のなかでも〝ドゥシッター・プーム〟なる域に行くと、天界齢で四千年（地上齢で五億七千六百万年）の命を生きるとされ、これくらいがちょうどよい天界（四番目）とされている。

首都バンコクにその名を冠した高級ホテルができたのは、経済成長の先駆けでもあったが、しっかりとよい天界名を頂いているわけだ。そこはまた、釈尊の生母、マーヤー（摩耶）夫人が住む領域とされている。釈尊がその母を慕って出かけたのは〝ターワティンサー・プーム〟（天界の二番目＝忉利天〈とうりてん〉）という所で、つまり、須弥山《しゅみせん》の頂に位置し、中央に帝釈天が住む三十三天と称される場所であり、そこへは母の住む二つ上の界から容易に下りてこられるからだそうだ。パンサー期の三ヶ月間、昇天して母親に法を説いて戻ってきたということだが、天界へ出かけて行ったのは釈尊の分身であるとのこと。こういう伝承となると、いささか怪しいものを感じるのだが、そういう神秘的な話というのは、どの宗教にもあるものだ。超越した存在の釈尊も、神ではないけれど、それに近いような人間として描かれている部分もあることはやむを得ないとすべきだろう。釈尊がマーヤー夫人の腕（脇の下）から誕生したという伝説などは、こちらでは誰も知らない、仰天して大笑いするだけの話だった（一説では朝鮮半島を経由するうちに作られた話だそうだ）が、釈尊の昇天と母との再会は信じているわけだから、いささか統一性に欠ける。生まれたばかりなのに七歩あゆんで左右の指で天と地を指し、天上天下唯我独尊（この宇宙で我独りが尊い）と宣言した話もよく知っていて、これは半信半疑といったところか。

そういう話を信じなければ仏教徒とはいえないのかというと、そうではないだろう。私自身は、次元の違う話として切り離したほうがいいという（先のラーマ四世〈モンクット王〉が述べているように）、ここでも宇宙観に対するのと同じ考えでいたい。釈尊は人間であって神ではない、これが絶対の事実としてある以上、それを基本にして信じられる話だけに価値を置くしかない、と思っている。

ともあれ、釈尊が出かけたその天界域、〝ターワティンサー・プーム〟（忉利天）では、千年（地上齢で三千六百万年）を生きる。そして、その命（「欲界」なので肉体も心もある）が尽きると、またどこかに転生する。上へ行ったり人間界へ戻ったり、場合によってはそれより下へ落ちたりもする、というのだ。ソーダーパティにしろ、サッカターカーミにしろ（むろん在家、出家を問わず）、死後はこのような天界か人間界のいずれかのステージへ行くことになる、とされる。つまり、まだ煩悩を残したまま、肉体と精神を兼ね備えている世界がどこになるのかは、現世における行い、過ごし方によるという。

テーワダー（天人界）の上にある「プロム（梵天界）」（アーナーカーミ〈不還〉を含め）ともなると、その命の長さたるや、宇宙が何度も生滅（その時間の単位を「劫」という）をくり返さねばならないほどで、それでもいずれは尽きて、また輪廻をくり返す、そして、プロム（梵天界）には精神だけ（肉体はない〈アルーパ〉＝無色界）の世界もあって、これまた下位に倍する時間を過ごすことになるそうだ。

そのような「梵天」における時間の単位は「マハーカップ」と呼ばれ、周囲、高さとも何キロもある巨岩の小さな石粒を長い時間を置いて一個ずつ取り除いていって無くなるまで、しかもその巨岩が最高位〝ネーウサンヤーナー・サンヤーイトンプーム〟で八万四千個もあるという、とてつもない話になってくる。

この宇宙観については、人の生死と来世（そして過去世）におよぶ壮大なもので、その概略だけで一巻を成すものだ。人が死後に行く世界も、天上界だけでなく、人間界の下に位置する界（プーム）もあり、そこへと向かう者は、現世での行い――「業」が善くなかったためで、「アバイヤ・プーム」（第一章＊1参照）と呼ばれる。

ここで宇宙の話に深入りすると、この稿の目的から逸れてしまうため、この辺でとどめておきたい。ただ、一点だけ補足しておこうと思うのは――、信じるかどうかの話とは別に、そうした壮大な宇宙観そのものが宇宙の神秘さ、ひいては人間存在の深遠さを示唆するものであり、ゆえに心しておかねばならない事の数々を示す、いわば図面（チャート）のような気がすることだ。この世界にあるものは一つとして他から独立して、あるいは偶然でもって存在しているものはなく（因果の法のうちにある）、人間もまた自然の一部として、あらゆる生きもの、草木、山河とともにあり、さらには月、星、太陽など天界にあるものとも共存しているとの考え方が、仏教には基本的にあることを知らされる。

よくいわれてきた言葉に、環境にやさしい、とか、自然を守ろう、といったものがある。これは人と自然を切り離して考えているためで、人間が自然を支配する、つまり人間を万物の長とする西欧キリスト教世界の思想といえる（わが国の戦後はこれに影響されてきた）。此方《こなた》の見方はそうではなく、人＝自然＝宇宙であり、草木の一本も同じ生きものとして、月や太陽の巡りとともに生きるのは当然の理とする。

けだし、そのような宇宙観を持てなくなれば、人は煩悩に支配されがちな存在として、軋轢と抗争をくり返すことにもなる。人間などは、宇宙のなかではちっぽけな自然の一部、まさに大海の一滴にすぎない。その一生などは一瞬といってよいほど儚《はかな》く、万物に生かされてあることを自覚していなければ、我に固執し、傲慢にもなって他者と対立を起こす。人を妬《ねた》んだり、差別したり、傷つけたり、殺し合ったりもするのは、個々の日常から現代世界の有様にまでいえることだ。人類を平和から遠ざけ、不幸をもたらしてきた根本の因はその辺にあるのだろうと、改めて考えさせられるのである。

第十二章　ヴィパッサナー瞑想の完結

最上階⑥のステージへ

さて、いよいよ最終のステップ⑥に入る。これが六段階あるうち、最上級に相当する。ステップ⑤では、下ろします、に続いて最後に、着きます（トゥーク・ノー）と足を床に置いた。それを二つの行程に分ける。はじめから足裏全体で床を踏むのではなく、つま先部分を先に床に置き、その後にカカトまで下ろすようにする。つまり、つま先部分が床に着いた時点でまず「着きます」と唱える。続いて、カカトまで下ろしながら「押します」と唱える。タイ語では、コット・ノー（コットは「押す」の意）。

ここは日本語訳でも、タイ語の意味にならうことにしたい。といっても、それほど強く押す必要はなく、その意はカカトをしっかりと床につけると同時に、それを確認する、という程度でよい。押して確かめる、といったところ。

＊なお「着きます」は（床に）「置きます」と唱えても可。この辺の日本語訳は自由。

最終ステップは従って、全部で六コマ、踵《きびす》を上げることから始まり、最後に床を押すまでの動きとなる。カカト上げます、上げます、運びます、下ろします、着きます、押します。タイ語で唱える場合は、ヨック・ソン・ノー、ヨック・ノー、ヤーン・ノー、ロン・ノー、トゥーク・ノー、コット・ノー。

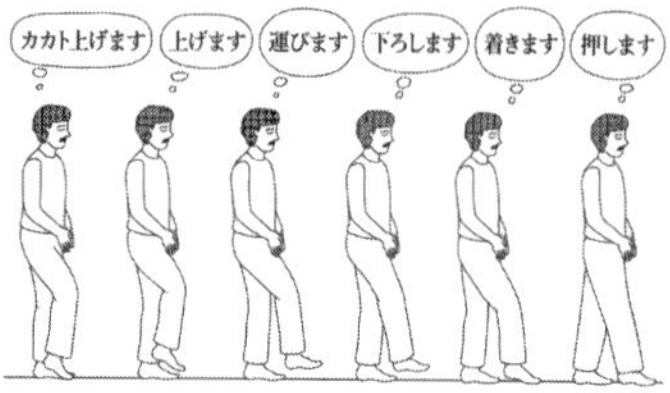

唱えの回数を増やす法

ここで歩きの要領について、再度、確認の意味で述べておこうと思う。この最終ステップでは、足の動きのゆっくり度を増すために、それぞれの唱えを二度、三度とくり返してもよい、とされる。つまり——、カカト上げます、カカト上げます……、上げます、上げます……、運びます、運びます……、下ろします、下ろします……、着きます、着きます……、押します、押します……、となる。それぞれ二度、もしくは三度で十分だろう。

その際、気をつけねばならないのは、唱えの回数を増やしても、そのぶん動きが速くなってしまわないこと。あくまで一回の唱えと動きは、ほぼ同じ速さを心がける。はじめのカカトを上げる動きをとってみると、例えば二回の唱えで四センチほど上げる場合、一回の唱えにつき、二センチずつ上げねばならないことになる。それだけ微細な動きにしなければならず、より一層のスローモーションが必要になってくる。が、これをやるのは、かなり経験を積んでバランス感覚を養ってからのほうがよいようだ。唱えは、心のなかで、静かに。呼吸は自然のままでよく、呼気と吸気を身体のバランス（集中）を保つために使う。

ここで手法について一つ付け加えておくと――、所定の距離を歩いて折り返すとき、左右の足をこれまで九十度ずつ動かしていたのを四十五度ずつ動かすやり方もある。その際、戻ります（クラップ・ノー）、の唱えは、全部で八回（片足四回）となるが、私はこの最終ステップでそれを採り入れている。これも歩行と同様、動きをより細かくするための法としてあるものだ。

（Ⅱ）座り

この最終段階では、注意を中てる（集中させる）個所が増える。

（15）右大腿付け根（16）左大腿付け根

さらに、上体に移って各所を指すことになる。

（17）右大腿付け根（15と同）（18）胸中央〈みぞおち〉（19）左肩口前（20）左大腿付け根（16と同）（21）胸中央〈みぞおち〉（22）右肩口前（23）右臀部（1と同）（24）背中中央（25）左肩口〈後ろ側〉（26）左臀部（2と同）（27）背中中央（28）右肩口〈後ろ側〉

これで完了。（17）～（22）は上体の前側、（23）～（28）は背中側をタスキ掛けでやっていく。しかし、むろんその前に（1）〜（16）をやり、続きに（17）〜（28）までを付け加えることになる。気を集めるまでの胸中の唱えは、ステップ⑤までと同じ、膨らみます（ポン・ノー）、縮みます（ユップ・ノー）、座っています（ナン・ノー）、そして最後に各部分へ順に注意を向けて、中てます（トゥーク・ノー）、と唱える。はじめのうちはなかなか上手くいかないが、慣れてくると、その感覚が生まれてくる。前にも記したように、この座り瞑想は椅子を使ってやることも可能で、このほうがリラックスして集中できるかもしれない。

以上の法は、要するに集中力を養う訓練といえる。呼吸瞑想によって、鼻孔の一点への集中をめざしたが、加えて身体の各部分への集中によって、より完璧なものにしていくため、とされる。

また、呼吸瞑想を切り離して、身体の各部への集中のみをやっていく法もある。つまり、座って（い）ます、から始めて、中てます、とすぐに集中へと向かうやり方だ。これを（1）から（28）まで適度なテンポで連続的にやっていく。その間、呼吸のことはやはり自然のままに放って置いてよい、とされる。むろん、座っています、で息を吸い、中てます、で息を吐く、といったくり返しでもよい。歩行瞑想と同様、呼吸をうまく利用する。

そして、これはこれまでの過程においてもいえることだが、次々と集中の個所を変えていく、つまり、今ここ、今ここ、今ここ……、といったふうに明確に（鋭く）気づきを入れていくことが、日常の所作の細部にも生かせる大事である、と説かれる。その流れるような動きのなかで、瞬間ごとの集中力と気づきを養っていく、そのための法としてあるもの、といえる。

馴れてくると、この法も採り入れて変化をもたせるのもいいかと思う。

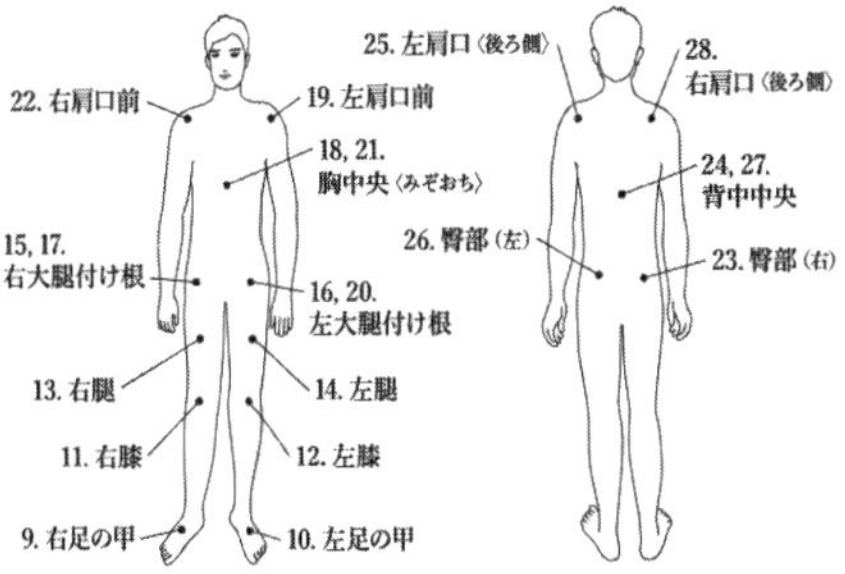

人生の頼れる味方として

副住職《アーチャーン》（現住職）によれば、時と場所を選ぶ必要がない、という。また、費やす時間はたとえ短くてもよい、それに集中できさえすれば、そして続けていれば（これが肝心な点だが）、必ずや効果が現れてくる、と断言する。指導者によっては、初心者は座り、歩きともに二十分くらいから始めるように（その後、徐々に伸ばしていく）とか、朝、目が覚めて顔を洗い、さっぱりした後で、とか、夜寝る前がよいとすすめる人がいる。それができる人はそれでよいと思うけれど、忙しい日々を送る人は、折々にヒマをみつけてやるしかない。電車や病院での待ち時間、トイレを使う時間、あるいは休憩時の五分、十分……、そうした多忙の中のひと時を利用してやるのもよい。さらには、日常の暮らしのなかで、掃除、洗濯、台所仕事、風呂での洗い、シャワーを浴びるときなど、今この瞬間の動作に気づいていく訓練をしていくことも可能だし、この瞑想をそうした日常生活に生かしていかなければ意味がない、というのは指導者が一様に述べることだ。

ただ、どのくらいやれば効果がみえてくるのか、という話になると、これは個々のやり方、時間の掛け方による、と答えるほかないようだ。薬品のように即効性があるというものでもないため、その辺の理解もまた必要になってくる。私自身は、はじめから過度の期待はせず、むしろ気楽な遊興のつもりで、淡々と取り組むほうがよいように思う。そして、ある程度の実践を踏めば、ある時期から、以前とは何かが違ってきている、その変化（身・心ともに）を感じとる、ということでいいだろうか。そして、一段ずつレベルアップしていけば、人が（生き方が）変わってしまうほどの効用があるとされるのだが、これも個々の努力しだいということになるだろう。

くり返せば、この瞑想は薬理作用のつよい劇薬などではなく、いわば人生の頼れる味方、サプリメントのようなものだと考えたい。続けていれば徐々に、ゆっくりと、着実に効果を現してくる、そういうものであるにちがいない。そして、先々において、生き方が変わってしまう、ということは、人生を最高のものにしてくれる、すなわち果ては悟りまでも期待できるもの（ヴィパッサナー瞑想の宣伝通り）であるはずだが、そこまでは辿り着くことができなくてもかまわない、個々に成果をみて喜べばよい、と私は思っている。この辺のことは、後に改めてくり返そう。

手法も変わっていく

慣れてくると、ステップ①から⑤までのどれか一つをやって⑥につなげてもよい、とされるのは納得がいく。どのステップにも、左右の足を上げて運んで（地面を）踏む、という基本的な動き（三拍子）のなかに、カカトを上げる、下ろす、押す、といった三つの要素が含まれているためで、それを踏まえてステップ⑥へ行けば完ぺきを期すことができる、というわけだ。

実際、ステップ①のなかにも心得ておくべき諸々の要素が含まれている。ゆっくりとやればやるほど、カカトを上げる動きに始まり、運んで下ろす動きでは、ステップ④で説明したジグザグの体重移動（バランス運動）が必要であるし、下ろして床を踏む動きもつま先部分が先に床に着くようにするとステップ⑥に通じる。その他のステップにしても同じで、最終ステップでやることが動きのなかに含まれていることを体感できるようになれば、どのステップから始めてもよいことになる。

私自身は、いまは①もしくは③をやってから⑥へとつなげるやり方をとっている。日々の托鉢歩きのなかでも、右（運ぶ）、左（運ぶ）、右（運ぶ）、左（運ぶ）と胸のうちで唱えて歩

著者が瞑想に使ったクロットと樹下〈ランパーン寺〉

くことがあり、それだけでも安定した歩行が可能になっているように感じられる。鉢を抱えた両腕が振れないことから、バランスをしっかり取っていかねばならず、はじめの頃はふらつくなど、実際、雨の日に滑って転んだりして危ない目に遭うこともあった。が、いまはそのような失敗がマレ（あっても軽度）になったことも一つの恩恵だろうか。

また、座り瞑想については、ステップ①②の呼吸だけをしばらくやり、次にステップ③の、座って（い）ます、を加えてまたしばらく、そして最後に、集中度を養うため、注意を向ける場所の全工程をやる〈時には呼吸を省略する〈前述〉〉、といったふうにするのが一例である。が、これは自由にやり方を考えればよい、とされる。

足元は素足がベストだけれど、靴下やスニーカーのようなものを履いていてもかまわない。ために、公園のような屋外でもやれることになる。ただ、あまり人が多いところは、集中を欠く恐れがあるので避けたほうがよいようだ。

要するに、どんな形であっても集中度とそれによる気づきが問題とされる。集中力がなければ、今この瞬間の気づきもない。ために、時間や履物や腕の組み方などは二の次であるというわけだ。さらに、年齢的、体力的な個人差もあるので、とくに老いた者は無理をする必要もない。ラクな姿勢で、あくまでマイペースで、適当に休みながらでよい、と寛容である。

感情に対処する法

以上でお終いかというと、そうではない。ずいぶんと細かい上に、まだもう少し付け加えておくことがあって、これが肝心な点でもある。

それは、座っている間についてのことだ。歩きが身体の動きを担当するとすれば、こちらは精神《こころ》の分野だといえる。ヴィパッサナー瞑想では、同じ呼吸でも集中、統一とは別に「感受（ウェータナー）」というものを重視する。以前に述べた、人の心身の構成要素「五蘊」（色・受・想・行・識）の「受」に相当するものだ。

空気を吸い込んだときに感じとる多様な感覚――、大気の温かさ、冷たさ、澄んでいる、濁っている、自然の香り、あるいは周りの環境、それらの変化、等々を観察する（気づいていく）こと。つまり、いまこの時どきに感覚器官（眼・耳・鼻・舌・身・意〈心〉の六根）が感じとるものを受け入れ、その状態を観《み》る、察知することが大事とされる。

そうして時を過ごす間には、何かの拍子に連続性を保てなくなることもある。つまり、いろんな雑念が集中の邪魔をしに来るはずだ。例えば、お金の心配や仕事のこと、物事に失敗した件など、心がさまざま思い始めることがある。これは、六根（感覚器官）の働きによって起こるもので、とりわけ「意」（＝心）の底に潜《ひそ》んでいたもの、悩みや悔恨が蘇《よみがえ》ることを指す。

しかし、その際もそれに抗《あらが》うことなく、呼吸のことは放っておき、「考えている、考えている、……（キット・ノー、キット・ノー……）」と、同じ文言をくり返し唱える。そして、それらが薄れ消えていくのを待って、再び、膨らみます、縮みます（膨らむ、縮む）、あるいはステップ③以降の（膨らむ、縮む、に加えて）座っています、……へ戻る。焦らず、落ち着いて待てば、必ず消えていく。というのも、心というのは絶え間なく流れていくもの（無常）であり、一時的な現象としての姿はみずからの意志を裏切る儚いもの（無我）だからだ。それは私自身の体験からもいえることで、瞑想ではない就寝時においても眠りを妨げるものがやって来たとき（およそはくだらない妄想の類だが）、これを使うことがあって、およそ上手くいく。

また、その他の感情――、悲しみ、怒り、喜び（浮かれた心地）等が起こってくれば、やはり呼吸には頓着せず、同じように、考えている……（あるいは、悲しんでいる、怒っている、喜んでいる、……等も可）でもって対処する。まるで他人事《ひとごと》のように、自分の感情ではないかのように、客観視して心を乱さないように、と説かれる。そして、その感情が消えていくと、また元の呼吸へと戻ることになる。

はたまた、どこからか騒音が聞こえてきたとする。その場合も、うるさい音だと嫌がるのではなく、「聞こえる、聞こえる（ダイイン・ノー、ダイイン・ノー）……」と、唱える。誰が、何がうるさいのかを詮索するのは非とされる。ただ、耳が感じとる音にすぎない、として、さまざまな雑音の種類については考えを排除する。これは音の性質、正体を詮索することでよけいな神経を使い、怒りの感情が生じるのを防ぐため、とされる。そして、音が意識から遠のいていく（気にならなくなる）のを待って、元の呼吸へと戻っていく。但し、あまりにうるさい音の場合は、中断するか、場所を変えるほかはないのだが。

最後は、眠気を覚えたときのことだ。その場合も、自然のままにまかせ、「眠さを感じる、眠さを感じる（ノーン・ノー、ノーン・ノー）……」と、唱える。目を閉じて座っていると、この眠気に襲われることもあるはずだが、その感覚に注意を払い、よく観察する。そして、頭が垂れてくると、眠り込まないうちに、「起こします、起こします（ガイ・ノー、ガイ・ノー）……」と、唱えながら頭を元に戻す。が、どうしても眠くてしかたがないときは、五分から十分程度はやむを得ない、とされる。少し休んだ後で、また再開すればよい、と。

ここで付言すべきは――、歩行瞑想をしている間に上記の諸々が起こることがあれば、その際も同じ対処の仕方をする。すなわち、いったん立ち止まり、生じた感情や感覚に対し、それぞれの唱えをくり返すことで消え去るのを待ってから、再び歩行を始める。私の経験からすると、座り瞑想より邪魔物は少ないものの、それがあると集中を欠いてバランスを崩すことになる。

以上のことを総合的に述べれば、六根〈＝六処〉からの感覚を拒否するのではなく、いったん受け入れて、その感覚をよく観察し、消していく手段を講じながら、それが自然に消えていくのを待って集中へと戻っていく、そのくり返しによって、揺るぎのない統一された精神が培える、とする。それがサマーディ（八正道の〝サンマー・サマーディ〈正定〉〟）と称される心の状態であり、それによって「慧＝知恵（パンヤー）」を得ることは、前章（第十一章）で述べている。智慧とは何か、その中身を具体的に列記したのだったが、それだけにとどまらない。最終的な瞑想の目標は「悟り」であり、その前提となる真理があることに気づかねばならない、と説かれる。

それは、人の世のすべての現象が「無常、苦、無我」であること、それに気づくことが何よりも大事とされる。瞑想することによって、それらを感覚的に、思考を交えずに気づけるようになる、すなわち理屈ぬきに、物事をあるがままに、肌身に感じるように知ることが本物の気づきというものだとされる。そのプロセス、道のりが、瞑想修行というものである、と。〝サティパターナ〔4〕〟の瞑想項目（身、受、心、仏法）や悟りのステップ四段階などは、そのために設けられたものであり、最終目標に到達するまでの道標《みちしるべ》のようなものだろう。

あらゆる現象は、その本質が「無常」であること、かつ「無我」であること、そして、それもこれも「苦」であること（一切皆苦）に気づくことができれば、先ほども述べたこと――、人生はずいぶんと違ったものになる、すなわち（逆説的だが）苦から逃れることができる道（滅道）を見出せる、と説かれる。一時の現象にとらわれない心は、五蘊の流れ、生のプロセスとしてあるだけで、何があっても動揺することなく、感情の浮き沈みに影響されず、一喜一憂することもない。まさに瞑想の実践が八正道（既述）と合体してはじめて、煩悩に汚された心を清らかな流れにしていくことができる、とされる。譬えていえば、汚染された海をきれいな海水にしていくことであり、その道が瞑想の実践であるというのは、在家の頃はドロの河を歩いてきた老僧にとって、身につまされるごとくにわかる気がする。

障害物と慈愛の瞑想

ここで改めて、瞑想の邪魔をしに来るもの、つまり先に述べた、さまざまな感受を経て生じる感情や雑念の原因は何なのかを考えてみたい。それを仏法は基本的に五種とすることから、漢語で「五蓋《ごがい》」と表記している。

その五種とは――

（1）カーマチャンタ　あらゆる「欲」の類。

（2）パヤーバータ　怒り、憂鬱、悲しみ。
（3）ティーナ・ミッタ　怠惰（活発でない、暗く沈んだ心）・睡眠（常に眠気を感じて活気のない心の状態）
＊この両者はセットにされる（既述）。
（4）ウッタッチャ・クックッチャ　混乱・後悔。
（5）ウィッチキッチャー　疑念。
つまり、以前に述べた煩悩（もしくは不善心）の一部と重なる。すべて三大煩悩たる、ローバ（欲）、トーサ（怒り）、モーハ（痴〈無知、無明〉）のどれかに分類されるものだ。
（1）は、急に夕ご飯のことを考えたり、どこへ行きたいとか思い始めたりすることだ。（2）は、過去の悔しい出来事がよみがえって憤りをおぼえたり、借金の返済が迫っていることを思い出して気分が沈み込んだりすること。（3）は、眠気に襲われたときが典型的で、むろん集中できなくなる。（4）は、過ぎてしまったことを悔いたり、直面する問題を思い出して心を乱したりすること。（5）は、これを「見」とともに消し去ることが、悟りの第一段階である〝ソーダーパティ・ポン（預流果）〟の条件としてあることは以前に述べている。その意味で、障害物としては筆頭に置いてよいもので、真理に対する疑念があると、都合のわるいことになる。すなわち、それがあると「正見」を得ることができず、「仏法瞑想」（サティパターナ〈4〉の最後の項〈第六章に既述〉）の正常な流れを阻害することになる。

このような負の感情（五蓋）をいかに取り除いていくかというのが問題とされるわけだが、その法の一つに、「慈愛の瞑想」（メーター・バワナー）というのがある。これは、自分自身はむろん周囲の親族、友人のみならず、不特定多数の他人や、さらには命あるものすべてに向けて、健康と幸福、問題の解決、困難の克服等を願い、それを言葉にするものだ。以前に述べた、悟りへの道にあるパーラミー（十波羅蜜）のなかの「慈（メーター）」（友愛の心）に相当するもの、といえる。

仏日《ワンプラ》の勤行のなかでは、しばらく瞑想の時間を持ってから、その唱えに入る。タイ北部地方に特有の手法としてあるもので、まずは、布施行為（ターナ・カンマ）、持戒〈＝善行〉（スィーラ・カンマ）、瞑想の実践（バワナー・カンマ）のそれぞれ―三大徳目―を怠りなく継続することが至福の涅槃《ニッバーナ》へと向かう道である、と唱えたあと、次のような願いごとが始まる。すなわち――

〝マーター・ピーター　スーキーター　ホーントゥ　ドゥッカー　パムッチャヤントゥ（私の両親〈母・父〉が「苦」から逃れて幸福でありますように）〟

＊タイでは母が先に来る（インドにならっている）。

〝サッペー　ヤーターカー　スーキーター　ホーントゥ　ドゥッカー　パムッチャヤントゥ（私の親類たち〈親族・兄弟・友人等〉が「苦」から逃れて幸福でありますように）〟

以下、すべての親類でない人たちが（サッペー　アヤーティーカー）……、すべての悪魔や悪鬼、霊が（サッペー　ピサー　サッペー　ヤッカー　サッペー　ペーター）……、すべての星たちが（サッペー　ナッカッター）……、すべての天人が（サッペー　テーワ）……、すべての師〈住職、教授〉や戒和尚が（サッペー　アーチャリユーパッチャーヤー）……と同じ文言が続き、最後に、以上すべての者たちに幸運と繁栄がもたらされますように（サッパ　サンパッティーナン　サミッチャントゥ　ウォー）、と結ぶ。

この唱えの前に置かれる瞑想は、以前の住職は三分余り、いまの住職は一分程度と、だいぶ差がある。あとは個々の都合によって決めればよい、とされる。これは、テーラワーダ仏教があまねく在家と僧のため、瞑想の結びとして（寺によっては前に）置くもので、座り瞑想の場合に念じることがすすめられる。流派によっては、たくさんな要素（健康や問題の解決、困難の克服など）を込めた唱えをすすめる指導者もいるが、上記のものがシンプル且つすべてを包含しており、十分であるだろう。

しかし、前にも述べたように、異教の徒は（宗教を持たない人も含めて）、このような唱えを経ないでやることになっても、それはそれでかまわない。この瞑想が仏教とは無縁の国でも流行《はや》っていることから、少し次元が違ったところでの効果、効用というものがあることも確かだろう。現に、米国などでは、それがテーラワーダ仏教から来ていることを知らない人が多いといわれる。単語としての「マインドフルネス」が独り歩きしているのは、他にも例をみることができそうな現象であり、それを異端とする理由はない。

ただ、このヴィパッサナー瞑想をやっていく上に、ある程度はブッダの教えを学ぶことが、より多くの実りを得ることになる、と説かれるのも立場上の理だろう。先ほどの唱えだけでも、それが人間にとって普遍的な善心であるなら、宗派などは関係がないことにもなるだろうか。

それは措くとして——、先に、座っている間にさまざまな感情や感覚が生じたときの対処法を述べた。それがとりもなおさず、こうした障害物、五蓋の中身を取り除いていくのと同じ意味を持つことになる。例えば、何かを思い出して混乱する心の鎮静化や、急に何らかの欲が生じたり、周囲の音に対して怒りが生じたりしたときの除去一つをとってもいえることだ。集中の習慣化は、方々へさまよう心をまた集中へと引き戻す、そのくり返しによって養われるもの、とされる。ために、瞑想中に、さまざま思い、考えることがあっても、その都度、対処していけばよいのであって、少しも気にすることはない、と。

そして、この瞑想のレベルを上げていく（熟練していく）につれ、それら（煩悩、不善心）が減少し、あるいは消滅する種類も分量も多くなっていく、つまりそれらを克服する力が身についてくる、と説かれる。他者に対する怒りや憎しみがくすぶっていたのでは、心を集中、統一することなどできない相談であり、みずからの敵である者すらも（悪魔や悪鬼は自分を忌み嫌っている人にも置き換えられる）対象とする慈愛の瞑想がすすめられる所以《ゆえん》でもある。

すでに述べた「悟りの階段《ステップ》」を一段ずつ上っていくための有効な手段としてあるもの、といえる。且つまた、そのことが人生の途上において数知れず生じる問題に対処する法に上達していく道でもある、ということだろう。

難しいことながら、生きとし生けるものすべての幸福と繁栄を願う心を持つことができれば、あるいはその訓練をしていくことができれば、それだけでも煩悩なるものが減少していくことは十分に期待できるように（そういう者になりたい）老僧は思うのだが。

第十三章　「悟り」とは何かの問題

重層的な教説の数々

もう少し、先の話題を続けよう。

悟りへの道については、細かく分類すれば、三十七項目（ポーティパッキヤタム〈三十七菩提〉）あるとされる。悟りを構成する要素が多面的、重層的に説かれたものだ。

先に述べた〝サティパターナ〈4〉〟のうち、最後に「仏法瞑想」というのがある。これがそれまでの瞑想目標（身、受、心の三項目）を包括するもので、最も大事な悟りへの道を構成するもの、とされる。そこには〝ポーチョン〈7〉〈七覚支〉〟と呼ばれる教理が含まれる。これがとくに重要とされるもので、次に七種を列記してみる。

○サティ（注意、気づき）―これはすでに再三述べたこと。

○ダンマ・ウィッチャヤ（真理の探究と理解）―ブッダの数ある教理のこと（既述）。

○ウィリヤ（精進）―八正道や十波羅蜜など複数の教説に出てくるもの（既述）。

○ピーティ（喜）―みずからの成長を喜ぶ心。

＊進歩していることを知って、自分を褒めてやることで、さらに進化するための底力となる。

○パッサッティ（平静さ）―心が静かであること。気持ちを荒立てたり、混乱したりしないこと。

○サマーディ（精神の集中、統一）―既述。

○ウペッカー（捨＝中間の精神）―両極端、過剰を排し、偏りのない平衡を保つこと。中道、中庸とも称される（既述）。

このように、数ある仏法も互いに要素を含み合う。ために、結局のところ、八正道がすべてをカバーしているといえる。あらゆる仏法が八支の道のどれかに相当する、という意味では、八正道はいわば八差路の中心（ロータリー）に聳え立つ塔の名称と考えてよさそうだ。

また、テーラワーダ仏教が「効用」と「幸福」を謳い目ざすものであることは以前に述べたと思う。幸福の極致を〝ニッバーナ（涅槃）〟とし、そこへと向かう階段が四段階（最高位はアラハン果）あり、それぞれに「道」と「果」があることも述べている。

悟りへの「道」は、以上が要旨である。

独り歩むべきもの

ここで、悟りについての大事な話を付け加えておこうと思う。

それは、みずからがどの段階に来たのかは、その者自身にしかわからない、ということだ。煩悩を消していく過程についても、理屈の上では各段階での条件が定められているけれど、実際にどういう状態にあるのかを知るのは至難のワザである。それを数式で表せるものなら苦労はしないわけだが、煩悩を減らすといっても何パーセントくらいカットしたのか、その者自身の感覚としてあるものでしかない。

また、各段階での悟りが一体どういう境地なのか、そこに到達した人でなければわからない。とはいえ、本人にすら曖昧で不確かなものかもしれない。いや、そうにちがいない、と私はみずからを省みて思う。

古代インドの最初期（いわゆる「原始仏教」の時代）には、釈尊という絶対的な正覚者がいて、その人の目でもって弟子たちのレベルを判断することができた。この者は修行完成者（アラハン）になったとか、まだ悟りに届いていないとか、つまり、誰彼はニッバーナ（涅槃）の境地に達したかどうかという問い（主に在家からの）に対して、彼は未だ、あるいは既に、と釈尊自身が答えを出していたのだ。

けれども、その入滅以降は、それをする（できる）人がいなくなる。ただ、複数のアラハンがその者を同じレベルに達したと認めることはあった。この有名な例は、釈尊の長年の従者であったアーナンダ（阿難*14）で、やっと第一回の結集（釈尊の入滅後三ヵ月余にして開かれた、五百名のアラハンが結集した仏典編纂会議）に間に合ったのだった。

つまりは、頂点にいてお墨付きを与える人がいなくなったことで、上人法（卓越した知見を得ている状態）を語ることを戒め、その妄語を禁じる一つの「戒」が、釈尊亡き後にこそ重要な意味と力を持つことになる。経についての、あるいは論（アビダンマ）についてのレベル（九段目まで）は、サンガの公式な試験でもって定められているが、それも悟りやニッバーナの境地とはまったく関係がないことなのだ。従って、副住職《アーチャーン》（現住職）がアビダンマの九段目を達成した僧であっても、悟っているかどうかは一切、口にすることはない。

ただ、ここで改めて確認しておきたいのは、悟りとは何か、四段階あるとされるそれらへ、どのようにして辿り着けばよいのか、という話（条件）は示されるけれど、それぞれの段階におけるその「果」とは一体どういう心の状態なのかについては、一定の具体的な説明があるわけではないことだ。悟りの第一段階は〝ソーダーパティ（預流）〟というけれど、そこに到達して「果」を得るための条件（特定の煩悩＝「見」と「疑」の消去〈既述〉）が示されてはいるものの、その境地がどういうものか、万人に納得のいく説明がなされているわけではない。修行完成者、アラハンにしても、それが得る「涅槃（ニッバーナ）」については、容易に言葉では表現できないほど至福の境地、とされるだけだ。ただ単に、あらゆる苦から逃れられた安らぎの極致、と曖昧かつ普遍的とはいえない、表現の限界を露呈するような説明がなされているにすぎない。

その意味からも、悟りとはいずれにしろ、あくまで個人的なもので、その者が悟ったと思えばそれでいいし、まだまだと思うなら、さらに精進すればよいだけのこと、といってよいだろうか。ゆえに、他言しても意味がない。その人だけの感性でもって至上の幸福感を得たと思えばいいのであって、それが他人に当てはまるわけでもないし、理解されるわけでもない。ゆえに、他言などはもとより意味がない、禁（戒に触れる）とされるのは当然のこと、とその理を納得できそうである。

ただ、ここで注目すべき点は――、同じレベルの人間同士なら、お互いにわかり合える、とされていることか。アラハンは、アラハン同士ならわかる、響き合える、という（従って、先のアラハンたちがアーナンダを仲間と認めることはできたわけだ）。それ以下のレベルにある者は、相手がアラハンかどうかの見分けがつかない。逆に、アラハンは下のレベルにある者を見分けられる、という。類は類を呼ぶ、というのだろうか。これは在家の世界においても、付き合う相手の取捨（選択）の際にもいえることなので、了解できそうな気がする。

先に、「パーラミー（波羅蜜）」なるものについて記している。三十パーラミーを完璧に修したのはブッダその人だけであって（これは〈ジャータカ物語〉に描かれたような「前世」も含めた話だろうが）、ほかの誰もがそのレベルには及ばない、という話だった。そのことは裏を返せば、悟りについてはある程度のところでいい、という表明ともとれそうだ。凡人、あるいは凡僧は、ブッダと同じレベルにはいけない、ということは、いかなくてもよい、という考え方もできるだろうと思う。下々の者は、ただより高いところをめざして精進すればよいだけのこと、ということにもなるだろうか。

他言は絶対「禁」の意味

そして、みずからの内面でのみ了解していることを他人に伝えるべきかどうか、伝えてよいのかどうか、という点についても念押し的に確認しておけば——、テーラワーダ仏教では、絶対にノー、としている。僧はそれを（どのような悟りのレベルであろうと）他言することはご法度とされる。が、なかには在家に向けてそれを口にする僧もいたことは、テーラワーダの歴史にもあるようだ。自分は卓越した知見を得ている、などとまことしやかにいうのは、それによって布施が多くなることを目論《もくろ》んでいるためで、前例からすると、すべてが騙《かた》りであったという話も、改めて意味深いことに思えてくる。

つまり、悟りを他言することは、他に対して自分を誇ること、より優れていることを告げるようなもので、まさに煩悩の「慢（マーナ）」であり、「欲（ローパ）」にも通じるものだ。僧が最大級の戒めとすべきものを兼ね備えている行為であることからも、非とされるのは当然といえる。

その場合、告発されて偽りとわかれば（あるいはみずから嘘をついたと認めれば）、パーティモッカ（二二七戒律）のうちの最も重い罪（取り返しがつかない不可治罪）、パーラージカ法の違反に相当し、サンガを追われることになる。そのような者とは「共住することはできない」として、間もなくの強制還俗を余儀なくされる。いかなる高僧といえども、サンガの頂点、大僧正（プラ・サンカラート）といえども、その御法度の原則は同じなのだ。

このことは、テーラワーダ仏教があくまで個による学びと実践をもって、個のために為すもの、それも自力によって切り開き、それぞれが一定の境地に達することを目指すべきだという、大前提を示唆するものといえる（むろん利他の精神はこれとは別）。そして、悟りとは、みずから体験するものであって、実となるためにはしかるべき道を独り歩み、そして、その成果も個の内に留めるべし、というきびしい条件がついているのである。釈尊の表現では〝犀のごとく独り歩め〟ということになるのだろう。

悟りはみずからの内にしかない。これこそは奥が深いといえる精神を、私もまた老僧として噛みしめるほかはない。これまで述べてきた瞑想の世界は、そのようなことをわきまえた上で精進すべきものといえそうだ。

ここで、以上の話に関連していえば、悟りなる境地へと導ける「指導者」がいるかのように（あるいは自分が指導者であるかのように）記す人がいるけれど、導くことなどは決してできない、ということにもなるだろう。なぜなら、その人（指導者）自身が悟っていなければなし得ないことでありながら、相手（生徒か弟子か）には悟っていることを告げることができないわけだから、そこに大きな矛盾が生じることになる。教科書的な悟りのための仏法や瞑想法は教えることができても、それ以上のことはできない（あとは個々の意識、自覚にまかせるほかはない）はずであり、ゆえに、指導者というコトバ自体に問題なしとしない。わが国では悟りなるものを手軽に扱う傾向にあるから、まだ許されているのだろう。

＊14　アーナンダ（阿難）：釈尊の従弟に当たる。十九回目のパンサー期から釈尊の従者となり、その入滅まで常に側にいて仕えた。釈尊の入滅を悲しみ、なかなかアラハンにはなれずにいたが、それから三ヶ月が経って開かれた第一回結集の直前、身を横たえようとした瞬間に、やっとアラハンたちが認める「悟り」を得る。それでマハーカッサパ（釈尊の後継）を頭に五百名がそろい、アーナンダは釈尊から聞いた言葉を再現する役割を果たす。多聞第一、と呼ばれるゆえんで、我はこのように聞いた……、で始まる伝承の法はよく知られている。

第十四章　瞑想の果実は個々のもの

老いるにつれて

近年の私は、寄る年波のせいもあって、ほんの少し前のことも忘れてしまうことがある。別に歳とは関係なくても、かつての例をいえば、電車のなかに傘を忘れることが習慣性のものだった。電車に乗ったときの「我（＝私^1）」と降りるときの「我（＝私^2）」はもう違ってしまっているために起こる現象であることは、無常と無我の教理を学んで知ったことだ。眼にうつる車窓の景色、あるいは意（＝心）に生じるもの等によって、「私（＝五蘊《ごうん》）」は絶えず移り変わり、傘を持っていることなどはすっかり消し飛んでしまう。それを防ぐには、傘を身体やバッグにくくりつけておくしかない、というのは恥ずかしいことではなく、むしろ知恵というもの。いまの私は、出先で荷物が二つ三つになったときは、その数を時おり確認し、さらには（常備してある）ヒモで繋ぎ合わせておく。

　これは余談だが――、私がかつて一本の上等な傘を電車のなかに置き忘れたとき、それに執着して東京駅の遺失物課を訪れ、訴えたことがある。応対に出た係員はヒマであったのか、私を初めてみる倉庫へと案内してくれた。すると、そこには見渡すかぎり何千本とも知れない傘が大波をなしており、まるで人間の大集団、人の海のように私にはうつったものだ。

「このなかにあれば持っていきなさい」

と、係員は面白そうに笑いながらいった。次には、「どれでもいい」と勧められたので、よさそうなのを一本いただいて悠々と引き揚げたのであった。

そういうわけで、それは人間ならば仕方がないことであって、諦《あきら》めるほかないのかというと、そうでもない、という話をこれまでしてきたように思う。

私の場合、老いとともにいよいよ濃く訪れる「苦」（大事なことの忘却もその一つ）をどうするかという問題に日々つきまとわれている。すでに述べてきたように、無我であり無常であることは苦であり、それをシカと認識、自覚して生きるほかに、その苦を逃れる、あるいは軽くする術（＝知恵）を見出すことにはつながらない、という思いはいまや確信となっている。この瞑想を行なうことで、例えば滑って転んだり、手元が狂って物を落としたり、注意不足による失敗が少なくなってきた（いまのところはあくまで少なく）というのも、その恩恵の一側面だろうと思う。

手と足を使う日常のこまごまとした所作に至るまで、人はとかくヘマをやってしまう。身体の動きのみならず（高所から落ちて骨折したり）、つい口を滑らせてしまったり（失言）、些《さ》細《さい》なことに腹を立てたり、よけいな欲をかいて逆に損をしたり、問題は枚挙に暇《いとま》がないくらいにある。この瞑想が〝ヴィパッサナー〟（詳しく観察する、洞察する）と呼ばれるのは、文字通り、まさに日々の細かな心と身体の動き、働きにまで気づいていく、そして、より正しいものにしていく知恵を発見することができるものであるからだろう。つまりは、人が生きていく上に、役に立つ、助けになるものである、ということは、まだ足元がふらつく未熟者の私にも大いに納得がいく。解説書によれば、七年ほど続けてやっと悪質な煩悩である「怒り」が消える（悟りの段階では〝アーナーカーミ〟の域）、とあるけれど、むろん個々によるもので、前にも述べた抽象的な基準にすぎない。

日常の所作への効用

立ち居ふるまいを意味する「イリヤーボット」は、大きく分ければ、立つ、歩く、座る、寝る、となることは述べたと思う。が、さらに細かくいえば、話す、聞く、書く、読む、作る、食べる、飲む等々（これを「イリヤーボット・ヨイ」〈ヨイは細部、の意〉という）、眠っている間を除くすべての所作のことを指す。それらに集中と気づき（サンマー・サティ＝正念）を常に働かせ、そして心の制御、統一（サンマー・サマーディ＝正定）を得ることが日常生活において大きな効用をもたらすこともすでに述べている。

最後に、私にとって若い頃よりはるかに大事になっている、食べる、という行為を例にとって考えておきたい。むろん、食の準備から箸（その他）の上げ下ろしまで「ゆっくり」を心がける。本格的な瞑想修行の道場では、昼の一食にふつう一時間半から二時間ほどもかけるという。以前、副住職《アーチャーン》（現住職）は、その様子を撮ったビデオを見せてくれたことがあった。それによると――、バイキングでは好みのものを皿《トレイ》にとるところから、それを運んで着席し、そして、適量の飯をスプーンにとって口に入れるときの動きまで、徹底したスローモーションである。ひと噛みごとに顎の動きや味を、さらには咀嚼していく過程《プロセス》を観察する。左右の歯をバランスよく使って攪拌《かくはん》しながら、心ゆくまで噛むことはむろん、呑み込むときの喉の感覚にも注意を払う。

このとき、美味しいとか不味《まず》いといった感情は排除する。それは食の欲、過食につながるもので、僧が日常、それを（正しい心得として）口にしないのはそのためだ。が、むろん味を感じないというのではなく、美味か否かくらいは当然ながら感知している。ただ、それをいうのは非とされていて、それより「舌」が受ける「味」について、このモノはどの程度の甘さか辛さか、これは身体にとって安全で良いものかどうか、栄養価はどうか、どの程度噛めばよいものか、いま現在の腹具合はどうか等々、それらを観察し、気づきながら食べることが、健全な食のあり方である、とされる。

私は、これを気づきのための「ゆっくりの習慣化」と名付ける。むろん、ふだんの生活ではこんなにゆっくりとはしていられないわけだが、基本的な心得として置いておけば、食べ方に変化をもたらす可能性がある。少しのゆっくり度増しであっても習慣となれば体調が改善されていくことは十分にあり得るだろう。あと五分、ゆっくり食べなさい、でないと、もっと太りますよ、と私は寺の僧たちにいっているのだが、なかなか耳を貸さない。これまた、わるい習慣ほど直すのがむずかしいことを思わせる。私が若い僧たちと食事を共にしなくなったのは、その速さについていけなくなったためだった。瞑想道場のスローモーションと対極にある「早食い」は、脳が腹具合を察知する（二十分ほどかかるといわれる）前におおむね過食して胃袋の肥大を慢性化させるため、肥満のみならず糖尿やガンほか生活習慣病の因《もと》となる、というのが漢方医の説明だが、納得がいく。

また、食べている間に訪れる、さまざまな思いにも対処していかねばならない。仕事で直面している問題が浮かび出たり、残念な成り行きを思い出したり、不安や焦り、あるいは怒りの感情に揺れることがある。物事をあれこれ考えながら食べるのは、私自身の悪いクセといってよいもので、無益な迷いと煩い（妄想の類）であることがほとんどだ。が、先にも述べたように、それを冷静に受けとめて、考えている、考えている……、と心のなかで（非常にゆっくりと口を動かしながら）くり返し唱えているうち、やがて消え去っていく。そして、それが消滅すると、また食べることへの注意、集中へと戻っていく。

その心は、物理的には胃腸を食欲の犠牲にしてはならない（苦を与えてはいけない）、ということだ。従って、早食い、一気飲みなどはもってのほかで、命をつなぐに足るだけのモノをよく選んで口に入れる、その法に細かな注意を払えるかどうかで、寿命まで左右されるというのもその通りだろう。高僧と呼ばれる人たちが、タイ人の標準からすれば格段に長生き（九十歳以上はざら）であることと無縁ではないように思う。それとは逆に、早々と病に陥っていく僧もいる（肥満体に多い）わけで、実に人間の見本市にいるような心地すらしてくる。

ともあれ、上述の瞑想道場的な食べ方のことを私は「正食」と称している。いわば八正道的命名だが、美味しさ中心ではなく（それは二の次にして）、あくまで身体のため、正しく命をつなぐため、を目標とすることをいう。美味しいモノには毒がある、というのは、私が房の壁に貼り付けている標語だが、それを食べ続けて長く発疹に悩まされた経験からのものだ。基本的に、食べ物は毒である、とするのがヨーガの根本にある思想だそうだが、極論ながらそこから出発するほうが、食の危機が叫ばれるいまの時代にはよい考え（身の防衛）につながるような気がしてくる。過食を戒めること一つをとっても、あるいは化学物質の有無、多寡を調べるにしても、基本的に必要な心得であるだろう。つまり、食とは有益性と有害性のふたつを兼ね備えているものであることに、我々はもっと注意深く気づいていく必要があるのではないかと、老いた僧は心から思うのである。

微細な動きが命の人に

それはまた、さまざまなスポーツ（選手）にも採り入れられているという。副住職《アーチャーン》（現住職）によれば、ムエタイ（タイ式ボクシング）の強い選手はこれをやっているそうだ。高校生になると正式な授業にも組み込まれる瞑想法であり、師はそれを近場の中学・高等学校へ出向いて教えていることは以前にも記した。ボクシングのみならず、人気のフットボン（サッカー）ほかの球技をやる選手にも実践されている、という。手足、胴体の細かな動き、一瞬ごとの動きに気づいていくことで、自分はむろん相手の動作までもよくみえるようになるというのだ。

スポーツ好きだった私にも、それは納得のいくところだ。タイがプロ・ボクシング（国際式）でも世界チャンプをよく輩出するし、欧米で活躍するプロ・ゴルファーが少なくないのは、そこに奥の深い秘訣があるのではないかとさえ思っている。いっとき、禅を採り入れているというゴルフの世界的プロがいたけれど、同じような理だろう。このヴィパッサナーは、集中のみならず、筋肉の微細な動きやバランスにまで気づきを入れていくことから、その訓練をすることでゴルフの根幹ともいえる正しい歩き方はむろん、ショットの（ボクシングではブローの）正確性が得られ、ミスを減らす法となるのは確かだという気がする。音楽をやる人ならば、リズムの正確性を得、弦のミスタッチなどを防ぐ法ともなりそうだ。また、六根（眼・耳・鼻・舌・身・意）の制御と心の静けさを保てるようになれば、ショットやタッチの安定性だけではなく、みずからの失敗に憤るとか、周囲からの雑音に腹を立てるといった感情の波立ちも抑えられるはずなのだ。

その応用範囲は実に幅広く、一般の仕事人から指導的立場にある人まで、個々が生きていく上に、また社会生活をしていく上にも有用な要素を含んでいる。車の運転におけるハンドルさばき、安全の確認などはいうに及ばず、精神的かつ物理的な有用性の両方が改善、進化するというのは非常な恩恵だと思う。

そして、これも参考になる話だと思うけれど、タイでは病院のみならず（リハビリテーション等）、刑務所の囚人の（更生の）ために採り入れられているという。欧米、とりわけ英国においては、国家政策として各種施設に採用されるようになったと聞く。ミャンマーやタイからそれに長《た》けた僧が招かれて、その伝授、指導に当たっているそうだが、仲間うちからも中堅の僧が一人、ドイツへ招かれて、半年ほど留守にしたものである。

対機説法は個々への指南

釈尊が採った法に、「対機説法」といわれるものがある。つまり、教えを乞いに来た人に対して、その人の身分や性別、年齢その他にふさわしい言葉を選んで説いたといわれている。

それと同じ趣旨でいえば、それぞれの職域に重点的に必要なもの、いわばそれなりの「哲学」というのがあるはずであり、この瞑想の効用についても、先のスポーツ選手の例にみるように、それに応じたものを採っていけばよい、ということになるだろう。

あらゆる職域における人の成功（もしくは勝利）と失敗は、およその場合、仏法の下に解き明かせる。成功を底で支えたもの、失敗をもたらした原因は、仏法に照らせば、まるで火に炙《あぶ》り出されるかのように現れ出ることは、私自身の来し方にもいえることだ。それぞれの分野にある成功法といったものは、仏教哲学に正解が隠されている。つまり、そこには正しい考え方、生き方の基本を培うための条件がきちんと揃っているからだろう。

そして、それぞれに共通する不可欠な要素が「人間性」だすれば、それを形成してくれるものが八支の道―「八正道」というものだ。その意味で、それはすべての職域に適用できる、成功と失敗の基本原理であり、それぞれの才能を生かすための普遍的な哲学であるといえる。先に述べた悟りの階段とは、八正道の実践度によるもの、と理解してよいだろう。

ゆえに、八支の道において、それぞれをどの程度に実践できているのかということが、人間としてのレベルであり、かつ各々の私生活や職場での成功と失敗ほかの因果を決めていくものであるように思う。いくら才能があっても、やればできる能力に恵まれていても、精進（努力）を怠り、賭け事や酒色にふけって力を出し切れないでいる例はいくらでも転がっている。来し方のわが身を顧みても、そのようなことが人生の行きづまりを招き、果てには出家という道を選ぶことになったことから、つまるところ体験に基づく実感としていえることなのだ。

けだし、人によっては早晩、重大な失敗や過ちを犯し、場合によっては自滅したりもする。未だ成功もしくは勝利に遠い人は、どこか肝心なところで道を外しているため、正常な前進が阻害されているのだと思えてならない。悪質な煩悩（シットや誤解）のせいで対人関係を損《そこ》なったり、しかるべき道の選択を誤ったり、好機を逸したり、健康を害したり、それやこれやの障害に発展を阻まれているからにちがいない。

効用のまとめ

ここで一応、私自身の経験による実感も含めて、この瞑想の効果、効用の主なところをまとめておきたいと思う。最終的にはやはり〝サティパターナ〔4〕〟（及び八正道）に帰結していく。精神面での人間性の向上といったものはすでに随所で述べているので、要点のみにとどめたい。

（1）心と身体のバランスがよくなる。また、その重要性を認識するようになる。
（2）日常のあらゆる所作に集中でき、一瞬ごとの気づきが養える。
（3）物事を行なう際の、持続力、忍耐力が増す。
（4）血行等の新陳代謝をよくし、よけいな脂肪（内臓、皮下とものの）を減らす。
（5）心身の改善によって、病の回復（リハビリ）に役立つ。

（6）就寝時の入眠が容易になり、眠りがより深くなる。
（7）煩悩に汚された心が浄化され、安定と静かさを得る。
（8）人格が改善され、生き方、過ごし方が前向きになる。
（9）困難な問題を克服するための知恵が身につく。

さまざまな教え、仏法が、底で支えるものとしてある。それぞれの効用は互いに重なり合い、響き合う関係にあり、幅広い総合的な働きをするものといえるが、前にも述べたように、異教の徒にとっても十分な効用が期待できるものでもある。この特色がなければ、欧米へと広がっていくことはないはずである。

結語として

話をはじめの方へと戻せば――、日々の托鉢一つをとっても、考えさせられることが多い。その途上で会うチェンマイの子供僧ら、あるいはすでに述べたランパーン寺でのマメ僧たちが貴重な体験をしていることに感じ入るのは、そうした人の「道」を十分に教えられることがなかった、私自身の幼少年期を思うからにほかならない。

また、裸足の一歩ごとに実感として伝わる大地のまるさは、布施する人々の心の在りようや、在家と僧の関係性そのものに感じられる。与える者とそれを受ける者の支え合い、つまりは人の世の健全なあり方の典型がそこにはある。ゆえに、両者ともによろこんで日々の課をこなしていけるのだと思う。自他ともの「幸福」なるものが、そこにはあると考えたい。

そのような人の生き方について、在家の頃の私は心から省みることがなかったことを、出家してから思い知らされたものだった。それが私の人生に影を投げかけ、行きづまりを招く大きな因となったことを自覚するようになる。数多くの失敗や過ちの原因を突きつめていけば、幼少年期から培われるべき人間としての生き方、真理の法を身につけることのできる十分な環境がなかったことに思いが及ぶ。むろん、他のせいにするだけではすまない、自己責任の部分もたぶんにあるわけだが、もし、私がもっと早くにこのような瞑想と出会っていたなら、人生はずいぶんと違ったものになっていたことは確かだという気がしてならない。それがある種の悔いとして長く尾を引いていたが、それもいまはやっと薄れて、許された余生に思いを向けるようになっている。そのこと自体が、私にとってはこの瞑想の大きな効用であるのかもしれない、と思ったりもする。出家して与えられた最大の布施は、それであるという確信がいまはある。こうして長々と記してきたのも、そのためであることを結語として告げておきたいと思う。

布施を受ける、そして何らかの形でそれに応えることは、物と物の交換ではない。はじめの方で述べたように、あくまでそれぞれが無償の行為（それ自体に喜びがある）として、世間・出世間（僧の世界）に関わらず、日常的になされているところに意味をみる。人と人は、そうした心の関係性によってのみ正常に成り立っていけるといっても過言ではない。知識や情報を与えることも利他の行為なら、ちょっとした手助けをすることもそうであり、要するに他者のためになることなら何でも「布施」の範疇に入る、とするのが仏教の考え方である。

一冊の本を手にすることも、布施の一種といえる。いくばくかの対価を払って書き手の生活を支えること自体が、すでに施しの行為である。それに十分なもので応えているかどうかは、この際、物と物の交換ではないので問題としないでおく。ただ、一方の私としては、この出会いを機に、テーラワーダ仏教（ブッダの教え）の何たるかを伝えるきっかけとなることを願う。

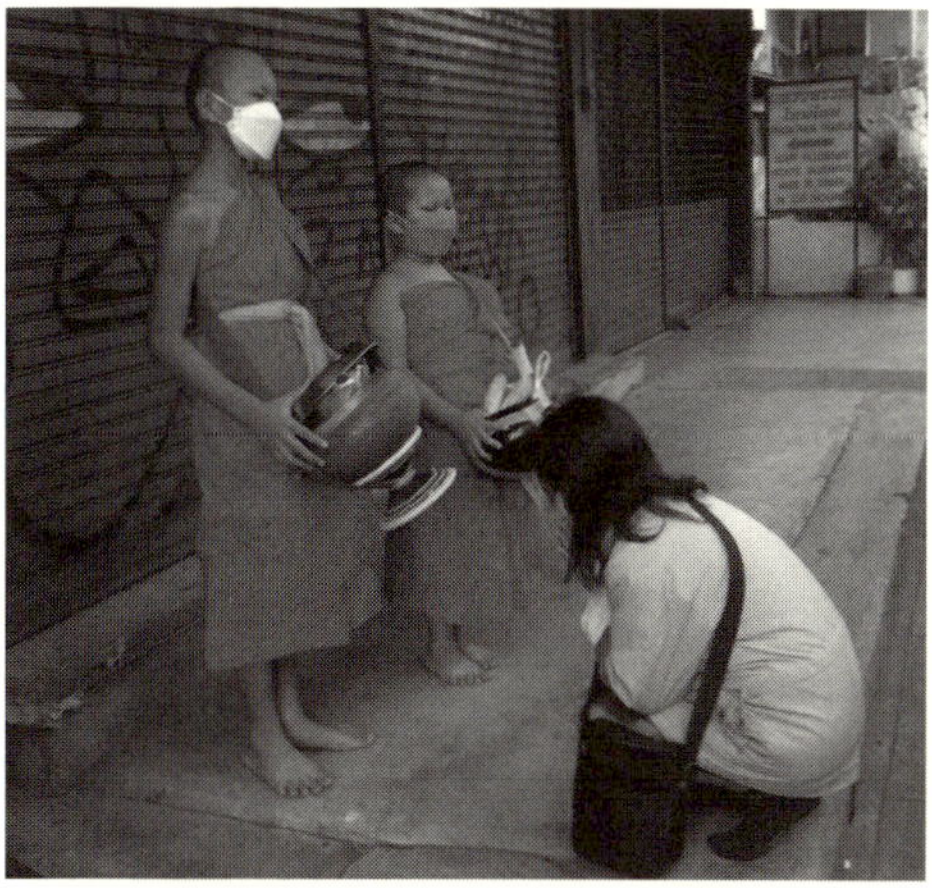

少年僧の托鉢と布施人〈チェンマイ路上〉

それゆえ、ひと綴《つづ》りの経を最後に唱えておきたい。ワンプラ（仏日）における、あるいは夕刻の僧だけの勤行のなかで、最終章として必ず唱える章句――

〝サッペー　サッター　サット　タンラーイ　タンプアン　ティーペン　プアン　トゥーク　カート　ケー　チェップ　ターイ……〟

（生・老・病・死の無常はあらゆる生きものにある

真理である。お互いに決して逃れることはできない）

〝アーウェーラー　ホーントゥ
アッパヤーパッチャー　ホーントゥ
アニーカー　ホーントゥ……
スッキーアッターナン　パリハラントゥ……〟

（〈ゆえに〉お互いに幸いであれ　幸せであれ
あらゆる罪業から逃れていられますように
幸いであれ　幸せであれ
お互いに　すべての困難や悩みをなくすことができますように
幸いであれ　幸せであれ
すべての「苦」を乗り越えるための知恵が得られますように……）

あとがき

まえがきや文中でも記したように、釈尊《ブッダ》の教えの奥ゆき、ふところの深さは、時に大海に譬えられます。限られた頭脳と乏しい経験しか持たない者には大きすぎるものであることを思えば、とてもこれで語りつくしたとはいえません。ただ、このようなことがすべての法のベースになる、という意味においては、こんなところかナ、という気がしています。そして私自身、その海上の道をゆくこと三千日を数えるにもかかわらず、未だ遠くの陸はみえず、いっとき休息できる島々があるに過ぎない、という正直な思いがあります。

また、出家してこのかた、三宝に帰依することはいわば心の館《やかた》を建て始めるようなものだと感じてきました。仏教への信仰と実践とは、重層的、補完的に、隙間なく、一切の漏れを許さない、どんなに天地が荒れても壊れることがない、いわば一軒の強固な家を造っていくようなものではないかという思い――、つまり、それが完成した日に、ようやくそこで安らいで、最後は静かに死んでいける、そういう場をつくり上げるための法を提供してくれるのがブッダの教えなのだろう、と思うのです。

世界を歩いてみれば、ほとんどの民族が何であれ信仰を持っていることに気づきます。そして彼らが、それを持たない人間を奇異なものとみるのは、いわば素裸の、危なっかしい存在に思えてしまうから、といっていいでしょう。私の場合、母方の出自が奈良の古寺であることなど、幼児からの環境が仏教そのものであり、そのことが足りないながらも一つの取り柄かつ救いとなっていたことも確かでしょう。が、にもかかわらず、成人した後は、宗教などはむしろ危険なものとして避けてきたことを顧《かえり》みれば、思慮の浅い、何の根拠もない偏見を抱いていたことが、いまはわかります。無宗教といってよかった時代との対比において、ずっとマシな衣を着け、何かにつけて過ぎたるもの、危険なものから身を護《まも》ることができる人生（余生）に様変わりしたように感じるのです。

この半世紀以上、世界大戦はない代わりに、局地的な戦火や奇怪な出来事が国内外を問わず巻き起こっています。大震災、洪水などの自然災害にしても人災の要素が多分にあるように、奇病の伝染、流行などはその典型として、多くの不可解さと胡散《うさん》臭さをはらんでいます。世界はもはや誰もが決して安穏としてはいられない、戦時にも似た事態に直面しているといってよいでしょう。

このような時代に、我々はどのように対処し、考えていけばいいのか、これまた難しい課題が行く手に横たわっています。そこでは、古代インドの釈尊の時代――、同じく激動をきわめた民族興亡の時代に生まれた原始仏教の精神なるものが、苦難を乗り切るためのヒントを提供してくれることに気づかされます。仏法を学ぶことに私が意味をみるのは、一つはその点にあるように思うのです。もっとも、先ほど述べたような館を完成させるのはこれまた至難の技で、やっと一艘の舟で海上を四苦八苦して漕ぎ渡っているうちは遠い夢であるわけですが。

その種の込み入った話は、いつかの機会へと先送りします。

また、はじめに記したように、出家からいま現在に至るまでの時間経過があることについていえば、副住職《アーチャーン》はその後、他寺の在家に乞われて住職として栄転し、その際、懇意にしてきた私を連れていくことになります。二度までも共に日本へ旅をしたことは拙作（「まえがき」に記）に詳しく記していますが、そのような仲であることから、別れがたいところがあったようです。同じラーンナー王国時代からの、かつては王様が面倒をみていたといわれる古寺ですが、廃寺となるところを救済、再建するために抜擢されたのでした。従って、文中でも触れたように、出家したパンオン寺におけるナワカ（新米僧〈五年〉）の後は新しい寺（近場のパーンピン寺）へ移籍しており、そこでの話（及び瞑想修行したランパーン寺）も一部、写真を含めて交えています。移籍後の新しい暮らしについては、その他の拙作（『老作家僧のチェンマイ托鉢百景』等）を覗いてほしいと思います。それらを含めて当作品にも、新住職・ワチラパンヨー師の教授による知識がふんだんに込められていることを改めて感謝とともに申し述べておきます。

先ほど、ブッダの教えは海に譬えられるといいました。その寛容性はもとよりの特性ながら、実にさまざまな経歴を持つ人間を受け入れて弟子にしていったのが釈尊です。出家資格に遮法《しゃほう》（不可の条項—伝染病患者、父母やアラハン〈阿羅漢〉を殺した者など）があるだけで、たとえ殺人を犯した者であっても、更生する以上は出家を許しています。つまり、過去にどんな人間であったとしても、大事なことはいま、これからの生であって、私自身もまた、そうした寛大な法の恩恵に浴した者の一人です。その意味では、すべての人間に、出自や身分を問わず、年齢を問わず、帰依する以上はいつからでも再び生きることを可能にしてくれるのが仏教だともいえるのです。

老いを連れてひたすら歩け——。これがいまのところ、托鉢と瞑想の日々を過ごす私の標語です。老いに勝とうとするのではなく、ただ、いささかの抵抗を試みながら、ゆっくりと健全に老いていくためです。その際のもう一人の道連れがブッダです。広大なインド大陸の長い距離を最後まで歩き続けた釈尊をイメージしながら、その足跡を辿る旅でもあります。もし命が続いて機会が得られたならば、実際にその跡を訪ね歩いてみたいものですが、果たしてどうなりますか。

本書がそれぞれに困難な人生の途上で、何らかの参考になること、役に立つ部分があれば……、という願いに変わりはありません。出家、在家を問わず、布施なるものが善行の筆頭にくることは述べてきましたが、その一つといえる知識や情報の提供によって何らかの生きる知恵を見出していただけるならば、ともに幸いというものでしょうか。

このような書の出版は、ひろく世界の仏教界に目を向けて偏見のない姿勢を有する社でなければ成し得ないと考えていたところ、わが国にもそのような場所があったことに感謝するとともに、煩わしい編集の労を取っていただいた石原英明氏ほか、お力を貸してくださった方々に、心から御礼を申し上げたいと思います。

二〇二四（二五六七）年　夏（雨季）

笹倉　明

プラ・アキラ・アマロー

〔参考文献〕

○パーリ・タイ語辞典（プラ・マハーパイロート・パンヤーワチロー著　マハー・チュラーローンコーン・ラーチャウィッタヤラーイ大学〈仏教大学〉出版）
○モン・ピティー〈儀式経〉（プラ・クルー・アルン・タンマランシー〈イヤン・スィリワンノー〉師編纂　ローンピム・アクソンサマイ社刊）
○カーラー・ヌックロム〈世界仏教年代辞典〉（プラユット・アーラヤーンクーン・パユットー師著　サムナックピム・パリタム社刊）
○カム・バンヤーイ〈三蔵教本〉（サートラーチャーンピセート・サティヤンポン・ワンナポック・ラーチャバンディット著〈非売品〉）
○ポッチャナーヌクロム・プッタサート〈仏教語彙辞典〉（プラユット・アーラヤーンクーン・パユットー師著　タンマサパー社刊）
○クー・ムー・パティバット・サティパターナ〔4〕〈心と身体の瞑想実践〉（トーン・スィリモンカロー師監修　ダーラーワン出版〈非売品〉）
○ヴィパッサナー瞑想の法と実践（ローンピンチャーンプアク社刊　ランパーン寺編纂〈非売品〉）
○パーティモッカ二二七戒経（落合隆 編纂　中山書房仏書林）
○ブッダの実践心理学〈全八巻〉（アルボムッレ・スマナサーラ　藤本晃著　サンガ）

○マインドフルネス 気づきの瞑想（バンテ・H・グナラタナ　出村佳子訳　サンガ）
○阿含経入門（友松圓諦著　講談社学術文庫）
○法句経を読む（友松圓諦著　大法輪閣）
○仏教百話（増谷文雄著　ちくま文庫）
○原始仏教　その思想と生活（中村元著　日本放送出版協会）
○仏弟子の告白（中村元訳　岩波文庫）
○ブッダの真理のことば・感興のことば（中村元訳　岩波文庫）
○ブッダ最後の旅（中村元訳　岩波文庫）

＊本書は㈱佼成出版Webサイト――つなごうネット――に連載された稿『老僧が渡る 知恵と悟りへの海』に大幅な加筆を施したものです。

笹倉　明（ささくら・あきら）
作家・テーラワーダ僧
一九四八年兵庫県西脇市生まれ。早稲田大学第一文学部文芸科卒。
八〇年『海を越えた者たち』（すばる文学賞入選）で作家活動へ。八八年『漂流裁判』でサントリーミステリー大賞（第6回）、八九年『遠い国からの殺人者』で直木賞（第101回）を受賞する。
二〇一六年チェンマイの古寺にて出家し現在に至る。

［主要著書］
『東京難民事件』『海に帰ったボクサー 昭和のチャンプ たこ八郎物語（「昭和のチャンプ　たこ八郎物語」改題）』〈電子書籍〉『にっぽん国恋愛事件』『砂漠の岸に咲け』『女たちの海峡』『旅人岬』『推定有罪』『愛をゆく舟』『ふたりの滑走―「新雪国」改題』〈電子書籍〉『雪の旅―映画「新雪国」始末記』〈電子書籍〉』『復権―池永正明35年間の沈黙の真相』『愛闇殺』『彼に言えなかった哀しみ』等。近著に『出家への道―苦の果てに出逢ったタイ仏教』『ブッダの教えが味方する　歯の二大病を滅ぼす法』（共著）『山下財宝が暴く大戦史』（復刻版）『詐欺師の誤算』『ブッダのお弟子さん にっぽん哀楽遊行』及び『老作家僧のチェンマイ托鉢百景』とその続編『老作家僧の日タイ人間《じんかん》聖俗百夜』（近刊）等。

ブッダの海にて三千日―老作家のタイ仏教＆瞑想修行―

2024年10月10日　　初版第1刷発行

著　者　笹倉　明
発行人　石原俊道
印　刷　亜細亜印刷株式会社
製　本　東京美術紙工協業組合
発行所　有限会社　大法輪閣
〒150-0022 東京都渋谷区恵比寿南 2-16-6-202
TEL 03－5724－3375（代表）
振替 00160－9－487196番
http://www.daihorin-kaku.com

　ISBN978-4-8046-8219-8　C0015